박정희 대미 로비 X파일

〈시크릿 오브 코리아〉 추적자 안치용의

박정희 대미 로비 X파일

상 도청·로비편 | 안치용 지음

타커스

서문

한미관계에 관심을 가지면서 자연스럽게 코리아게이트가 무엇인지 궁금해졌다. 1960대 후반부터 1970년대 중반까지의 대미 로비, 그리고 도를 넘어선 로비가 미국에 알려진 1970년대 후반 2년간은 한미관계가 사상 최악이었다.

박정희 정권의 대미 로비는 미국으로부터 주한미군철수 연기, 미국의 한국군 현대화 지원 등 군사원조와 경제원조 확대, 박정희의 반민주적 정치행태에 대한 미국의 양해를 얻기 위해 미국의 입법부와 행정부, 특히 의회를 설득하는 것이었다. 이 과정에서 미국에서 하나의 정치행위로 합법성을 인정받는 로비에 그친 것이 아니라 불법으로 규정된 매수행위가 개입됐다. 생존을 위해서 미국에 잘봐달라고 로비를 했고 로비가 더 잘 먹히도록 하기 위해 돈을 뿌린 것이다.

이때 로비스트로 박동선이 활동했다. 김한조도 로비스트로 거론되지만 사실 그는 연극으로 따지자면 주인공도, 조연도 아닌 지나가는 행인 정도의 배역이었다. 박동선은 쌀 이권의 이면에 정계 실력자, 특히 한국과 관련된 정책결정 당사자들이 있음을 꿰뚫어보고 한국 정부에 쌀 수입을 이용한 로비를 제안한 뒤 쌀 이권을 독차지하며 한국과 박정희를 위한 로비를 펼쳤다. 그러나 그는 자신의 쌀 이권을 계속 유지하기 위해 로비의 상당 부분을 할애한 것도 사실이다. 김한조는 한국 정부로부터 100만 달러를 받았지만 청문회와 재판 증거자료를 보면 상당 부분을 착복했고 로비활동은 거의 없었다. 그동안 박동선의 역량은 다소 과소평가되면서 요령 좋은 쌀장사 정도로만 치부됐고, 김한조는 나라를 살린 희대의 애국자로 과대평가된 듯하다.

1976년 말 한국의 대미 로비가 폭로된 뒤 1977년부터 1978년까지 2년간 하원 외교위의 프레이저 소위원회, 하원 윤리위원회, 상원 윤리위원회 등이 코리아게이트를 직접 파헤쳤지만 이외에도 상원 처치 위원회, 상하원 정보위원회 등이 개최한 청문회도 코리아게이트의 연장선상에 있다고 봐야 한다.

국내에는 김형욱 등을 집중 조사한 프레이저 소위원회 조사내용이 조금 알려졌을 뿐 박동선 등을 조사한 상하원 윤리위원회 활동은 거의 알려지지 않았고, 한국에 투자한 미국 기업의 정치헌금을 조사한 처치 위원회나 중앙정보부의 미국 내 활동 등을 조사한 정보위원회 조사내용은 아예 금기시됐었다.

이 시기 박정희 정권의 잘못 중 하나는 미국의 청와대 도청에 대한 대응이었다. 박정희의 통치 권위가 훼손될 가능성이 있기에 국내에서는 쉬쉬했지만 증거와 증언을 살펴보면 도청이 있었음이 틀림없다.

당시 한국은 미국의 사활이 달린 월남전에 2개 사단을 파병하고 있었다. 닉슨이 한국에 주둔 중인 7사단을 철수시켰기 때문에 미국은 박정희가 월남전에서 한국군을 철수시키지나 않을까 걱정했다. 그래서 청와대 도청을 감행했고, 로비를 알아내기 위해서가 아니라 월남전에 대한 박정희의 깊은 뜻을 알기 위해 청와대를 도청했다. 그러다 박동선의 대미 로비가 덤으로 포착된 것이다.

그러나 이 사건에 대한 한국의 대응은 창피스러운 것이었다. 미국에 청와대 도청 여부를 따지기는커녕 제발 도청이 없었다고 부인해달라고 매달렸다.

또 하나 주목할 점은 미국에 근무하던 한국 공직자들의 망명과 미국 잔류가 잇따랐다는 사실이다.

공작 실패 등에 따라 망명한 중정요원 김상근, 손호영, 또 이 건과 관련돼 한때 한국으로 돌아가지 않았던 중정요원 김용환, 이영인 등을 제외하더라도 공보관장을 지낸 이재현은 1973년 '요상한' 정치망명을 하며 코리아게이트의 불씨를 당겼다. 정인식, 김영호, 한혁훈, 김성한, 정규섭, 임기서, 강경구 등 한국 귀임 발령이 나면 미국에 살기 위해 사표를 내는 외교관들이 줄을 이었다. 일부는 영주권을 받기 위해 한국에 불리한 증언도 서슴지 않았다. 김형욱, 이후락도 마찬가지였다. 당시 해외근무는 모든 공직자가 선망하던 자리였다. 그래서 박정희 정권 최대 수혜자들이 자신들만 살겠다고 나라를 버렸다는 비난을 피하기 힘든 것이다.

수많은 사건이 뒤엉킨 코리아게이트였지만 엄격한 보도통제로 국내에 그 내용이 제한적으로 알려졌고 그나마 사실과 다른 부분도 많았다. 잘못 알려진 내용이 있다면 이제 바로잡아야 할 때다.

1986년 서울대에서 한미관계연구회에서 프레이저보고서라는 제목으로 프레이저 소위원회가 발간한 보고서를 번역한 책을 냈다. 프레이저보고서가 3개 청문회 보고서 중 1940년대부터 1970년대까지 정치, 경제, 사회 등 각 부분별로 한미관계의 흐름을 가장 세밀하게 정리했기 때문에 한글판은 그 자체로서 소중한 자료였다. 상하원보고서가 의원 로비에 대한 조사결과만을 담았다고 한다면, 프레이저보고서는 로비의 배경까지 소상하게 정리한 한미관계 백과사전이었다.

하지만 이 책을 살펴본 결과 약 460페이지의 원문 보고서 중 170페이지 정도, 즉 3분의 1정도는 빠져있었다. 역자 스스로도 서문을 통해 일부 내용은 제외시켰다고 밝혔지만 아마도 상대적으로 덜 중요하다고 판단되는 부분을 뺀 것 같다. 그러나 제외된 부분 중에는 김형욱, 김기완, 이재현 등 우리에게 알려지지 않은 내용이 포함돼 있었다. 당시 여건상 3분의 2만 번역해서 출판하는데도 온갖 어려움이 있었을 것이다. 이제는 나머지 3분의 1은 물론 그 부속 책자, 상하원 윤리위보고서와 부속 책자 등이 모두 알려져야 할 때가 된 것이다.

잊혔다기보다는 묻혀 있는 진실에 접근하기 위해 이들 위원회의 보고서보다는 청문회에 제출된 증거 자료를 최우선적으로 살펴봤다. 그 다음으로는 청문회 선서 증언들을 체크했다. 속기록에는 김형욱, 박동선, 김한조, 김상근, 손호영은 물론 키신저의 증언까지 수백 명의 증언이 수록돼 있었으므로 매우 유용했다. 물론 '보고서'가 틀렸다는 것이 아니다.

보고서는 1차 자료들과 조사내용을 요약해서 정리하므로 모든 내용을 담을 수 없기에 1차 자료에 중점을 둔 것이다. 프레이저보고서도 460페이지 분량이지만 증거 자료와 증언 속기록 등을 담은 부속 책자만 10권에 4천 페이지에 육박했다. 말하자면 보고서는 전체를 10분의 1로 요약한 것이요, 그 요약분도 청문회의 입장에서 선별한 것이다. 상하원보고서도 마찬가지다.

그래서 증거와 증언을 중심으로 당시를 살펴보고 마지막으로 보고서를 참고했다. 그리고 미국 국립문서보관소에서 보관 중인 국무부 외교전문, 당시의 외신보도, 워싱턴포스트 기자의 회고록 등을 살펴봤다.

학자처럼 코리아게이트의 내밀한 의미까지 날카롭게 분석해내지 못했음을 고백한다. 하지만 이 책을 통해 그동안 알려지지 않았던 사실, 그리고 잘못 알려진 사실에 관심을 갖는 계기가 됐으면 하는 바람이다.

원고를 탈고할 즈음 이 책에 등장하는 인물 두 사람이 세상을 떠났다. 김한조와 한창섭 두 사람이다. 고인의 명복을 빈다.

아울러 힘들고 지칠 때마다 어깨를 두드려준 조한경, 양호, 주현기 선배께, 그리고 이렇게 많은 미 의회의 자료들을 제한없이 이용할 수 있도록 열람권을 빌려준 조한경 선배의 아들 스티븐에게 감사한다. 특히 나의 부모님과 아내 인숙, 아들 진우, 딸 정윤에게도 사랑한다는 말을 전한다.

2012년 8월 뉴욕에서

차례

서문 / 5

청와대 도청이 진짜 코리아게이트 ……………………………17
청와대 도청 통한 로비 감지, 100% 정확하다 / 19
고위공직자 팬티 파티가 밝혀낸 청와대 도청 / 21
청와대 도청 확인 당사자는 키신저 보좌원 존 리만 / 22
'최고위층에 극도로 예민한 정보장치 설치' 보도 / 24
1977년 뉴욕타임스 '청와대 도청방법'까지 보도 / 25
정부, 사실 여부 확인 않고 '제발 부인해달라' 애원 / 26
스나이더 따로 불러 '박정희 떨고 있다. 제발…' / 29
'개인적으로 부인 통보 받았다고 할까' 통사정 / 30
키신저, 12월 말 '공식 부인' 표현 불가 통보 / 31
포터, '도청했다' 시인 – 레너드 '청와대 비밀회의' 증언 / 34
청와대 도청한다면 국교 단절 – 전쟁 날 문제 / 36
전 CIA 요원 '30개국 수도 도청 – 서울도 가치 충분' / 37
FBI 정보메모 '민감한 소스'는 청와대 도청 의미 / 38
'청와대가 수십만 달러 헌금 지시' 언급은 도청 증거 / 40
박정희-미 의원 대화가 FBI 메모에 명시 / 44
소스 때문에 수사 꺼리자 포드 대통령이 수사 지시 / 47
키신저, 'FBI 정보메모도 CIA가 입수한 것' / 48
'미 의원, 박정희 건의' 엿들은 75년 메모 내용도 공개 / 50
상원, "CIA, '미국 대사도 모르게 하라' 지시" / 51
FBI 메모 직후 청와대 도청방지장치 개발 지시 / 54
청와대 도청, 포터 때 중단됐다 하비브 때 재개된 듯 / 55
키신저, 헤이그 통해 직원 집 도청 지시 드러나 / 56
CIA가 박정희 방탄차 제공 – 차도 도청했나? / 59
키신저, 미첼, 헤이그, 리만, 맥도널드, 허시맨은 도청 안다 / 63

한미관계와 대미 로비 그리고 조사 ·········· 65
1968년이 박정희 정권의 가장 큰 변곡점 / 67
한미 양국, 한국 안보 위한 로비 필요성 인식 / 68
미, '청와대 기습, 미군 철수, 베트남 정책이 박 분노 초래' / 70
추가 군원, 로비에 따라 엎치락뒤치락 / 73
박정희 로비 지시, 그러나 의원 매수 지시는 미지수 / 75
3개 위원회가 2년간 대미 로비 이 잡듯 뒤져 / 77

로비 첫 폭로 — 이상한 망명자 이재현 ·········· 81
국내에 한 줄도 보도되지 않은 이재현의 망명 / 83
'한혁훈을 공산주의자로 몰아라' 지시에 망명 결심 / 85
이재현의 망명 전야— 중정 책임자 추궁받자 그날로 망명 / 89
워싱턴포스트지, '이재현 망명-중정 활동' 대서특필 / 91
이재현 망명이 FBI '중정 활동' 수사 촉발 / 93
국무부, DJ 납치 계기로 이상호 전격 교체 요구 / 95
뉴욕타임스, 미국 내 요원 DJ 납치 가담 의혹 제기 / 96
DJ 일본 가던 날 미국 요원들도 뒤쫓았다? / 98
김상근, '미국 내 요원 DJ 납치 가담은 헛소문' 주장 / 101
11월 이상호 교체 확정— 74년 1월 초 미국 떠나 / 103
김동조, '중정 책임자 직급 낮추고 규모 축소' 제안 / 105
이재현 1975년 인권청문회 출석 박 정권 공격 / 108
이재현 1977년 김동조 대사 미 의회 로비 폭로 / 110
미국 내 중정요원 규모 및 대사관 체제도 증언 / 112
김동조, '이재현은 미국 정착 위해 조국 배신했다' / 113
이재현 후임 관장-한혁훈 후임자도 미국 잔류 / 116

한국 로비 반, 쌀 로비 반 박동선 ·········· 119
제임스의 자살, 로비스트 박동선을 쏘다 / 121
박동선의 문서들— 대미 로비 실체를 보여주다 / 122

로비스트 박동선은 누구 ·······124
박동선은 평안도 유지 아들— 17세 때 도미 / 124
1977년 박동선 진술서— 조지타운대학서 인맥 형성 / 126
고어 아이디어를 박동선이 실현—6년간 적자 / 128
조지타운클럽 조연자들이 줄줄이 황금인맥 / 130
한국 골동품 가득— 전직 대통령 등 회원 가입 / 131
'고급 저택-리무진-집 한 채 값 오디오' 화제 뿌려 / 133
박동선 집은 현 시세 천만 달러 '대사관저급' 저택 / 134
박동선 로비 절반은 쌀 중개권 등 '자신 이권' 로비 / 135

박정희-김종필-김형욱과의 만남 ·······138
박정희, 1961년 미국 왔더니 트랩 아래 박동선이… / 138
김종필과도 1962년 만나— 방미 때 타워 면담 주선 / 140
룸메이트 통해 타워와 인연— 1961년 정일권 면담 주선 / 142
박동선, 주미한국대사보다 타워 더 많이 만나 / 143
박정희 친척 사칭하다 김형욱 눈에 전격 발탁 / 145
김형욱 설득, 300만 달러 예치 은행 변경 / 147
10만 달러 암달러 시장서 교환— 파우치로 보내 / 149
'한국이 미국 쌀만 사줘도 의회는 만사 OK다' / 150
김형욱 말 한 마디에 1969년부터 쌀 중개상 / 151
기다렸다는 듯 사상 첫 의원단 방한 통보 / 154
오닐 3선 개헌 지지-추가 군원 5000만 달러 성사시켜 / 156
1969년 벽두부터 돈벼락— 1톤당 0.5달러씩 꿀꺽 / 157

오월 동주— 해너와 쌀 중개권 개척 ·······160
해너가 결정적 역할— 알고 보니 신동식이 소개 / 160
한국서 고위관료 만나 쌀 수입 현황 등 현장 조사 / 162
'박동선 일 잘한다' 압력 가해 중개상 따내 / 163
해너는 박동선 후원자 아닌 동업자였다 / 164
1971년 은행빚 내서 박동선에게 빌려주기도 / 165
박동선, '세계 나가라는데 그것도 못하고 쯧쯧…' / 167
낙선의 쓴맛— '박동선에게 내 집 팔며 수모' / 169
'해너는 한국 에이전트'—24만 달러 받아 1년 실형 / 171

청천벽력— 갑작스런 쌀 중개권 박탈 ·················172
청천벽력—'너는 더 이상 중개상 아니다' / 172
패스만의 박동선 기피가 쌀 중개상 박탈로 직결 / 174
박종규, 범양상선 강선태에게 쌀 중개권 부여 / 175

절치부심— 청와대 공략 중개권 회복 ·················176
박동선 말 한마디에 의원 14명 박정희에 편지공세 / 176
박동선이 초안 작성— 류재신에 초안 전달 지시도 / 179
'방한' 갤러거에게 3만 달러 주며 로비 부탁 / 181
3만 달러 더 받은 갤러거, 박정희와 담판 / 183
'패스만을 잡아라'— 에드워드에 돈 주며 지원 부탁 / 184
도레, '패스만 홍콩 가니 홍콩으로 따라오라' / 185
'1년에 5만 달러씩 달라-OK'— 홍콩서 전격 합의 / 187
박-패스만 손잡고 청와대로 돌격— 박정희 면담 / 188
패스만의 돈 요구와 갤러거의 막판 쐐기 박기 / 189
김형욱도 이후락·박종규와 담판하며 막후 지원 / 191
'리비에라가 해결됐도다'— 1972년 3월 21일 회복 / 193
박종규 스위스 계좌서 19만 달러 인출— 서명은 '진' / 195

산 넘어 산— 살았나 했더니 또 삐걱 ·················197
뜻밖의 복병— 농무성, '박동선 자격 없다' 반대 / 197
이후락 영향권 '대한농산' 통해 커미션 받기로 / 198

생사여탈권 쥔 패스만에 돈다발 ·················201
커미션 받자마자 상납 시작— 이틀이 멀다하고 돈다발 / 201
패스만의 배신—'1975년부터 중개인 없애자' / 203
패스만 약 30만 달러 받아— 도레에게 책임 전가도 / 204
보석가게가 돈세탁 창구— 고향서 뜻밖의 무죄 판결 / 205

민셀 통한 레어드 국방장관 공략 ·················207
레어드 국방장관 절친 민셀에게 거액 전달 / 207
민셀 통해 닉슨 재선캠프에 2만 달러 이상 건네 / 209
대사관도 손든 레어드 면담, 박동선이 성사시켜 / 210
알고 보니 정일권 큰 딸도 조지타운클럽서 결혼 / 212
중정요원이 장관실 따라가 레어드 면담 목격도 / 213

오닐 환갑상 차려준 사람이 박동선 ······ 215
오닐 의장 환갑상 차려준 사람이 바로 박동선 / 215
1974년 오닐 생일파티는 메디슨호텔서 열어줘 / 216
오닐 의장 아들도 한때 박동선 회사서 이사 맡아 / 218

조지타운 동창 류재신의 우정과 배신 ······ 219
조지타운대 동창 류재신은 야당 국회의원 아들 / 219
철저한 박동선, 류재신 의회 보내서 트레이닝 / 220
류재신 시켜 DJ에게 '쌀 문제 거론 마라' 로비 / 222
스위스 박종규 계좌서 돈 찾고 뇌물 전달 등 핵심 역할 / 224
박동선 몰래 20만 달러 빼내려다 발각돼 결별 / 226
박동선 집에서 중정평가보고서 훔쳐 의회 제출 / 228

빙산작전 텔렉스 담당 이봉양 ······ 230
이봉양은 '박동선 조종관' 김상인의 처남 / 230
15일만 존속했던 빙산작전서 텔렉스 담당 / 231
텔렉스 단 8회 – 패스만 영접 놓고 티격태격 / 232
패스만에 돈 전달 – 중정 연락 등 중간 역할 수행 / 234

두 번의 결정적 위기와 박동선의 적들 ······ 235
400달러 카메라 관세 안 내려다 세관 적발 / 235
부통령 거론하며 큰소리치다 로비 리스트 '들통' / 237
닉슨 이름 두 번씩이나 수기로 적혀있어 / 239
제임스 호위 자살, 박동선 로비 생명에 '암운' / 240
'낸시 휴가' 냄새 맡은 체서, 휴가 비용 추궁 / 242
제임스, '낸시 해명 거짓말 – 박동선이 돈 냈다' 폭탄선언 / 243
경찰 무전기의 비명, '제임스가 자살했다' / 244
'하비브가 총독 행세 – 사사건건 방해했다' / 246
하비브 재임 중 6차례 '박동선 문제 많다' 전문 / 247
레너드-김동조 등 한미 공조직 공동의 적 / 250

결정적 증거 5건과 박동선 로비성과 ······ 252
허겁지겁 워싱턴 탈출 – 결정적 증거 4건 남겨 / 252
'대미 외교의 방침'은 외교 지침서 겸 로비 증거 / 252
서울에도 언커크 빌딩에 조지타운클럽 계획 / 255
박동선의 놀라운 혜안 – '레이 클린 초청하라' / 257

'대미 외교'는 증보판— 중정요원이 베낀 듯 / 258
의회 내 우호 세력, 이스라엘 다음으로 많다 / 260
74년 사절단 방한 문서 작성—'각하' 수차례 언급 / 262
차기 하원의장 오닐 방한은 4차례 연기 끝에 성사 / 264
닉슨 탄핵되면 '오닐 시대' 열린다— 자금 요청 / 266
'야마니 석유상-애그뉴 부통령도 내 인맥' / 267
'중정부장님, 패스만에게 준 돈 보전해주세요' 요구 / 268
'갤러거 청문회에 20만 달러 지원해주세요' / 271
'5만 달러는 중정이 내니 10만 달러 지출해달라' / 272
놀랄 노자 'M16 소총-F5 전투기 에이전트도 달라' / 273
중정, 72년 9월 박동선 로비활동 평가서 작성 / 274
25% 예치안 부결— 레어드 장관 5회 면담 등 성과 / 277
대과 없어 조종관 감독 하에 박동선 계속 활용 / 278

한국뿐 아니라 세계적 로비스트 ·················280
커미션 총액 920만 달러— 버뮤다 계좌로 주로 받아 / 280
커미션 톤당 0.5달러에서 2달러 등으로 급증 / 283
'920만 달러 중 경비로 쓴 돈이 820만 달러' / 285
일본해운 3백만 달러 등 쌀 빼고도 1천만 달러 챙겨 / 288
양두원에게만 53만 달러 자의반 타의반 전달 / 289
미국 부통령 사위될 뻔— 박동선의 여인 앤도 증언 / 293
또 다른 여인들— 탠디 디커슨, 바바라 손힐 / 296
키신저는 '박동선 호텔방' 잡는 사람— FBI 국장도 만나 / 297
아버지 부시도 알았다— CIA 박동선 파일 사라져 / 299

'과장됐지만 로비 실재'— 80년대도 여진 ·················300
'박동선 로비 실현, 34명에게 금품 제공은 사실' 결론 / 300
블룸필드 의원 단 한 명만 1천 달러 수표 돌려보내 / 302
박동선-양두원, 통인교 소유 은행 지분 보유 / 304
잭 앤더슨, '로비 전위대' 디플로매트뱅크 이사장 / 306
박동선의 동업자 코넬, 80년대에도 사사건건 시비 / 307

청와대 도청이
진짜 코리아게이트

박정희 시대를 그린 정치 드라마에서 자주 등장하는 장면이 박정희가 입술에 손가락을 갖다대며 '쉬' 하는 장면과 장차관 등에게 귓속말을 하는 장면이다. 미국이 청와대를 도청했다는 의혹이 있었지만 그 실체는 좀처럼 드러나지 않았다. 그러나 약 30여 년 전 미 의회 청문회를 통해 청와대 도청설은 사실상 입증됐다. '청와대 도청설'이 금기시됐기 때문에 그 내용이 국내에 알려지지 않았을 뿐이다. 미국은 박정희와 대미 불법 로비의 직접적 연관성을 밝히는 정보를 입수하고도 그 정보의 입수방법 때문에 수사를 꺼렸다. 마침내 국정 최고책임자인 포드 대통령이 결단을 내린 뒤에야 전면수사가 시작됐다. 이 과정을 밝히는 FBI 정보메모와 키신저 등의 증언이 청와대 도청이 실재했음을 잘 보여준다.

미국은 주한미군 일부를 철수시키면서, 월남에 2개 사단을 파병한 박정희의 복심을 알아내는 것이 중요한 문제였다. 그래서 청와대를 도청하게 됐고 듣다 보니 박정희가 관련된 대미 불법 로비가 덤으로 포착된 것이다. 미국 언론들이 청와대가 도청됐다고 대서특필했지만 박정희 정권은 제대로 항의 한번 하지 못하고 '제발 도청이 없었다고 부인해달라'고 애원했다. 주권국가로서 부끄러운 일이 아닐 수 없다.

박정희가 타던 방탄 리무진 또한 알고 보니 미국 CIA가 제공한 것이었다. 이 차에도 도청장치가 설치되지 않았을까 하는 의문은 타당한 것이다.

청와대 도청 통한 로비 감지, 100% 정확하다

1976년 10월 스산한 바람이 휩쓸던 어느 날 밤, 워싱턴 DC의 국무부 한 고위공직자 사무실. 워싱턴포스트의 두 기자 맥신 체서와 스콧 암스트롱은 숨소리조차 내지 못한 채 귀를 쫑긋 세웠다. 마침내 한 사나이가 굵은 목소리로 말했다.

"당신들이 그것을 어떻게 알았는지 알지 못한다. 그러나 당신이 알고 있는 것은 100% 정확한 것이다."

마침내 청와대 도청설이 그 보고서를 직접 읽은 당사자로부터 확인된 순간이었다. 그 사나이의 말에는 단 한마디의 비밀도 없었다. 그는 그저 '당신이 알고 있는 것'이라고 지칭하면서 비밀누설을 피해갔지만 '당신이 알고 있는 것'은 바로 미국 정부의 청와대 도청을 의미하는 것이었다. 이 한마디로서 마침내 코리아게이트 보도를 위한 기나긴 터널을 통과한 것이다.

맥신 체서는 이날 밤 늦은 시간 국무부의 한 사나이에게 전화를 걸었다. 물론 공중전화였다. 지금 찾아가겠다고 말하자 퇴근하지 않고 사무실에서 기다리겠다는 답변이 돌아왔다. 잠시 뒤 그녀는 자신이 편집국장에게 요청해 직접 선발한 스콧 암스트롱과 함께 그의 사무실로 들이닥쳤다.

맥신 체서가 그 사나이에게 단도직입적으로 질문을 던졌다.

"미국이 청와대에서 직접 획득한 정보를 바탕으로 작성된 보고서를 통해 박동선의 역할을 처음 알게 됐다는 정보를 입수했다. 아마도 직책상 당신이 그 보고서를 직접 본 극소수의 사람 중 하나라고 생각하는데, 맞느냐?"

이에 대해 그 사나이는 100% 정확하다고 답한 것이다. 그가 말한 것은 몇 마디 되지 않지만 코리아게이트 기사에 결정적 기여를 했다고 맥신 체서는 평가했다. 당시 이들은 청와대 도청설을 제삼, 제사 확인하기 위해 해당 보고서를 직접 봤을 만한 사람을 찾고 있었다. 그들은 보고서를 본 사람은 여러 명 되겠지만 해당 보고서를 반드시 읽어야 하는 사람은 워싱턴에서 오로지 단 한 사람뿐이라고 판단했다. 그들의 판단은 적중했고 상대방도 옛날 자신을 위기에서 구출해준 기자의 고마움을 잊지 않고 숨김 없이 대답해주었다.

그 사나이는 "절대로 집으로 전화하지 마라. 100% 도청당한다"라고 덧붙였다.

맥신 체서가 "누가? 저쪽에서……?"라고 묻자, 그는 "아니, 우리 쪽이……"라고 대답했다.

그러고는 마지막 한마디를 남겼다. "예전에 당신이 나를 배려해준 것에 대해 감사한다"라고.

고위공직자 팬티 파티가 밝혀낸 청와대 도청

1970년 10월, 워싱턴포스트에서 사교계를 담당하던 맥신 체서 기자에게 한 통의 전화가 걸려 왔다. 전화를 건 여성은 비명을 지르듯 소리쳤다. 백악관 고위관리의 보좌관이 고위공직자들을 초청해 파티를 열고 있는데 참석한 남자들이 하나같이 바지를 입지 않았다는 것이다. 상의는 정장, 하의는 팬티라는 것이었다. 맥신 체서가 따지듯 파티 주최자가 누구인지를 물었지만 그녀는 끝내 주최자 이름도, 참석자 이름도 말하지 않았다.

기약 없는 취재가 시작됐다. 전화를 건 여자가 '자신의 이웃인 파티 참석자'로부터 그 이야기를 들었다는 말이 유일한 단서였다. 그녀가 사는 동네에 고위공직자가 있는지 확인하기로 했다. 맥신 체서는 백악관 고위관리의 보좌관 리스트를 입수했다. 집주소가 적힌 리스트였다. 지도를 펴놓고 하나하나 대조해보자 전화를 건 여자의 옆집에 사는 한 남자가 나타났다.

그 남자의 직장인 백악관으로 전화를 돌렸다. 다짜고짜 팬티 파티 이야기를 한 뒤 파티 주최자를 물었다. 그는 깜짝 놀라 "오 마이 갓!"이라고 하면서도 주최자 이름을 절대로 알려줄 수 없다고 말했다. 그러나 "나를 찾아내는 게 보통 어렵지 않았을 텐데 결국 나를 찾아낸 것을 보면 틀림없이 주최자도 찾아낼 것이다"라고 말했다. 그러고는 "내가 그 주최자에게 전화해서 자백하라고 말할 테니 기다려라"고 말한 뒤 전화를 끊었다.

과연 전화를 끊고 몇 분 지나지 않아 파티 주최자가 전화를 걸어왔다. 그는 "그런 파티가 쇼킹한 것은 아니다"라면서 자신이 자라온 배경을 설명했다. 알고 보니 그 남자는 모로코 왕비인 그레이스 켈리의 사촌이었다.

그는 자신이 캠브리지에서 공부했는데 그런 파티는 그 동네의 전통이라고 말하며 당시 파티의 초청장을 보여줬다. 여자는 이브닝드레스, 남자는 블랙 타이에 하의는 판타롱 팬티가 드레스코드였다. 초청장에는 초청한 사람들이 적혀있었는데 그중에는 렘브란트 로빈슨이라는 해군 제독도 있었다. 해군은 파티에 참석할 때 반드시 해군 제복을 입도록 규정돼 있는데 제복은커녕 양복도 아닌 팬티를 입었으니 보통 문제가 아니었다.

파티 주최자는 자신이 모시는 백악관 고위관리와 해군 제독 사이의 연락을 담당하고 있었다. 만일 이 문제가 워싱턴포스트를 장식하고 자신을 통해 이 같은 사실이 새어 나간다면 그날로 모가지가 날아갈 것이 뻔했다. 그래서 맥신 체서는 팬티 파티를 기사화하면서도 로빈슨 제독의 참석 사실을 다른 사람을 통해 확인하고 파티 주최자를 보호하기 위해 소스를 숨겼다. 로빈슨은 1972년 5월 베트남 통킹만에서 헬리콥터를 타고 가다 격추당해 숨지고 만다.

바로 이 팬티 파티의 주최자가 6년 뒤 청와대 도청설을 확인해줌으로써 맥신 체서의 고마움을 잊지 않았던 것이다.

청와대 도청 확인 당사자는 키신저 보좌원 존 리만

이 팬티 파티 주최자는 1970년 당시 헨리 키신저 대통령국가안보보좌관의 보좌원이던 존 리만이었고, 맥신 체서에게 청와대 도청 사실을 확인해줬을 때는 승진을 거듭해 국방부 군축국 부국장을 맡고 있었다.

당시 맥신 체서에게는 박동선이 청와대 지시로 의회 로비를 한다는 정보를 법무부와 FBI가 어떻게 입수했느냐가 기사 작성 전 반드시 입증해야 할 하나의 수수께끼였다. 도청 또는 이중스파이, 둘 중 하나의 방법으로 법무부가 이 같은 정보를 입수했다고 들었지만 반드시 그 보고서를 읽어본 사람의 확인이 필요했다. 이처럼 민감한 기사를 보도할 때는 첫 소스 제공자가 그 정보를 접할 수 있는 위치에 있다 하더라도 반드시 실제로 보고서를 읽어본 사람의 확인이 필요한 것이다.

그러나 청와대도청보고서는 극도로 예민한 정보이기 때문에 최고위층만 볼 수 있고 엄격하게 관리되고 있기 때문에 맥신 체서는 오랫동안 취재했음에도 기사를 작성할 정도의 정보를 입수하지 못했었다. 그 자료를 직접 읽은 당사자를 찾지 않으면 희망이 없는 일이었다.

그러던 중 바로 6년 전 팬티 파티 주최자인 헨리 키신저의 보좌원 존 리만이 떠오른 것이다. 체서는 이 같은 예민한 보고서는 설사 대통령은 안 읽는다 하더라도 워싱턴에서 반드시 읽어야만 하는 오직 한 사람이 있으며, 그 사람이 키신저라고 단정했다. 그래서 존 리만에게 연락을 취했고 리만으로부터 청와대 도청 사실을 확인받은 것이다.

존 리만은 1969년 1월부터 1974년 7월까지 5년 6개월간 백악관 NSC에서 키신저의 보좌원으로 근무했고 1975년 상원 인준청문회를 거쳐 국방부 군축국 부국장으로 진급했다. 그 뒤 1981년부터 1987년까지 6년간은 해군성 장관을 역임하는 등 승승장구한 인물이다.

맥신 체서는 자신의 책에서 "자신이 신세졌던 사람의 고마움을 잊어버리는 사람이 대다수이다. 그러나 그는 빚을 갚았다"고 존 리만에 대해 평가했다.

'최고위층에 극도로 예민한 정보장치 설치' 보도

맥신 체서는 이처럼 팬티 파티 주최자의 보은에 힘입어 1976년 10월 15일 박동선의 대미 로비 의혹에서 마침내 코리아게이트로 명명된 대특종을 터트릴 수 있었다.

맥신 체서는 1보에서 한국인 실업가 박동선이 미 의회 내에서 한국에 우호적인 분위기를 조성하기 위해서 20명 이상의 의원들에게 캐시와 선물을 퍼부었으며 미 사법당국이 이에 대한 조사를 시작했다고 보도했다. 비록 조사가 초기단계이긴 하지만 조셉 아다보, 로버트 레게트, 오토 패스만 등 현직 의원 3명과 코르넬리우스 갤러거, 리처드 해너 등 2명의 전직 의원 등 5명이 수뢰혐의를 받고 있다며 실명을 언급했다.

특히 맥신 체서는 기사 중간 부분에서 '극도로 민감한 정보장치'를 한국 정부의 최고위층과 주미한국대사관에 설치해 박동선의 의원 매수 정보를 입수했다고 밝혔다. 또 '극도로 민감한 정보장치'는 도청장치 또는 전자장치라고 보도했다.

한국 정부의 최고위층은 청와대를 의미하는 것으로 청와대에 도청장치를 설치해 입수한 정보를 바탕으로 미 사법기관이 수사에 나섰음을 말하는 것이다.

맥신 체서는 10월 24일 박정희가 직접 관련됐다는 2보를 내보냈다.

박동선이 박정희로부터 개인적으로 지시를 받아서 의원들에게 수백만 달러를 뿌렸다고 보도했다. 박정희의 직접 지시는 이후 청문회에서 제출된 그 어떤 증거를 통해서도 밝혀지지 않았기 때문에 미국 정부가 도청을 통해서 파악했다고 보는 것이 타당하다.

또한 10월 26일에는 미 사법기관이 주한미국대사관에 대해 은행계좌 자료를 제출하라는 자료제출명령서를 발부했으며 이는 전례가 없는 일이라고 보도했다.

1977년 뉴욕타임스 '청와대 도청방법'까지 보도

신중에 신중을 기하던 뉴욕타임스도 1977년 6월 20일 청와대 도청설을 보도했다. 특히 뉴욕타임스는 청와대 도청에 동원된 방법까지 설명했다.

뉴욕타임스는 미국 정보원들이 전자감시장치를 사용해 1975년 한국의 대통령 관저 내부를 도청해서 미국 국회의원 매수 사실을 알아냈다고 보도했다. 뉴욕타임스는 한국 스캔들을 조사 중인 워싱턴 수사진의 소식통을 통해 전자장치를 이용한 한국의 대통령 관저인 청와대 사찰은 1975년 시작됐음을 확인했다고 덧붙였다.

또 1970년 서울과 워싱턴 간의 한국인의 전화와 전보를 도청했으며 1970년대 중반에 미국 정보요원들이 청와대 정보수집 장기계획을 세웠다고 밝혔다.

특히 고성능 지향성 전파탐지를 이용한 방법이 청와대 내부를 도청하는 방법으로 사용됐다는 것이 전자장치 전문가의 말이라며 탐지방법을 상세히 설명했다. 이 장치는 도청 목표의 실내에 도청가구를 설치할 필요가 없으며 주한미국대사관에서 청와대의 거리 정도라면 그 같은 장치를 충분히 이용할 수 있다고 보도했다.

뉴욕타임스는 이 감시체계가 전 세계에 걸쳐 도청 임무를 수행하고 있는 미국국가안보국에 정보를 제공했으며 미국 의회 매수 사건에 대한 보고를 받은 국무부가 정보를 체계적으로 수집, 1975년 법무부에 인계했다고 전했다.

뉴욕타임스는 전자감시 방법으로 수집한 정보는 미국 법정에서 증거로 채택되지 않지만 사법당국이 미 의회 의원 등을 매수하려던 한국의 계획을 수사하는 데는 좋은 단서가 되고 있다고 밝혔다.

정부, 사실 여부 확인 않고 '제발 부인해달라' 애원

1976년 11월 2일 스나이더 주한미국대사는 국무부로 비밀전문을 타전했다. 이날 박동진 외무부장관이 자신을 외무부로 불렀다는 것이다. 스나이더는 한국 정부가 '왜 청와대를 도청했느냐고 따지면 뭐라고 말해야 하나' 머리를 싸매고 외무부로 갔지만 박동진의 말은 예상과는 딴판이었다. 비밀전문에 따르면 박동진은 스나이더에게 '제발 미국 정부가 청와대 도청설이 사실이 아니라고 공식적으로 부인해달라'고 강력히 요청한 것으로 돼 있다.

명색이 주권국가에서 국가 원수가 거주하는 곳이 도청당했다는 유력지의 보도가 있다면 당연히 항의해야 하건만 박정희 정권은 사실 여부를 물어보거나 확인하지 않고 무조건 사실을 부인해달라고 매달린 것이다. 이는 주권국가의 수치가 아닐 수 없다. 갑과 을의 한미관계에서 슈퍼 갑인 미국에 대한 한국의 노골적인 저자세였다. 그러나 이 같은 현실을 감안하더라도 외무부장관의 발언은 주권국가의 대응이라고 평가할 수 없을 정도였다.

비밀전문에는 박동진이 스나이더에게 "11월 4일 열릴 예정인 국회 외무위원회에서 박동선의 미 의회 로비, 즉 코리아게이트와 청와대 도청설 등이 논의될 수 있으며 코리아게이트는 쉽게 처리할 수 있지만 청와대 도청설은 정말 걱정거리"라고 말한 것으로 기록돼 있다.

이에 대해 스나이더는 미국이 한국의 우방임을 강조하고 청와대 도청설은 확인되지 않은 추측성 보도의 하나라고 설명했다. 그리고 도청이 존재한다면 조사할 수밖에 없다는 입장을 표명하면 되지 않겠느냐고 제의했다. 하지만 박동진은 스나이더의 제의를 '불만스럽게' 거절했으며 "언론에서 문제가 된다면 부인하겠다"고 말한 것으로 보고돼 있다.

상황을 보면, 뭐가 거꾸로 돼도 단단히 거꾸로 된 것이다. 미국 측은 한국 측이 '조사할 수밖에 없다'는 입장을 취하라고 권하고, 한국은 '사실이 아니라고 부인해달라'고 요청한 것이다. 얻어맞은 놈이 때린 놈에게 때린 적 없다고 말해달라는 격이요, 겁탈당한 아낙네가 치맛자락만 스쳤다고 둘러대는 격이다.

박동진은 스나이더에게 국회에서 답변할 수 있도록 미국 정부가 공식 부인해달라고 다시 한 번 강력히 요청했다고 한다. "빨리 이 문제를 워싱턴에 보고해 내일, 11월 3일까지 답변을 받아 달라. 그래야 11월 4일

Declassified/Released US Department of State

SECRET
PAGE 01 SEOUL 08757 021046Z
11
ACTION NODS-00
INFO OCT-01 ISO-00 /001 W
------------------ 059182
O 020902Z NOV 76
FM AMEMBASSY SEOUL
TO SECSTATE WASHDC NIACT IMMEDIATE 0331
S E C R E T SEOUL 8757
NODIS
REF: SEOUL 6891
EO 11652: GDS
TAGS: PINT, KS, US
SUBJECT: ALLEGED BUGGING OF BLUE HOUSE
SUMMARY: FORNIM PARK NOVEMBER 2 STRONGLY URGED PUBLIC
DENIAL OF PRESS REPORTS ALLEGED BUGGING OF BLUE HOUSE,
IN PREPARATION FOR NATIONAL ASSEMBLY QUESTIONING OF
NOVEMBER 4. ALLEGATIONS HAVE ALSO AROUSED EXTREMELY
STRONG REACTION FROM PRESIDENT PARK. END SUMMARY.
1. FORNIM PARK CALLED ME IN NOVEMBER 2 TO DISCUSS
ANTICIPATED QUESTIONING NOVEMBER 4 BY FOREIGN AFFAIRS
COMMITTEE OF NATIONAL ASSEMBLY ON VARIOUS PRESS REPORTS
REGARDING ALLEGED KOREAN LOBBYING ACTIVITIES IN U.S.
HE RECALLED OUR CONVERSATION OF OCTOBER 29
(REFTEL), STATING THAT ISSUE HAS NOW BECOME URGENT AND
EVEN MORE SERIOUS DUE TO ANTICIPATED TOUGH INTERROGATION
PARTICULARLY BY OPPOSITION ASSEMBLY MEMBERS.
2. FORNIM THOUGHT THAT HE COULD HANDLE QUITE EASILY
ALL QUESTIONS RELATING TO TONGSUN PARK' ACTIVITIES,
PER SE, HE WOULD STATE THAT TONGSUN PARK WAS ACTING
ON HIS OWN AS BUSINESSMAN, HAD NO CONNECTION WITH
KOREAN GOVERNMENT AND DID NOT MEET WITH PRESIDENT
PARK IN BLUE HOUSE AS ALLEGED. HOWEVER, HE WAS GREATLY
PERTURBED BY HOW TO ANSWER QUESTIONS REGARDING ALLEGED
SECRET
SECRET
PAGE 02 SEOUL 08757 021046Z
BUGGING OF BLUE HOUSE. I POINTED OUT THAT IT HAS
BEEN U.S. COMMON PRACTICE TO AVOID COMMENTING ON ALL
ALLEGATIONS OF U.S. INTELLIGENCE ACTIVITIES
AND EXPLAINED DIFFICULTIES FOR US IN ISSUING SUCH
DENIALS. I SUGGESTED, INSTEAD, THAT FORMIN EXPRESS
CONFIDENCE THAT RELATIONSHIP BETWEEN U.S. AND KOREA
IS OF SUCH A CLOSE NATURE AS TO RULE OUT THIS POSSIBILITY
AND THAT FURTHERMORE THIS WAS ONLY ONE OF
A NUMBER OF SPECULATIVE REPORTS WHICH UNVERIFIED. HE
MIGHT ALSO INDICATE THAT ROKG WOULD HAVE WAYS AND
MEANS OF DETECTING SUCH BUGS IF THEY DID EXIST.
3. FORMIN REJECTED THESE SUGGESTIONS AS UNSATISFACTORY
AND FELT THAT HE WOULD HAVE TO DENY BUGGING IF NATIONAL
ASSEMBLY AND PRESS UPROAR OVER THIS
ISSUE IS TO BE AVOIDED.
4. FORMIN STRONGLY PRESSED FOR U.S. PUBLIC DENIAL
IN SOME FORM WHICH HE COULD THEN CITE DURING NATIONAL
ASSEMBLY SESSION. HE ASKED ME TO TRANSMIT THIS
REQUEST URGENTLY TO WASHINGTON IN HOPE OF RECEIVING
REPLY BY TOMORROW NOVEMBER 3 SO HE COULD PREPARE FOR
MEETING WITH ASSEMBLY COMMITTEE EARLY NOVEMBER 4.
HE WAS MOST INSISTENT ON NEED, IN HIS VIEW, FOR SUCH
PUBLIC DENIAL OF BUGING TO AVOID SERIOUS CONSEQUENCES
IN KOREA.
5. BEFORE I LEFT, FORMIN TOOK ME ASIDE OUT OF EAR
SHOT OF NOTETAKERS AND TOLD ME THAT AT MEETING TODAY
WITH PRESIDENT PARK, PRESIDENT WAS HIGHLY AGITATED
REGARDING ALLEGATION OF BLUE HOUSE BUGGING. LACK OF
PUBLIC DENIAL PUT PRESIDENT IN VERY DIFFICULT
POSITION AND PARK FEARED HE COULD REACT STRONGLY IN
SOME UNDEFINED WAY. FORMIN ASKED ME TO MAKE CLEAR TO
WASHINGTON THIS DEEP CONCERN OF PRESIDENT PARK
WHEN WE CONSIDER HIS REQUEST FOR PUBLIC DENIAL.

1976년 11월 2일 스나이더 주한미국대사가 국무부에 타전한 비밀전문으로 한국 정부가 청와대 도청 의혹에 대해 미국 측에 제발 부인해달라고 요청했다는 내용을 담고 있다.

오전에 열리는 국회 외무위 회의에 대비할 수 있다"고 말한 것으로 기록
돼 있다. 그는 끝까지 도청 사실을 부인해달라고 바짓가랑이를 잡고 매달
린 것이다.

스나이더 따로 불러 '박정희 떨고 있다. 제발…'

특히 박동진은 스나이더와 면담 중 배석한 사람이 듣지 못하도록 스나
이더를 잠시 옆으로 불러서 속삭였다. 그리고 자신이 오늘, 11월 2일
박정희를 면담했는데 "박정희가 청와대 도청설로 떨고 있다"고 말했다.
"미국이 공식 부인하지 않으므로 대통령이 어려운 상황에 처했고 두려워
하고 있다"며 "우리의 공식 부인 요청을 검토할 때 박정희의 깊은 우려를
워싱턴에 분명히 전달해달라"고 말했다.

스나이더는 이 전문 마지막에, 자신이 박동진에게 도청 등 정보기관의
활동에 대해 공식적으로 부인하는 데 어려움이 많다고 설명했지만 한국
은 미국이 부인하지 않는 것을 이해하지 못하고 있다고 적었다. 그리고
한국은 사실상 대통령을 심각한 어려움에 빠지게 하려는 미국의 간접적
공격으로 이해하고 있다며 여러 가지 문제가 있더라도 이 문제에 대해
어떤 형태로든 공식 부인하는 것이 좋겠다고 자신의 코멘트를 덧붙였다.

스나이더가 박동진의 하소연을 심각하게 받아들여 미 국무부에 '청와
대 도청 부인' 건의를 한 것이다.

이에 대해 미 국무부는 같은 날 주한미국대사관에 전문을 보냈다.
국무부는 "청와대 도청설에 대한 공식 부인 여부를 한국 정부의 입장에서

면밀히 검토했다. 그러나 언론의 특정 기사에 대해 선별적으로 부인하는 것은 오히려 의혹을 부추길 수 있다"며 공식 부인 요청에 대해 명백한 거부 입장을 밝혔다. 미 국무부는 다른 나라의 이 같은 요청에 대해서도 거부한다는 점도 강조했다.

이로써 참으로 꼴이 우습게 됐다. 도청당한 것으로 알려진 측이 도청한 측에 대해 책임을 묻기는커녕 제발 도청을 안 했다고 말해달라고 애원하는데 도청을 한 측에서는 도청을 안 했다고 말할 수 없다는 것이다.

물론 이 같은 사안에 대한 공식 부인도, 공식 시인도 하지 않는 미국 정부방침은 잘 알려져 있지만 현지 대사가 '공식 부인해달라'는 정무적 건의도 무시한 것은 청와대 도청이 실제로 행해졌음을 의미하는 것으로 보인다.

'개인적으로 부인 통보 받았다고 할까' 통사정

스나이더 대사는 이 같은 미 국무부 지침에 따라 11월 3일 다시 박동진을 만난 뒤 다시 면담결과를 미 국무부로 타전했다.

스나이더는 "심각하게 고려했지만 청와대 도청설에 대해 공식 부인할 수 없다고 결론 내렸고, 이는 국무부가 세계 각국에 동일하게 적용하는 정책"이라고 말했다. 특히 스나이더는 "만일 우리의 대화 내용이 새어나가서 그것에 대해 질문을 받더라도 내 대답은 노코멘트"라고 강조했다. 청와대 도청을 하지 않았다고 공식적으로 부인하는 것은 죽어도 불가능하다는 것이다.

그러자 박동진은 더 기막힌 말을 한다. "미국 정부로부터 개인적으로 도청을 부인하는 입장을 전달받았다고 말한다면 어떻게 할 것인가?"라고 물은 것이다. 개인적으로 도청 부인 통보를 받았다고 말하면 안 될까 하는 것이었다. 환장할 일이다. 스나이더는 이 주장에 대해서도 자신은 '노코멘트'라고 할 수밖에 없다고 답했다.

애가 탄 박동진은 또 다시 매달렸다. 박동진은 "한미 우호관계를 고려해서라도 미국 정부는 공개적으로 도청설을 부인해야 한다"며 재차 요청했다. 그러자 스나이더는 다시 한 번 거절함으로써 웃지 못 할 광경이 벌어지고 말았다.

스나이더는 비밀전문에서 박동진이 지난번 만남보다 더 불안해 보이고 차가워졌으며 미국 정부의 공식 부인 절대불가 입장에 대해 '대단히 놀랍다'고 말한 것으로 전했다.

국회 외무위원회가 11월 4일, 내일로 다가왔는데 미국이 공식 부인 입장을 밝힐 수 없다고 하자 박정희 정권이 극도로 불안하고 초조한 모습을 보인 것이다.

키신저, 12월 말 '공식 부인' 표현 불가 통보

1976년 12월 16일 미 국무부가 주한미국대사관에 보낸 전문은 "청와대 도청설에 대해 우리의 기존 입장을 재확인해주라. 지난 10월 29일 함병춘 주미한국대사에게도 대통령 대화에 대한 도청이 없었음을 묵시적으로 전했다"고 밝혔다.

10월 29일 함병춘에게 묵시적으로 전했다고 하지만 한국은 이를 부인으로 받아들이지 않은 것이다. 아마도 미국이 명확하게 말하지 않았기 때문일 것이다. 설사 묵시적으로 부인했다는 점을 받아들이더라도 문맥에 문제가 있음을 알 수 있다. 청와대 도청이 아니라 '대통령 대화'를 도청하지 않았다는 사실을 묵시적으로 전달했다는 것이다. 이는 오직 대통령의 대화에 한정된 것이지 대통령을 제외한 청와대 도청에 대한 부인은 아닌 것이다.

닷새 뒤에는 마침내 키신저까지 나섰다.

1976년 12월 21일 국무부는 주한미국대사관에 보낸 전문에서 "국무부 장관과 상의한 결과 문서로 된 공식 부인 입장 표명은 불가하며 한국 정부는 스나이더 대사로부터 구두 공식 입장을 통보받은 것으로 만족해야 한다"고 강조했다. 국무부장관은 키신저를 의미한다. 키신저가 청와대 도청을 공식 부인하지 못한다는 것이다. 그런데 스나이더가 한국 정부에 통보한 내용은 공식 부인 거부와 노코멘트가 전부다. 공식 부인은 없었던 것이다. 뒤집어놓고 보면 국무부는 10월 29일 함병춘에게 묵시적으로 대통령 대화를 도청하지 않았다고 통보한 사실도 부인하는 것이다. 그렇다면 도청에 대해 전혀 부인하지 않은 것이다.

이 시기는 미국으로서는 공화당 정권의 퇴진이 확정되고 한 달 뒤면 민주당 정권이 들어서는 과도기였다. 만약 도청 사실을 공식 부인했다가 민주당 정권이 청와대 도청설을 조사해 도청 증거가 밝혀진다면 철창신세를 면치 못하게 된다. 그도 그럴 것이 코리아게이트는 '민주당게이트'라고 할 만큼 민주당 의원들이 많이 관련됐다. 닉슨게이트가 공화당에

```
Declassified/Released US Department of State

SECRET
PAGE 01 STATE 308063
ORIGIN NODS-00
INFO OCT-01 ISO-00 /001 R
DRAFTED BY P:DAO'DONOHUE:BDF
APPROVED BY P:PCHABIB
EA - MR. HUMMEL
S/S - MR. SEBASTIAN
DESIRED DISTRIBUTION
S, D, P, L, EA, NSC ONLY
------------------ 083439 /53
O 211814Z DEC 76 ZFF4
FM SECSTATE WASHDC
TO AMEMBASSY SEOUL IMMEDIATE
S E C R E T STATE 308063
NODIS
FOR AMBASSADOR FROM HABIB
E.O. 11652: XGDS-3
TAGS: PFOR, PINT, KS, US
SUBJECT: BLUE HOUSE BUGGING ISSUE
REF: SEOUL 10076
1. I HAVE DISCUSSED AGAIN WITH SECRETARY QUESTION OF
WRITTEN DENIAL OF FALSE ALLEGATION OF BLUE HOUSE BUGGING.
SECRETARY HAS CONFIRMED HIS DECISION THAT WE WILL NOT
PROVIDE ANY WRITTEN STATEMENT AND THAT ROKG SHOULD BE
SATISFIED WITH THE FORMAL ORAL ASSURANCES GIVEN BY YOU,
HUMMEL AND MYSELF.
2. CONSEQUENTLY, YOU SHOULD BE CERTAIN THAT FONMIN PARK
UNDERSTANDS THAT WE CANNOT ACCEPT PERSISTENT ROKG
SECRET
SECRET
PAGE 02 STATE 308063
INSISTENCE ON THIS POINT AFTER HAVING ALREADY RECEIVED
AUTHORITATIVE U.S. ASSURANCE THAT THERE WAS NO BLUE HOUSE
BUGGING.
KISSINGER
SECRET
NNN
```

1976년 12월 21일 국무부가 주한미국대사관에 타전한 비밀전문으로 키신저 국무부장관이 청와대 도청 의혹에 대해 공식 부인할 수 없다는 지침을 내렸다는 내용을 담고 있다.

된서리를 내렸다면 코리아게이트는 민주당을 곤혹스럽게 한 것이다.

그런데 때마침 민주당 정권이 들어서니 신중을 기하지 않을 수 없었을 것이다. 정보기관활동에 대한 NCND 방침이 도청을 부인하지 못한 가장 큰 이유겠지만 이 같은 가능성도 조금은 고려됐을 것이다. 한마디로 정리하면 실제로 청와대 도청이 이루어졌으므로 도청하지 않았다고 말하지 못한 것이다.

포터, '도청했다' 시인 – 레너드 '청와대 비밀회의' 증언

1967년부터 1971년까지 주한미국대사로 재직했던 포터도 청와대 도청을 시인하는 발언을 했다. 포터는 1978년 4월 3일 CBS 방송에 출연해 "미국이 박정희가 대통령이 된 뒤 한때 청와대에 도청기구를 장치했다"고 확인하고, "내가 1967년 주한미국대사로 부임한 뒤 이 같은 전자감시 행위를 중단시켰다"고 말했다. 포터는 "주한대사로 부임하기 전 도청행위가 중지되었으며 도청을 재개하지 못하도록 특별명령을 내렸다"고 덧붙였다.

포터와 대담을 하던 맥밀란도 이 말을 듣고 깜짝 놀랄 정도였다. 포터 이전이라면 버거와 브라운 등이 대사로 재임하던 시절을 말한다. 주한미국대사가 자신의 전임자 재임 때 미국이 청와대를 도청했다고 명확히 시인한 것이다. 한국 내 미국 정부 최고책임자였던 이가 불법도청을 했다고 시인한 것은 한국 내 미국 정부 인사들의 활동을 누구보다 잘 알고 있다는 점에서 국무부장관의 발언보다도 더 권위가 있는 것으로 볼 수 있다. 주한미국대사만큼 그 같은 활동을 정확히 알 수 있는 사람이 없는 것이다.

특히 포터가 도청재개금지특별명령을 내렸다고 고백한 것도 중요한 의미를 지닌다. 그러나 과연 그의 명령대로 도청이 중단됐는지는 의심스럽다. 포터가 재임 중이던 1969년에도 도청이 존재했다는 보도도 잇따랐다. 포터의 주장을 100% 받아들여 그의 재임 때 도청이 중단됐다 하더라도 그가 떠난 뒤에는 도청이 재개됐을 가능성이 크다. 그는 도청재개금지 특별명령을 내렸을 뿐이지 도청장치를 철거시켰다고는 말하지 않았다.

포터의 이 발언은 큰 파문을 일으켰고, 1976년 말 결코 도청설에 대해 시인이나 부인할 수 없다고 끝까지 버티던 미국 정부가 한국 정부에 해명 문서까지 보냈다. 1978년 4월 17일 미국 정부가 주한미국대사의 서한 형식으로 도청설을 공식 부인하는 서면 해명을 한국 정부에 전달한 것이다. 스나이더 대사는 이 서한에서 미국기관이 청와대를 도청한 일이 없었음을 거듭 해명하면서 "전직 미국 공직자의 발언으로 한국 정부에 누를 끼친 데 대해 미 국무부장관의 훈령에 따라 미 대통령의 사절 자격으로 유감을 표명한다"고 밝혔다.

레너드 미 국무부 한국과장의 청문회 발언도 청와대 도청을 암시한다. 레너드는 1978년 3월 21일과 4월 20일 프레이저 청문회에 출석해 한국의 대미 로비 계획이 청와대에서 기획됐으며 박정희의 통제 하에 로비를 수행하기 위해 특별외교정책심의회의가 설치됐고 이 심의회 결정에 따라 박동선이 미국에서 로비활동을 한 것으로 본다고 밝혔다. 레너드는 다른 공직자들의 부인에도 불구하고 박동선의 로비활동이 박정희 통제 하에 수행됐다고 말한 것이다. 청와대에 특별회의가 존재하지 않았다는 한국 정부의 부인에도 불구하고 레너드가 이 같은 비밀회의의 존재를 증언한 것은 청와대 도청을 통해 그 같은 사실을 확인했다고 추정할 수밖에 없다.

청와대 도청한다면 국교 단절- 전쟁 날 문제

뉴욕타임스가 청와대 도청 의혹은 물론 도청방식까지 보도하면서 한국 국회도 정부를 상대로 이를 추궁하고 미국 정부에 사실 여부를 확인하라고 주장했다.

1977년 6월 22일 국회 본회의 외교국방 분야 질문에서 이 문제가 집중 거론됐다.

구범모 의원은 총리에게 묻는다며 1976년 10월 15일자 워싱턴포스트에 이어 1977년 6월 20일 뉴욕타임스도 청와대 도청 의혹을 보도했다며 사실이라면 중대한 주권모독이라고 밝혔다. 그러나 구 의원은 뉴욕타임스가 1975년부터 한국이 북한과 비밀흥정을 할까봐 도청을 했다는 시점은 말이 안 된다고 주장했다. 자신이 남북대화에 참여했던 사람으로서 남북대화는 1973년 8월 28일에 중단됐다고 밝혔다. 그러니 뉴욕타임스 보도는 말이 안 된다는 것이 요지다. 당시 총리 최규하도 지난해 문제가 됐을 때 미국 고위층으로부터 사실이 아니라는 분명한 언질을 받았다며 뉴욕타임스 기사는 지난해 보도를 각색한 것 같다고 답변했다.

그러나 강상욱 의원은 청와대 도청이 기술적으로 분명 가능하다는 결론을 내렸다며 도청방식을 설명했다. 전파빔 조사방식, 즉 특수지향성 전파를 도청 대상에 발사하면 전파가 반사돼 돌아오게 된다며, 만약 도청 대상에 벽이 있고 안에서 이야기를 한다면 그 전파가 벽에서 진동한 뒤 반사된다고 설명했다. 그 뒤 반사된 전파가 다시 장치에 오면 또 진동이 생겨 혼합이 되는데 전파를 검출기에 넣어서 도청 대상에서 반사된 전파만 걸러내는 방식이라고 말했다. 강 의원은 국가원수에 대해 도청을 하는 것은 도저히 용납할 수 없는 일이라고 주장했다. 그는 만약 미국이 아닌 적성국가에서 이 같은 행위를 했다면 대사소환, 국교단절, 나아가 전쟁까지도 갈 수 있는 중대한 문제라고 주장했다.

전 CIA 요원 '30개국 수도 도청 – 서울도 가치 충분'

워싱턴포스트가 청와대 도청설을 보도한 뒤 주미한국대사관과 국무부 간의 비밀전문을 보면 석연찮은 정부의 대응이 잘 나타난다.

미 국무부가 비밀 해제한 외교전문을 살펴보면 청와대 도청은 'BLUE HOUSE BUGGING'이란 말로 표현돼 있다. 1976년 10월 28일 미 국무부가 아태지역 공관에 보낸 전문에 처음 이 같은 낱말이 등장한다. 이 전문은 우리말로 하자면 '주요 신문 보도사항 요약'이었다. 워싱턴을 비롯해 세계 각국 언론의 주요 보도를 요약해 해당 지역 공관에 보내주는 것이다. 이 전문에 따르면 청와대 도청설이 구체적으로 보도된 1977년 10월 26일자 워싱턴포스트지는 김포공항에서 압수돼 한국에 배포되지 않았다고 적고 있다. 워싱턴포스트는 1977년 10월 15일 코리아게이트 특집 기사 1탄에서는 "극도로 민감한 전자장치를 한국 정부 최고위층과 주미한국대사관에 설치했다"고 보도했으나 10월 26일자 신문 코리아게이트 특집기사 2탄을 통해 '청와대'라고 못 박았던 것이다.

1977년 11월 1일자 미 국무부 '주요 신문 보도사항 요약' 전문에는 전직 CIA 요원의 증언을 담고 있었다. 이 전직 CIA 요원은 "전 세계 30개 국가의 수도에서 도청을 하고 있지만 청와대를 도청했는지는 모른다"고 하면서도 "한국은 CIA가 도청할 만한 가치가 있는 지역"이라고 말한 것으로 돼 있다.

이처럼 워싱턴포스트의 청와대 도청설 보도는 한국 전체를 뒤흔들 뿐 아니라 한미관계를 완전히 망가뜨릴 정도의 대형 악재였다. 이때부터 한미 양국 정부는 긴밀한 입장 조율에 나서게 되지만 국무부 전문을 보면 한국은 주권국가로서 이에 대한 사실 여부를 확인하거나 추궁하지 않고 미국 정부에 공식 부인해달라고 매달리기만 했음을 알 수 있다. 통탄할 일이다.

FBI 정보메모 '민감한 소스'는 청와대 도청 의미

이 같은 청와대 도청 의혹은 포터 대사, 레너드 한국 과장 등을 통해 일부 확인됐지만 FBI가 키신저 대통령국가안보보좌관과 미첼 검찰총장에게 보낸 정보메모에서 사실임이 입증된다. 프레이저 소위원회가 입수한 정보메모는 청와대 도청의 움직일 수 없는 증거이다.

미첼 전 검찰총장은 1978년 3월 21일 프레이저 청문회에 증인으로 출석해 증언했다. 이날 증언 중 후버 FBI 국장이 1971년 9월 30일 키신저와 미첼에게 보낸 메모에서 청와대 도청을 암시하는 대목을 찾을 수 있다. 정보메모의 본문은 거의 대부분 삭제된 채 한두 문장으로 요약돼 공개됐지만 하단에 정보의 민감성을 지적하는 주의사항은 거의 원문 그대로 공개된 것과 같은 정보를 준다. 한두 문장으로 요약된 본문도 엄청난 폭발력을 갖고 있지만 하단의 주의사항은 이 정보가 도청에서 나왔음을 잘 보여주고 있다.

한국의 대미 로비 의혹을 경고한 이 메모의 하단에는 "이 정보는 소스의 민감성 때문에 실질적인 조사는 할 수 없고 FBI는 더 이상 조치를

```
C. "SANITIZED" LETTER FROM J. EDGAR HOOVER, DIRECTOR, FBI, TO HENRY A.
   KISSINGER, ASSISTANT TO THE PRESIDENT FOR NATIONAL SECURITY AFFAIRS

                                              1 - Mr. Sullivan
                                              1 - Mr. E. S. Miller
                                              1 - Mr. Wannall
                                              1 - Mr. McDonnell

                       September 30, 1971
                          BY LIAISON

Honorable Henry A. Kissinger
Assistant to the President
  for National Security Affairs
The White House
Washington, D. C.

Dear Dr. Kissinger:

       (THE FOLLOWING INFORMATION REPRESENTS A DECLASSIFIED
        SUMMARY OF TOP SECRET INFORMATION CONTAINED IN THE
        ORIGINAL OF THIS COMMUNICATION.)


       TWO CONGRESSIONAL STAFF AIDES, (NAME DELETED) AND
       (NAME DELETED), ARE CONNECTED WITH THE KCIA.


     You were advised in the referenced communication that because
of the sensitive nature of the source, active investigation was precluded
and no further action was being taken by this Bureau.    has advised that
the source of its information is extremely sensitive and such as to preclude
any investigation whatsoever, and specifically requested any dissemination
of this information be limited to you and the Attorney General. The
Attorney General is being provided with the foregoing information as
received from     .

                        Sincerely yours,

                           (553)
```

1971년 9월 30일자 FBI 정보메모로 의원보좌관 2명이 한국 중앙정보부와 연결돼 있다는 내용을 담고 있다. 본문의 비밀은 모두 삭제되고 요약돼 공개됐지만 정보소스가 매우 민감하므로 수사를 할 수 없다는 주의사항은 원문 그대로 실려 있다.

취할 수 없다. 정보소스가 극도로 민감하기 때문에 어떤 조사도 할 수 없으며 이 정보의 배포도 미첼 당신과 백악관의 키신저 박사 등 두 사람으로 제한된다. 앞으로도 계속 두 사람에게 정보를 제공하겠다"고 밝히고 있다. 정확히 하자면 키신저에게 보낸 메모에는 미첼에게 계속 정보를 제공할 것이고, 미첼에게 보낸 메모에는 키신저에게 계속 정보를 제공할 것이라고 돼 있다. 이 전문뿐 아니라 3건의 전문 모두에 이 같은 내용이 명시돼 있다.

이에 대해 프레이저는 정보기관이 이처럼 정보활동에 제한을 두는 것은 매우 이례적이라며 혹시 정보수집에 범죄적인 요소가 포함됐기 때문이 아니냐고 미첼에게 물었다. 프레이저의 지적은 매우 적절했다. 미첼은 "국가안보나 미국의 외교정책과 관련될 경우 종종 그런 일이 있다. 특별한 일이 아니다"라고 둘러댔지만 이는 청와대 도청을 암시하는 중요한 대목이 아닐 수 없다. 미국 법정에서 도청으로 입수한 정보는 증거로 인정받지 못한다는 점을 감안하면 정보소스의 민감성 때문에 조사할 수 없다는 것은 그 정보소스가 도청을 의미하는 것으로 볼 수 있다. 특히 수사를 하다 청와대 도청 사실이 불거질 경우 그 파장을 감당할 수 없었기 때문일 것이다.

'청와대가 수십만 달러 헌금 지시' 언급은 도청 증거

프레이저 소위원회가 입수한 FBI 정보메모는 당초 모두 3건으로, 앞서 언급한 1971년 9월 30일과 같은 해 11월 24일과 2월 3일 전해졌고 연방검찰이 이 정보메모를 받았다는 문서수신 대장도 발견됐다. 그 뒤 키신저 증언 과정에서 1건의 내용이 더 공개됐다.

이 3건의 정보메모는 박동선 등 한국 측의 이름을 제외하고 로비의 대상이 된 미 의원들이나 미 의원 보좌관의 이름은 모두 삭제된 채 공개돼 과연 그들이 누구인지는 알 수 없다. 또 원래는 본문에 적혀있었겠지만, 언제 어디서 이런 대화나 정보가 입수됐는지도 도청의 직접적 증거가 되기 때문에 대부분 삭제되고 한두 문장으로 요약된 채 공개됐다. 하지만 극히 일부만 공개된 이 전문들이 도청의 움직일 수 없는 증거가 됐다.

1971년 9월 30일자 전문은 본문은 딱 한 문장의 메모와 정보의 민감성을 지적하는 하단 메모만 공개됐다. 의원 보좌관 2명이 중앙정보부와 연계돼 있다는 내용이었다.

미첼은 이 전문은 기억난다며 자신이 칼 알버트 하원의장을 만나 메모 내용에 언급된 보좌관에 대해 의논했다고 증언했다. 이 메모에 언급된 2명 중 1명은 칼 알버트의 비서였던 수지 박 톰슨이었다.

1971년 11월 24일 전문도 미 의원의 이름 등 대부분이 삭제된 채 요약돼서 공개됐다. 총 5개항이다.

첫째, 박동선이 쌀 중개 과정에서 생긴 돈으로 모 의원에게 돈을 지급했다. 둘째, 박동선이 중앙정보부의 지시를 받고 있으나 중앙정보부의 고용 직원은 아니다. 셋째, 한국 정부가 미국 내 미국인 언론인 및 한국인 언론인을 조종하기 위해 거액을 뿌렸다.

넷째, 한국 대통령 관저인 청와대가 민주당 의원들에게 수십만 달러를 헌금하라고 지시한 데 직접 연관돼 있다. 다섯째, 모 의원 보좌관은 중앙

E. "Sanitized" Letter From J. Edgar Hoover, Director, FBI, to Henry A. Kissinger, Assistant to the President for National Security Affairs

```
                              1 - Mr. A. Rosen
                              1 - Mr. C. W. Bates
                              1 - Mr. E. S. Miller
                              1 - Mr. T. R. Wannall
                              1 - Mr. W. J. McDonnell

                              November 24, 1971
```

Honorable Henry A. Kissinger
Assistant to the President
  for National Security Affairs
The White House
Washington, D. C.

Dear Dr. Kissinger:

(THE FOLLOWING INFORMATION REPRESENTS A DECLASSIFIED SUMMARY OF TOP SECRET INFORMATION CONTAINED IN THE ORIGINAL OF THIS COMMUNICATION.)

-- PARK TONGSUN HAS MADE PAYMENTS TO CONGRESSMAN (NAME DELETED) WITH MONEY RECEIVED IN RICE DEALS.

-- PARK TONGSUN IS ACTING UNDER KCIA DIRECTION BUT IS NOT A KCIA EMPLOYEE AS SUCH.

-- THE GOVERNMENT OF THE REPUBLIC OF KOREA HAS SPENT LARGE SUMS TO DEVELOP CONTROL OVER AMERICAN AND KOREAN JOURNALISTS IN THE UNITED STATES.

-- THE BLUE HOUSE, SOUTH KOREA'S PRESIDENTIAL MANSION, WAS DIRECTLY INVOLVED IN DIRECTING THE CONTRIBUTION OF SEVERAL HUNDRED THOUSAND DOLLARS TO THE DEMOCRATIC PARTY.

-- (NAME DELETED), A CONGRESSIONAL STAFF AIDE, IS UNDER KCIA CONTROL.

          has advised that the source of the above information is extremely sensitive and such as to preclude any investigation whatsoever on the basis of the information furnished.   has specifically requested that any dissemination of this information be limited to you and the Attorney General, only. In view of these restrictions, this Bureau is initiating no investigation in this matter or the related matters previously reported to you.

          The Attorney General is being provided the foregoing information.

                              Sincerely yours,

                              (555)

1971년 11월 24일자 FBI 정보메모로 청와대가 민주당 의원들에게 수십만 달러 헌금을 지시했다는 내용을 담고 있다.

정보부의 컨트롤을 받고 있다, 등이었다.

이 전문에서 가장 중요한 내용은 바로 넷째 항목이다. '한국 대통령 관저'라고 친절한 설명까지 곁들이며 청와대가 수십만 달러 정치헌금을 지시한 데 직접 연관돼 있다고 한 대목은 청와대를 도청해서 이 같은 정보를 얻었음을 의미한다.

특히 주목할 것은 이 다섯 항 모두가 추정이나 전망 또는 가정을 의미하는 단어를 사용하지 않고 사실을 뜻하는 단정적 단어를 사용했다는 것이다. 즉, 이 정보는 추측해서 작성한 것이 아니라 팩트 그 자체임을 의미하며 팩트를 입수할 수 있는 방법은 그들의 대화를 직접 엿듣는 것 외에는 다른 방법이 없다.

정부가 언론인 포섭을 위해 거액을 뿌렸다거나 청와대가 정치헌금을 지시했다는 등의 대목 모두 완벽하게 단정적으로 기록돼 있다. 이는 명확한 사실이라는 뜻이며 그 방법은 도청뿐이다.

프레이저 소위원회 조사위원 자격으로 이 정보메모 원문을 살펴본 뒤 도청 등 민감한 비밀을 모두 삭제하고 한두 문장으로 요약한 사람은 국가도청위원회의 수석조사관 출신이었다. 국가도청위원회는 각 정보기관의 도청이 적법하게 이뤄지는가를 심사하는 기관으로 이 기관의 수석조사관 출신이 정보메모를 요약했으므로 최초 정보메모가 단순한 추정인지, 명확한 사실을 토대로 기록된 것인지 정확히 판단했을 것이다. 정보메모의 공개본이 단정적 단어로 작성됐음은 원문 자체가 완벽한 사실을 의미하는 단어로 사용됐기 때문이다. 아마도 이 정보메모는 도청 내용을 바탕으로 일문일답식으로 작성됐을 것이기에 누가 누구에게 무슨 말을 했는지 의심할 여지가 없었을 것이다. 또한 그는 이례적으로 위증을 할 경우 벌을 받겠다고 선서를 하고 원문을 정확히 요약했다고 증언했다. 따라서 상당한 분량을 엄청나게 삭제했다고 하더라도 그가 요약한 내용만큼은 사실이 틀림없음을 의미한다.

박정희-미 의원 대화가 FBI 메모에 명시

더욱 충격적인 것은 바로 1972년 2월 3일자 FBI의 정보메모다. 이 메모 역시 키신저와 미첼 두 사람에게만 전해졌다.

미 의원 등의 이름만 삭제된 채 일급비밀이 포함된 원래 메모를 간추려 공개됐다. 첫째는 박정희 대통령으로부터 선거자금을 받으러 했던 모 의원이 박정희에게 박동선이 미국 내 로비활동을 모두 관장해야 할 뿐만 아니라 미국으로부터 쌀을 수입하는 한국의 중개인이 돼야 한다고 말했다고 명시돼 있다.

둘째는 하비브 당시 주한미국대사가 박동선을 외국인에이전트등록법에 의거, 에이전트로 등록시키려 시도하고 있다는 내용이었다.

이 보고서가 작성됐던 1972년 2월 3일은 박동선이 쌀 중개권을 경호실장 박종규에게 빼앗긴 뒤 회복하기 위해서 절치부심하던 시기이다. 그래서 박동선이 갤러거와 패스만 등 거물급 의원들에게 로비를 했고 이들 두 의원이 한국에 와서 청와대로 쳐들어가 박정희를 만난 것이 바로 1월이었다.

갤러거는 1월 7일, 패스만은 1월 21일 각각 박정희를 만난 것으로

G. "SANITIZED" LETTER FROM J. EDGAR HOOVER, DIRECTOR, FBI, TO HENRY A. KISSINGER, ASSISTANT TO THE PRESIDENT FOR NATIONAL SECURITY AFFAIRS

1 - Mr. A. Posen
1 - Mr. C. W. Bates
1 - Mr. E. S. Miller
1 - Mr. W. R. Wannall
1 - Mr. W. J. McConnell
February 3, 1972

BY LIAISON

Honorable Henry A. Kissinger
Assistant to the President
  for National Security Affairs
The White House
Washington, D. C.

Dear Dr. Kissinger:

(THE FOLLOWING INFORMATION REPRESENTS A DECLASSIFIED SUMMARY OF TOP SECRET INFORMATION CONTAINED IN THE ORIGINAL OF THIS COMMUNICATION.)

-- CONGRESSMAN (NAME DELETED), WHO HAD PREVIOUSLY SOUGHT ELECTION CAMPAIGN CONTRIBUTIONS FROM PRESIDENT PARK, TOLD PRESIDENT PARK THAT PARK TONGSUN SHOULD NOT ONLY BE PUT IN OVERALL CHARGE OF INFLUENCE/LOBBYING EFFORTS IN THE UNITED STATES, BUT SHOULD ALSO BE NAMED AS CHIEF REPUBLIC OF KOREA AGENT FOR RICE PURCHASES FROM THE U.S.

-- AMBASSADOR HABIB IS ATTEMPTING TO HAVE PARK TONGSUN REGISTERED UNDER THE FOREIGN AGENTS REGISTRATION ACT.

         has advised that the source of the above information is extremely sensitive and such as to preclude any investigation whatsoever on the basis of the information furnished.   has specifically requested that any dissemination of this information be limited to you and the Attorney General, only. In view of these restrictions, this Bureau is initiating no investigation in this matter.

    The Attorney General is being provided the foregoing information.

Sincerely yours,

(557)

1972년 2월 3일자 FBI 정보메모로 미 국회의원이 박동선이 미국 내 로비활동을 모두 관장해야 하며 미국 쌀 수입 중개인이 돼야 한다고 박정희에게 건의했다는 내용을 담고 있다.

확인됐다. 이 보고는 바로 그때 갤러거 또는 패스만과 박정희의 대화를 그대로 옮긴 것임에 틀림없다. 키신저는 이 메모에 등장하는 의원이 후일 기소됐기 때문에 그 의원을 기억하고 있다고 밝혔다. 공교롭게도 갤러거와 패스만 두 의원 모두가 탈세, 수뢰혐의 등으로 기소됐기 때문에 키신저의 증언이 누구를 뜻하는지 알기 힘들다. 그러나 프레이저보고서는 그 의원이 갤러거라는 뉘앙스를 담고 있다. 프레이저보고서가 맞다면 1972년 2월 3일 FBI 정보메모는 박정희와 갤러거와의 대화를 도청한 내용이다. 아마도 패스만이 박정희에게 말한 내용일 가능성이 크다.

 이 메모 또한 대화를 엿듣고 있는 것처럼 추정 등의 용어를 사용한 것이 아니라 팩트 그 자체를 의미하는 단정적 용어를 사용하고 있다.

 한 국가의 대통령과 다른 나라 의원의 대화를 이렇게 단정적으로 기록했다는 것은 내용에 완벽한 자신이 있다는 것이다. 이 같은 방식으로 정보메모를 작성할 수 있는 것은 도청이라는 확실한 정보수집 방법에 의해 물증을 확보하지 않고는 불가능하다.

 특히 이 메모가 작성된 1971년은 박동선이 박정희를 만났던 시기이다. 김형욱은 1978년 7월 10일 상원 윤리위원회 증언을 통해 박동선으로부터 1971년 박정희를 만났다는 말을 직접 들었다고 밝혔다. 박동선-박정희의 만남 시기가 FBI 정보메모 시기와 일치하는 것이다. 아마도 두 번째 정보메모는 박동선-박정희의 대화였을 것이다.

소스 때문에 수사 꺼리자 포드 대통령이 수사 지시

1978년 4월 20일 키신저 대통령국가안보보좌관의 증언은 미국의 청와대 도청 가능성을 결정적으로 입증해주고 있다.

이날 키신저는 프레이저 청문회에 출석, 1975년 2월 하비브 당시 국무부 동아태차관보가 자신을 방문해 한국의 로비는 단순히 로비에 그친 것이 아니라 의원 매수사건이라고 보고해 깜짝 놀라면서 보고서 작성을 지시했다고 증언했다. 그때까지만 해도 키신저는 한국의 로비를 심각하게 생각하지 않았으며, 베트남전과 중국, 소련, 중동 등의 외교관계에 집중했으므로 한국 문제에 큰 관심을 갖지 않았다는 것이다. 그런데 로비가 아니라 매수라고 하니 놀랐던 것이다.

하비브는 키신저의 지시로 보고서를 작성했고 키신저는 이 보고서를 포드 대통령에게 전달했다. 포드 또한 놀라면서 키신저에게 이 문제를 계속 주시하라고 지시했고 키신저는 그때부터 추가 정보가 입수될 때마다 보고했다고 한다.

그러다 1975년 10월 마침내 코리아게이트의 공식 시막이라고 할 만한 일이 발생한다. 이때 한국이 의원을 매수한다는 결정적 정보가 입수됐다는 것이다. 그러나 해당 정보기관은 이 정보소스의 민감성 때문에 이를 수사기관에 통보하는 것을 극도로 주저했다고 한다. 절대 수사불가 입장이었다고 한다.

그러나 키신저가 단안을 내렸다. 포드 대통령에게 그 보고서를 전달하며 조사를 건의했고 대통령의 동의를 얻어 마침내 검찰에 조사를 지시했다는 것이다. 키신저가 판단하기에 정보소스가 민감하다 하더라도 묵과

할 수 없는 사안이었던 것이다.

이처럼 코리아게이트 수사는 정보기관이 수사를 꺼릴 정도로 정보소스가 민감했지만 결국 키신저의 결단으로 대통령의 결심을 얻어 진행됐다.

> Mr. KISSINGER. In February 1975, Mr. Habib, who was then Assistant Secretary of State for East Asian Affairs, called my attention to some rather sensitive intelligence reports that indicated that there might be some attempt not to lobby but to bribe Congressmen. I asked him for a briefing on this. He wrote me a brief memorandum on the subject. I took it to the President. The President asked me whether the information was conclusive, and I told him it did not seem to be. He asked me to watch it, and when we had further information, to come back to him.
> Later in the year—I think it was the end of October 1975—we received information which was much more definite. The difficulty was that our intelligence agencies were very reluctant to make this information available to investigative agencies because of the sensitivity of the sources. We nevertheless—I took it up with the President, and I recommended to him, and he agreed, that the information be turned over to the Attorney General. He ordered that it be turned over, and a few days later we turned it over.
> A few weeks later, some additional information came which we also turned over, and therefore, when we received information of potentially illegal activities that we had reason to believe the Attorney General did not possess, we put it into the hands of the agency in charge of law enforcement.

1978년 4월 20일 키신저 증언 속기록으로 1975년 10월 불법 대미 로비의 결정적 증거가 입수됐지만 정보소스의 민감성으로 수사를 극히 꺼렸으나 포드 대통령이 결단을 내림으로써 전면수사에 돌입했다는 내용을 담고 있다.

키신저, 'FBI 정보메모도 CIA가 입수한 것'

키신저는 이에 앞서 1971년과 1972년에 걸쳐 자신에게 전달됐던 3건의 FBI 정보메모에 대해서도 증언했다. 이 증언은 국내 문제를 전담하는 FBI가 왜, 그리고 어떻게 청와대에서 도청을 통해 알게 된 정보를 취급했는가라는 의문을 풀어준다.

　이 정보메모는 1978년 3월 21일 프레이저 청문회에서 본문이나 의원 이름 등을 삭제한 채로 처음 공개됐지만 키신저는 이날 FBI가 이 정보를 CIA에서 받은 뒤 다시 대통령국가안보보좌관실로 보낸 것이라고 증언했다. 정보메모에서 삭제된 부분에 정보출처와 입수경위 등이 적혀있었던 것이다.

　FBI는 주로 국내 문제를 전담하는데, 이 정보메모는 '미국 내 한국 중앙정보부 활동'이라는 제목처럼 미국 내 외국첩보기관의 활동과 관련돼 있다. 따라서 CIA가 이 같은 정보를 입수한 뒤 국내 방첩활동을 담당하는 FBI로 정보를 이첩한 것이다.

　말하자면 CIA가 청와대 도청 등을 통해 정보를 입수한 뒤 미국 내 수사가 필요한 부분 등은 FBI에 알렸고 FBI는 한국과의 외교문제 등을 고려해 키신저에게 이 정보를 보낸 것이다. 청와대를 도청한 것은 바로 한국에 파견된 CIA 한국지부였을 가능성이 큰 것이다.

　키신저의 이 같은 증언은 정확한 사실이었다. 프레이저 소위원회는 문제의 FBI 정보메모를 작성한 사람을 찾아냈다. 윌리엄 맥도널드가 그 당사자였다.

　맥도널드는 프레이저 청문회에서 자신이 1971년부터 1972년 사이에 키신저와 미첼에게 보낸 정보메모를 작성했다고 증언했다. 특히 맥도널드는 CIA로부터 정보를 받아서 이 메모를 작성했다고 밝혔다. 보통 이 같은 정보는 검찰총장은 물론 검찰차장까지 볼 수 있도록 하지만 이 정보메모들은 이례적으로 검찰총장 단 한 사람만 보도록 작성됐다는 것이다. 또한 각 전문마다 정보소스의 민감성을 언급한 것 또한 흔한 일이 아니라고 설명했다. 맥도널드의 이 같은 증언도 CIA의 청와대 도청을 입증하는 하나의 증거이다.

'미 의원, 박정희 건의' 엿들은 75년 메모 내용도 공개

키신저 증언을 통해 또 하나 밝혀진 것은 1971년 2건, 1972년 1건에 이어 1975년에 '미국 내 한국 중앙정보부 활동' 정보를 담은 FBI 정보메모의 내용이었다. 이 정보메모 또한 미 의원과 박정희의 대화가 적혀있었다. 도청을 통해 엿듣지 않고는 도저히 나올 수 없는 내용이다.

청문회에서 일부 내용만 공개된 제4의 정보메모는 "미 의원이 박정희에게 건의하기를"이라는 말로 시작된다. 이 메모에는 이 의원이 박정희에게 미국의 정치, 사회, 문화 분야에 영향을 미칠 수 있도록 한미시민협력위원회를 구성하고 위원장에 박동선을 앉히라고 건의했다는 내용이 담겨 있다. 또 한국 중앙정보부가 박정희 정책에 대한 미국의 지지를 확보하기 위해서 미 의원들을 한국으로 초청하는 문제에 관여하고 있고 한국 중앙정보부가 박정희 찬양 발언이 의회 회의록에 담길 수 있도록 의원들에게 공작을 펼치고 있다고 기록돼 있다.

이 4건의 정보메모가 작성된 시기를 보면 적어도 미국은 포터가 물러나고 하비브가 주한미국대사로서 영향력을 행사한 1971년 및 1972년, 그리고 하비브가 물러난 1975년에도 청와대를 도청한 것으로 추정된다.

키신저가 한국의 의원 매수와 관련된 결정적 정보를 민감한 소스를 통해 입수한 시기도 1975년 10월인 것을 감안하면, 하비브가 주한미대사 직을 떠난 뒤인 1975년에도 지속적으로 청와대를 도청했음을 알 수 있다.

특히 주목할 것은 한국 문제라면 약방에 감초처럼 끼어들었던 하비브가 프레이저 청문회에는 출석하지 않았다는 점이다. 프레이저 소위원회 조사관들이 하비브로부터 비공개증언을 들었는지는 모르지만, 적어도 프레이저보고서상 하비브가 증언했다는 기록은 없다.

하비브가 대사로 재임할 때 CIA 한국지부가 도청을 한 것이 확실시되자 하비브가 이에 대한 추궁이 이어질 것을 우려해 청문회에 출석하지 않은 것으로 보인다. 미국 대통령만큼이나 큰 권한을 가졌던 키신저도 출석했지만 하비브만은 끝까지 나타나지 않은 것이다. 이 또한 청와대 도청을 입증하는 증거가 아닐 수 없다.

상원, "CIA, '미국 대사도 모르게 하라' 지시"

상원 정보위원회는 1975년부터 1976년까지 김대중 납치사건 등과 관련한 미국 내 한국 중앙정보부 활동에 대한 청문회를 실시해 1976년 3월과 6월 각각 보고서를 발표한 데 이어 1978년 6월 코리아게이트와 관련된 별도의 보고서를 발간했다. 제목은 '우방국 정보기관의 미국 내 활동'이었다. 하지만 내용은 오직 한국의 미국 내 로비활동과 관계된 것이었다.

상원 정보위는 이 보고서를 통해 미국이 매우 민감한 소스를 통해 박정희와 대미 로비의 연관성을 파악했다며 프레이저 소위원회와 동일한 결론을 내렸다. 사실상 도청을 암시한 것이다.

특히 상원 정보위는 1971년 해외주재 정보요원이 미국 대사가 한국의 로비에 대한 구체적인 정보를 요청한다며 이를 대사에게 브리핑하고 이 정보가 국무부 고위층에도 전달될 것이라고 말해줘도 되는지 그 허용 여부를 본부에 문의했다고 밝혔다.

이 요원은 박동선이 대미 로비를 총괄해야 한다는 미 의원의 제안에 대한 박정희의 승인 사실, 대미 로비에 박동선의 쌀 중개 커미션 투입 사실, 미 의원에 대한 박정희의 선거자금 지원 제안 사실 등의 정보를 정확히 알고 있었다고 보고서에 명시돼 있다.

이에 대해 본부는 그 정보는 국무부 고위층에 전달되지 않으며 앞으로도 절대로 대사에게 그 내용을 말하지 말라며 함구 지시를 내렸다.

이 보고서에서 해외주재 정보요원이란 한국주재 CIA 요원을, 미국 대사란 주한미국대사를, 본부는 CIA 본부를 말하는 것이다. 통상적이고 합법적인 방법으로 입수된 정보라면 대사에게 알리지 못할 이유가 없다. 정보입수 과정에서 불법이 개입됐기에 이를 숨긴 것이며 이는 도청을 의미하는 것이다.

상원 정보위보고서의 'CIA 요원 본부 보고' 내용은 프레이저보고서에는 나오지 않는 것으로 상원 정보위가 청와대 도청 비밀에 한 발 더 다가섰음을 의미한다. 상원이 CIA 요원이 알고 있던 정보 내용까지 단정적으로 명시한 것으로 미뤄 프레이저 소위원회에서 밝혀지지 않은 또 다른 전문 등 명확한 증거를 추가로 확보했음을 알 수 있다.

상원 정보위는 대미 로비에 대한 전면적인 수사가 시작된 과정도 설명했으며 이는 프레이저 소위원회 조사결과와 일치했다.

상원 정보위는 1975년 2월 하비브 국무부 동아태차관보가 키신저에게 미 의원들에게 영향력을 행사하려는 한국의 행위가 초불법적임을 알리자 키신저가 이를 포드 대통령에게 보고한 뒤 하비브에게 더 자세한 정보수집을 명령했다고 한다.

하비브는 1975년 10월 말보다 많은 정보를 키신저에게 보고했고 정보기관이 정보소스의 민감성 때문에 수사기관으로의 이첩을 지극히 망설임에도 불구하고 키신저가 대통령에게 수사 필요성을 역설했고, 마침내 포드가 결단을 내렸다는 것이다. 상원보고서는 포드가 연방검찰에 전면 수사를 지시한 시기가 11월 중순이라고 못 박았다.

상원 정보위는 후버 FBI 국장이 키신저 등에게 FBI 정보메모를 전하면서 매우 민감한 소스 때문에 조사할 수 없다고 판단했고 이 정보 내용은 키신저 등 극소수만 알았을 뿐 분석 부서에조차 전달되지 않았다고 지적하고, 추후 이 같은 경우에 대한 명확한 업무지침을 확립해야 할 것이라고 권고하기도 했다.

상원 정보위의 이 보고서는 이례적으로 짧았다. 다른 보고서들이 부속 문서를 제외하더라도 200페이지에서 500페이지에 달하는 것과는 달리 이 보고서는 딱 25페이지에 불과했다. '매우 민감한 소스'에 대한 내용을 다루는 것임을 감안, 최대한 간결하게 작성한 것이다. 다시 말하면 미국의 잘못이 밝혀져 미국의 이익에 심각한 손실을 초래하는 사태를 피하기 위해 구구절절한 세부 내용을 피한 것으로 볼 수 있다.

FBI 메모 직후 청와대 도청방지장치 개발 지시

FBI 정보메모 직후인 1972년 청와대가 KIST에 도청방지장치 개발을 주문했다는 사실도 간접적으로나마 미국의 도청을 입증하는 정황으로 볼 수 있다.

1972년 4월 청와대 통신기술처장은 KIST에 청와대의 주요 기관 간 전화통화 내용에 대해 미국 등 외국 정보기관이나 기타 외부로부터의 도청 가능성을 사전에 차단할 수 있는 사설 전자교환기 개발이 가능한지 문의했다고 한다.

이에 따라 KIST가 '메모 콜'이라는 암호명으로 1972년 6월부터 특수 사설 전자교환기 개발사업에 착수했다. 그리고 수많은 시행착오 끝에 도청을 차단할 수 있는 주요 7가지 기능을 갖춘 교환기가 마침내 개발됐다.

1973년 2월 KIST가 개발한 이 도청방지장치는 '세종 1호'라고 이름 붙여졌고 청와대 사설 전화기의 도청 문제점을 해결하기 위해서 만들어진 첫 장치였다.

그러나 문제점도 적지 않아서 교환제어를 위한 시분할 처리기능 등을 지원하지 못했고 사실상 미국 데이터 제너럴사의 미니 컴퓨터 노바 01을 개량한 복제 컴퓨터였다고 한다. 비록 처리용량이나 명령코드 등은 노바 01과 동일했지만 인텔사가 개발한 1킬로바이트 디램을 사용해서 처리속도는 크게 개선됐다.

1973년 3월 청와대에 납품된 '세종 1호'는 240회선, 즉 2E1 규모였으나 청와대는 신뢰성에 문제가 많다는 이유로 KIST 측과 계약을 파기하는 등 우여곡절을 겪었다. 그러나 이 기술을 토대로 삼성이 KIST500을 개발했고 1980년대 중반 삼성, 대우, 금성 등 4개 회사가 국산 전전자 개발기 TDX-1을 개발했다.

이때 왜 청와대가 도청방지장치 개발을 지시했을까? 당시는 자주국방에 총력을 모으던 때였다. 그럼에도 불구하고 도청방지장치부터 개발하게 한 것은 그만큼 청와대 도청 차단이 시급한 문제였기 때문으로 추정된다.

박정희가 청와대 집무실 내에서 각료들과 라디오 등을 틀어놓고 대화를 한다거나 중요한 이야기를 할 때면 집무실에서 벗어나 청와대 뜰을 거닐면서 작은 목소리로 대화를 나눴다는 이야기가 전해진다. 그만큼 도청 차단은 발등에 떨어진 불이었던 것이다.

청와대 도청, 포터 때 중단됐다 하비브 때 재개된 듯

포터의 증언과 프레이저 소위원회가 확보한 FBI 정보메모를 연관시켜 살펴보면 매우 중요한 사실을 알 수 있다. 청와대 도청이 포터 때 중단됐다가 하비브 때부터 다시 재개됐다는 의혹이다.

포터는 자신이 부임하기 전에 청와대 도청이 행해졌으며 재임기간 중 도청재개금지특별명령을 내렸다고 시인했다. 포터의 재임시기는 1967년 7월부터 1971년 8월까지이다. 그러나 1971년 6월 8일 그는 베트남 종전 협상인 파리회담의 수석대표로 임명됐고 같은 날 파리회담의 차석대표인 하비브가 주한미국대사로 내정됐다. 공식적으로 8월까지 재임한 것으로 돼 있지만 6월에 하비브가 내정됨으로써 실제적으로 이날 이후부터 주한미국대사관 직원을 비롯한 한국 내 미국 공무원들에 대한 포터의 영향력은 급감했다고 보는 것이 타당하다.

바로 이로부터 2개월여 뒤인 1971년 9월 30일 후버의 정보메모가 키신저와 미첼에게 전달됐다. 이 정보메모는 '소스의 민감성'을 언급하며 추가 조치는 없다고 밝혔다. 후일 이 같은 내용 때문에 프레이저는 그 소스가 범죄와 관련된 것이 아니냐고 미첼을 추궁하기도 했다. 프레이저가 청와대 도청을 직접 언급하지 않았지만 그가 추궁한 '소스'는 사실상 청와대 도청을 의미하는 것이었다. 후버의 이 같은 정보메모는 1971년 9월 30일 한 차례로 그치지 않고 1971년 11월 24일, 1972년 2월 3일 등으로 이어졌다.

공교롭게도 후버가 '소스의 민감성'을 언급한 정보메모를 보고한 시기는 청와대 도청 재개를 금지시킨 포터가 떠나고 하비브가 부임한 시기와 일치한다. 하비브 부임 전이라도 1971년 6월 8일 이후부터는 사실상 주한미국대사관은 포터가 아니라 하비브의 영향력 하에 있었던 것이다.

따라서 포터 때 중단됐던 청와대 도청은 하비브의 부임과 함께 재개됐을 가능성이 크다. 설사 하비브가 명시적으로 청와대 도청을 몰랐더라도 포터의 명령이 무효화됨으로써 CIA 등 미국 정보기관이 움직였을 가능성이 크다. 하지만 포터 때도 포터가 모르게, 또는 포터가 알면서도 모르는 체하면서 도청했을 가능성은 배제할 수 없다.

키신저, 헤이그 통해 직원 집 도청 지시 드러나

대통령국가안보보좌관실에서 일하며 워싱턴포스트에 청와대 도청 사실을 확인해준 존 리만은 맥신 체서 기자에게 자신의 집 전화가 100% 도청된다며 집으로는 절대로 전화하지 말라고 당부했다. 특히 적이 아닌 우리 쪽에서 도청한다고 말했다. 리만의 이 같은 말은 사실이었다.

하원 정보위원회는 1975년 미국 정보기관들의 미국 내 정보활동에 대한 청문회를 열었으며 이때 키신저가 자신의 보좌관인 헤이그를 통해 FBI에 대통령국가안보보좌관실 직원들의 집 전화 등에 대한 도청을 지시했다는 것이 밝혀졌다. 1975년 12월 10일자로 작성된 하원 '정보위보고서 파트 3'에는 1969년과 1970년 키신저의 도청 지시 서류가 수록돼 있다.

1969년 5월 12일 키신저는 보좌관인 알렉산더 헤이그 대령을 통해 FBI에 '기술적 감시 요청'을 했다. 키신저는 국가안보에 중요한 문제로 대통령국가안보보좌관실 직원인 ○○○의 집 전화를 도청해야 한다며 절대로 기록을 남기지 말라고 요구했다. 이 문서는 1급 비밀문서였으며 후버 FBI 국장은 같은 날 도청을 승인한 것으로 돼 있다.

헤이그 대령은 1969년 5월 20일, 5월 29일, 6월 4일, 7월 23일, 8월 4일, 9월 10일에도 FBI에 동일한 요청을 한 것으로 돼 있다.

헤이그 대령은 1970년 준장으로 승인했고 1970년 5월 13일 FBI에 보낸 '기술적 감시 요청' 서류에는 헤이그 준장이 요청한 것으로 기록돼 있다. 키신저뿐만이 아니라 할데만 보좌관도 1970년 10월 16일과 1970년 12월 14일 FBI에 도청을 요구한 것으로 드러났다.

이처럼 키신저는 국가안보를 이유로 서슴없이 도청을 지시한 것이다.

1210

TOP SECRET

OFFICE OF THE DIRECTOR

UNITED STATES DEPARTMENT OF JUSTICE
FEDERAL BUREAU OF INVESTIGATION
WASHINGTON, D.C. 20535

June 4, 1969

MEMORANDUM FOR THE ATTORNEY GENERAL

RE: COLONEL ALEXANDER M. HAIG
TECHNICAL SURVEILLANCE REQUEST

My memorandum of May 29, 1969, as did two previous memoranda, reported that Colonel Alexander M. Haig, who is assigned to Dr. Henry A. Kissinger's staff, advised this Bureau that a request for telephone surveillances was being made on the highest authority which involved a matter of most grave and serious consequence to our national security. He stressed that because of its sensitive nature, it should be handled on a need-to-know basis, with no record maintained. You authorized the requested telephone surveillances.

On this date Dr. Kissinger has requested that a telephone surveillance be placed on   is also known as   He is a correspondent with   and has been in contact with the individuals on whom telephone surveillances have been placed. He resides at   Washington, D. C., and has telephone number   The files of this Bureau contain no pertinent information of an internal security nature concerning him.

Upon your approval, a telephone surveillance will be placed on   at his residence.

Respectfully,

J. Edgar Hoover
John Edgar Hoover
Director

APPROVED _____

DATE 6/4/69

NATIONAL SECURITY INFORMATION
Unauthorized Disclosure
Subject to Criminal Sanctions

TOP SECRET

GROUP 1
Excluded from automatic
downgrading and
declassification

1975년 12월 10일자 하원 정보위보고서에 수록된 헤이그의 도청 요청 공문

CIA가 박정희 방탄차 제공— 차도 도청했나?

미국이 청와대뿐 아니라 박정희의 방탄차를 도청했을 가능성도 제기된다. 알고 보니 CIA가 박정희에게 방탄차를 제공했던 것이다.

하원 정보위원회의 미국 내 정보활동 청문회는 1976년까지 이어졌다. 1976년 1월과 2월 조사활동을 담은 하원 '정보위보고서 파트 6'은 CIA가 박정희에게 방탄 리무진을 제공했다는 사실을 담고 있다.

하원 정보위원회가 CIA의 예산집행이 방만하다는 사실을 지적하는 과정에서 밝혀진 내용이었다. 1967년 존슨 대통령이 CIA 예산집행을 투명하게 하라고 지시했음에도 불구하고 그 이후에도 CIA 예산집행 10건 중 8건꼴, 즉 80% 이상이 공개입찰이 아닌 수의계약이었다는 것이다.

수의계약을 검토하다 CIA가 제3세계 지도자들을 위해 방탄 리무진 두 대를 구입한 사실이 드러났고, 특히 그중 한 대가 한국의 박정희에게 전달됐음이 밝혀졌다. CIA가 박정희에게 방탄 리무진을 전달했다는 것은 깜짝 놀랄 일이 아닐 수 없다.

뉴욕타임스는 1976년 1월 27일 CIA의 방만한 예산집행을 다룬 장문의 기사에서 하원 정보위원회를 소스로 해서 'CIA가 박정희에게 방탄 리무진을 줬다'는 내용을 단 한 줄로 처리했다. 그래서 한국에는 그 내용이 알려지지 않았지만 하원 정보위에서는 정보유출 논란을 빚을 정도로 큰 파문을 일으켰다.

CIA는 뉴욕타임스 보도 당일 하원 정보위원회가 언론에 이 같은 정보를 흘렸다며 이에 항의하는 서한을 하원 정보위원장에게 보냈다. 이 서한에서 CIA는 "하원 정보위원회의 가장 최근의 정보유출 사례는 바로 오늘 아침의 뉴욕타임스 보도"라고 지적하고 "하원 정보위원회가 박정희 등에게 제공된 리무진과 관련해 누구에게, 언제 전달됐는지는 공개하지 않겠다고 약속하고서도 이를 유출했다"고 항의했다. 이 서한은 하원 '정보위

C.I.A. Is Reported Letting Contracts Without Bidding

Continued From Page 1, Col. 7

runs of more than 15 cents on the dollar.

Federal procurement experts said that the percentage of competing bids for goods and services.

The House report, a copy of which was obtained by The New York Times, also questioned "accommodation procurements" by the C.I.A. of American-made goods for dignitaries abroad, a practice that it said was "sometimes used to satisfy little more than the whims of foreign officials."

In one instance, the report said, a foreign official had the C.I.A. purchase three model airplane kits for his son from a Baltimore store. In another, the agency obtained two armored limousines for a third-world leader, whom committee sources identified as South Korean President Park Chung Hee.

'Difficult to Verify'

tracts in the names of other agencies, including the Defense Department, the Army and the Air Force.

In most cases, it said, a high officer of the contracting com- with a small number of colleges and universities in this country despite Mr. Johnson's order.

Many of the accommodation purchases, including the three airplane kits, were made by the C.I.A. through its "covert procurement branch." The report said that that branch had been set up to obtain supplies for the agency's overseas stations in a "non-attributable manner" that prevented their being traced back to the C.I.A. or even the United States Government.

The report described the process as a costly one, involving various "sterility codes" and special procedures that it said had "become an over-used, expensive and often uncontrollable technique for questionable purchasing."

1976년 1월 27일자 뉴욕타임스로 CIA가 박정희에게 방탄 리무진을 제공했다는 내용을 담고 있다.

보고서 파트 6'의 2128페이지에 전문이 수록돼 있다.

박정희의 방탄 리무진은 캐딜락 프리트우드 68로 GM이 1100여 대만 한정 생산했다고 알려져 있다. CIA는 존슨 대통령 지시 이후인 1968년 이 차를 수의계약으로 매입했고 그래서 정보위원회에서 방만한 예산집행이라고 질책 받았던 것이다.

CIA가 직접 박정희에게 방탄 리무진을 전달하지는 않았을 것이다. CIA가 구입한 차라는 사실을 숨기고 국무부 등 다른 기관을 앞세워 방탄 리무진을 선물했거나 아예 한국이 방탄 리무진을 주문하자 CIA가 자신들이 별도로 주문해서 그 물건을 보냈는지도 모른다. 그러므로 아마도 박정희는 그 차가 CIA 손을 거친 차라는 사실도 모른 채 그 차를 탔을 것이다.

CIA가 박정희에게 줄 방탄 리무진을 구입한 것은 저의가 의심스럽지 않을 수 없다. 그것도 공개입찰이 아닌 수의계약으로 구입, 아무도 그 사실을 모르게 한 것이다. CIA가 방탄 리무진에 도청장치를 장착했을

> Furthermore, even the recipients of these leaks are now indicating quite specifically the sources from which they have received their information. The article in today's New York Times by John Crewdson refers directly to sources within your committee. In one instance the Crewdson article deals with the purchase of armored limousines for a foreign chief of state. In our largely fruitless sessions with your staff, we had asked that any particular reference to the chief of state or the dates on which the limousines were purchased should be deleted. Your staff agreed to do this. This agreement was totally academic, for as Mr. Crewdson put it, "* * * the Agency obtained two armored limousines for a third world leader *whom committee sources* identified as South Korean President Park Chung Hee." [Emphasis added] There are two other similar references to committee sources in the article which make it clear that they supplied either fact or innuendo to Mr. Crewdson. These references are but the latest in a series of leaks. The pattern which they represent has become so clear that I felt it necessary to call the matter to your attention.

'하원 정보위보고서 파트 6'에 수록된 CIA의 정보유출 항의 편지로 정보위원회가 CIA의 박정희 방탄 리무진 제공 사실을 뉴욕타임스에 흘렸다고 항의하는 내용을 담고 있다.

박정희의 방탄 리무진 캐딜락 프리트우드 68

가능성을 배제할 수 없다. 청와대나 한국의 정보기관도 당연히 이 같은 가능성을 우려했겠지만 당시 우리 기술로 도청장치 유무를 완벽하게 탐지하지 못했을 것이다.

중국 정부가 보잉사에 주문한 국가 주석 전용기에 수백 개의 도청장치가 장착돼 있었음은 잘 알려진 일이다. 또 1970년대 초 대미 로비스트로 지목된 수지 박 톰슨이 미 의원들의 차가 교통사고나면 그 차를 자기 제부의 정비소에 맡겼기 때문에 혹시라도 차에 도청장치를 심을까 FBI가 우려하는 일도 있었다.

이 사실로 미루어 미국은 박정희의 집무와 주거 공간은 물론 이동수단에서의 대화까지 완벽하게 파악했을 것이다.

키신저, 미첼, 헤이그, 리만, 맥도널드, 허시맨은 도청 안다

헨리 키신저 대통령국가안보보좌관, 존 미첼 검찰총장, 알렉산더 헤이그 국가안보부보좌관, 존 리만 대통령국가안보보좌관실 보좌원, 윌리엄 맥도널드 FBI 수사관, 마이클 허시맨 프레이저 소위원회 차석조사관 등 적어도 이 6명은 청와대 도청 관련 보고서를 직접 봤음이 확실하다.

맥도널드는 FBI 수사관으로서 1971년과 1972년 CIA로부터 자료를 이첩받아 키신저와 미첼에게 보낸 FBI 정보메모를 작성했으므로 CIA의 원문 보고서를 직접 본 사람이다. 현재까지 드러난 인물 중 CIA 원문 보고서를 본 사람은 맥도널드가 유일하다. 맥도널드는 프레이저 청문회에서 언제, 어디서, 무엇을, 어떻게 등 이른바 6하 원칙에 입각해 보고서를 작성했다고 증언했다. 말하자면 "71년 ○월 ○일 청와대에서 아무개와 아무개의 대화를 ○○방식을 통해 알아본 결과…"라는 식으로 작성했다는 것이다.

FBI 정보메모를 전달받은 키신저와 미첼 또한 FBI 정보메모 원문을 본 사람이다. 키신저는 잘 기억나지 않지만 1972년 2월 정보메모는 본 기억이 있다고 증언했다. 미첼은 정보메모 중 1건만 기억난다고 말했지만 적어도 2건의 메모를 읽어본 뒤 직접 서명했음이 밝혀졌다.

또 한 사람 키신저의 보좌원 리만도 이 메모를 읽었으며 이를 헤이그에게 전달했고 헤이그는 키신저에게 보고했다. 리만은 워싱턴포스트에 청와대 도청에 의해 한국의 대미 로비 사실을 알게 됐다는 사실은 100% 정확하다고 말했다. 대통령국가안보보좌관실 체계상 키신저에게 전달되는 모든 서류는 헤이그 부보좌관을 거치게 돼 있으므로 헤이그도 그 메모를 읽은 것으로 보는 것이 타당하다.

그리고 또 한 사람이 바로 허시맨 프레이저 소위원회 차석조사관이다. 허시맨은 프레이저 소위원회에 참여하기에 앞서 워터게이트 사건을 조사한 장본인으로 도청문제에 관한 한 미국 내 최고 전문가 중 한 사람이다. 허시맨은 상원 워터게이트 조사위원회 조사관으로 활동했으며 그 뒤 대통령실과 상하원 공동으로 도청 관련 연방법 검토위원회를 구성, 도청 방지를 위한 관련 법규를 조사할 때 수석조사관으로 일했다.

바로 이 허시맨이 프레이저 소위원회에서 입수한 FBI 정보메모를 검토한 뒤 비밀내용을 모두 삭제하고 한 장 또는 한두 문장으로 요약해 소위원회에 제출했다. 그러므로 허시맨 또한 FBI 정보메모 원본을 본 사람이다. 프레이저 소위원회가 구체적인 일시, 장소, 인물 등을 모두 삭제하고 내용만 요약한 정보메모를 공개했으며 이 요약문에는 추정 형식이 아니라 명확한 사실을 의미하는 단정적 단어가 사용됐다. 허시맨이 워터게이트 사건 조사 등에 참여했음을 감안하면 이 정보메모를 요약할 때 적어도 추정과 사실을 혼동해서 기재할 인물은 아닌 것이다. 그 또한 정보메모 원문의 의미와 뉘앙스를 모두 고려해 원문 내용을 정확하게 요약했다고 선서 증언을 했다.

물론 CIA 등은 당연히 이 사실을 알겠지만 CIA를 제외하고도 적어도 이 6명은 청와대 도청 사실을 명확히 아는 것이다.

한미관계와 대미 로비
그리고 조사

1968년 초 북한 김신조 일당의 청와대 기습사건과 그에 대한 미국의 미온적 태도, 그해 시작된 미국의 북베트남평화협상 등이 박정희가 미국을 불신하고 갈등하는 계기가 됐다. 1969년 닉슨의 괌독트린과 주한미군 7사단 철수 발표는 이 같은 불신을 더욱 증폭시켰고 독자생존을 모색하게 한다. 미국은 한국이 월남전 참전병력을 철수시킬까 노심초사하면서 분노한 한국을 달래기 시작했다. 추가 군사원조, 한국군현대화5개년계획 등의 당근을 제시했다.

그러나 미국의 이 같은 계획은 박정희의 반민주적 정치행태로 말미암아 미 의회에서 번번이 발목이 잡히고 만다. 박정희 정권은 생존을 위해 미 의회를 대상으로 한 설득에 들어간다. 이른바 로비다.

좀 더 효과적인 로비를 위해 돈이 동원됐다. 미 행정부도 은근히 한국이 의회를 잘 설득해줬으면 하는 바람을 가지고 있었던 것도 사실이다.

미국은 1971년 청와대를 도청하면서 얻은 로비에 대한 확실한 물증을 잡고도 소스의 민감성과 월남전을 고려해 아무런 제재를 가하지 않다가 월남전이 끝난 뒤인 1975년 말에야 전면조사에 돌입한다. 이 로비 과정에서 한국 로비스트와 미 의원들의 탐욕과 배신 등이 횡행했고 결국 망명과 폭로로 이어지면서 코리아게이트가 발발한 것이다.

1968년이 박정희 정권의 가장 큰 변곡점

1968년 1월 북한 김신조 일당의 청와대 기습사건과 그 이틀 후의 푸에블로호 납치사건 당시 미국이 보여준 행동은 박정희가 미국을 불신하는 계기가 됐다. 미국이 북한에 대한 보복작전은 외면하고 푸에블로호 사건 해결에만 집착하는 것을 목도하고 박정희는 미국을 믿을 수 없는 존재로 인식하고 마이웨이를 모색하기 시작한 것이다. 때마침 1월 30일 베트남에서 월맹이 구정 대공세를 펼친 것도 미국의 발목을 잡았다. 사실 구정 대공세는 미국의 대승리이긴 했지만 미국으로서는 아찔한 순간이었다. 이 같은 상황에서 자칫 박정희의 보복작전이 전면전으로 번진다면 미국은 꼼짝없이 한반도와 베트남에서 동시에 두 개의 전쟁을 수행해야 할 판이었다. 미국이 원하지 않는 최악의 시나리오였다.

한국은 1964년부터 베트남에 2개 사단을 파병, 미국을 지원하고 있었으나 존슨 대통령이 1968년 한국에는 이렇다 할 언질도 없이 단독으로 북베트남평화협상을 시작한 것도 박정희가 미국을 더욱 불신하는 기폭제가 됐다.

1961년 쿠데타 이후 공산주의자로 의심받던 박정희는 월남파병을 계기로 미국과 달콤한 밀월관계를 맞았다. 그러나 1968년을 계기로 박정희는 미국과 반목하기 시작해 1979년 그가 김재규의 총에 맞아 숨질 때까지 그 갈등이 증폭일로를 걸었다. 이런 점에서 실패한 것으로 보였던 1968년 1월 청와대 기습사건은 실제로는 12년 만에 박정희 제거라는 목표를 달성함으로써 성공을 거둔 것으로 평가할 수 있다. 이처럼 1968년이 박정희 정권 18년 장기집권 중 사실상 가장 중요한 변곡점이었다. 꺾이는 해였다.

베트남전 조기 종식을 공약으로 내걸었던 닉슨 대통령은 1969년 취임 직후에 괌독트린을 발표했다. 주요 내용은 아시아 국가의 안보는 그들 나라 스스로가 지켜야 한다는 것으로, 한국으로서는 청천병력과 다름없었다. 1969년 이 괌독트린에 의해 곧바로 주한미군 1개 사단 철수 계획이 발표됐고 채 2년이 되지 않은 1971년 3월 미 육군 7사단이 철수해버렸다. 한국으로서는 안보위협이 현실화된 것이다.

한미 양국, 한국 안보 위한 로비 필요성 인식

미국은 괌독트린 발표 이후 반발하는 한국을 달래기 위해 같은 해인 1969년 추가적인 군사원조를 추진했고 1970년에는 주한미군 1개 사단 철수의 대가로 그에 상응하는 만큼 한국군 전력을 증강시키겠다고 약속했다. 이른바 1971년부터 시작되는 한국군현대화5개년계획이다.

그러나 당시 박정희는 1969년 대통령 3선이 가능토록 하는 개헌안을 통과시키며 미국 의회의 극심한 불만을 샀고 1971년 박빙의 차이로 대통령에 당선된 뒤 핵무기 개발 등에 나서면서 본격적으로 미국의 도움 없이 살아나갈 길을 모색하게 된다. 급기야 1972년에는 종신집권이 가능한 유신을 단행했다.

박정희가 주한미군 철수라는 외부적 요인을 빌미삼아 내부적으로 자신의 입지를 더욱 공고히 하고 장기집권을 획책하는 계기로 삼았던 측면도 부인할 수 없다.

사정이 이랬으니 미국 의회가 기존 군사원조는 물론이고 한국군현대화5개년계획 등을 제대로 지원할 리가 없었다. 한국을 사사건건 물고

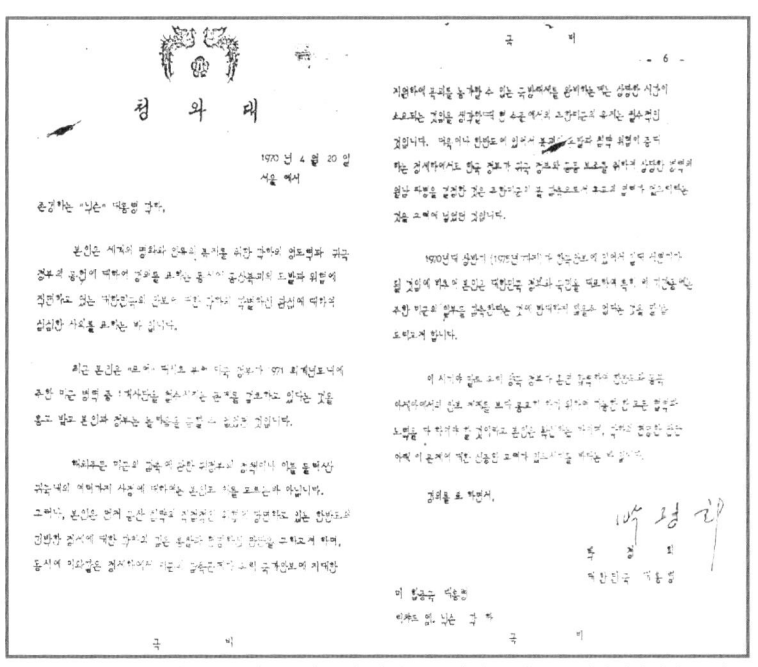

1970년 4월 20일 박정희가 닉슨에게 보낸 친서로 주한미군 철수에 결사반대한다는 내용을 담고 있다.

늘어졌던 것이다.

미국 정부로서는 박정희의 반민주적 정치행태를 감안하면 한국을 지원할 수 없는 반면 한국의 지정학적 위치로 볼 때는 미국에 있어 너무나 중요한 존재였기에 한국의 안보를 무시할 수 없다는 딜레마에 빠졌다.

어디까지나 미국 정부의 1차적인 목표는 한국을 공산권이 아닌 미국의 통제 하에 두는 것이었다. 박정희의 반민주적 정치행태보다는 한국의 안보가 우선이었던 것이다. 그런데 의회가 사사건건 발목을 잡았으니 한국 정부가 의회를 잘 설득시켰으면 하는 것이 한국뿐 아니라 미국의 바람이었던 것도 사실이다. 그래서 박정희의 대미 로비가 탄생한 것이다.

한국과 미국은 서로를 끊임없이 의심하면서도 누구도 선뜻 먼저 나서서 상대를 버릴 수 없는 관계였다. 서로가 서로를 필요로 했기 때문이다. 갈등이 증폭돼도 결코 버릴 수 없는 존재였고 갈등이 감당할 수 없는 선에 도달하자 갈등의 원인을 없애버리면서 관계를 유지했다.

미, '청와대 기습, 미군 철수, 베트남 정책이 박 분노 초래'

박정희와 미국 사이의 불신과 갈등의 씨앗, 의회 로비의 필요성, 베트남전을 둘러싼 미국의 고민, 그리고 한미관계의 큰 물줄기가 어떻게 흘러갈 것인지를 잘 보여주는 문서가 1972년 5월 26일 레이 클린 국무부 정보담당차관보가 국무부장관에게 보낸 1급 비밀문서다. 미 국립문서보관소에 소장돼 있는 이 문서는 '한미관계 폭발-하비브 대사의 우려들'이라는 제목 자체가 삐걱거리는 한미관계의 심각성을 잘 보여주고 있다.

레이 클라인은 3페이지 분량의 이 문서에서 1968년 1월 발생한 청와대 기습과 푸에블로호 납치 등 2개 사건에 대한 미국의 대응이 극명한 차이를 드러냄으로써 박정희를 극도로 분노하게 만들었다고 분석했다. 미국 스스로도 청와대 기습사건은 외면하고 푸에블로호 납치사건 해결에만 매달린 것이 박정희와 미국 간에 발생한 갈등의 씨앗이라고 판단한 것이다.

한국과 사전 논의도 없이 주한미군 1개 사단을 철수시키기로 한 미국의 정책도 내각총사퇴 고려 등 극단적 반발을 불러 일으켰으며 미국의 베트남 정책도 불만의 원인이라고 지적했다. 미국이 베트남전에서 손을 떼려는 것은 공산주의자에게 승리를 안겨주는 것으로 한국에서도 그같은 일이 반복되지 말라는 보장이 없다는 것이 박정희의 인식이라고 분석했다. 또 한국은 미국의 혈맹으로서 베트남전에 참전했지만 미국이 한국군을 단순한 용병인 양 취급하는 데 대해서도 못마땅해 하고 있다고 판단했다. 특히 박정희는 베트남 정책과 대한 군사원조에 대한 미 의회의 태도에 대해서도 근본적인 우려를 갖고 있다고 밝혔으며 이는 박정희의 대미 로비, 의회 로비의 필요성과 연관된다.

레이 클라인은 박정희가 미국에 대해 레버리지를 행사할 수 있는 것은 베트남에서의 한국군 철수라고 지적했다. 미국은 한국군이 베트남에서 철수하는 것을 두려워한 것이다. 한미관계가 잘못되면 베트남에서 한국군의 전투영역을 확대하고 한국군을 가능한 한 오랫동안 베트남에 잡아둔다는 미국의 2가지 목표가 차질을 빚을 수 있다는 것이다.

따라서 미국정책에 대한 한국의 불신이 깊어지고 한국이 미국으로부

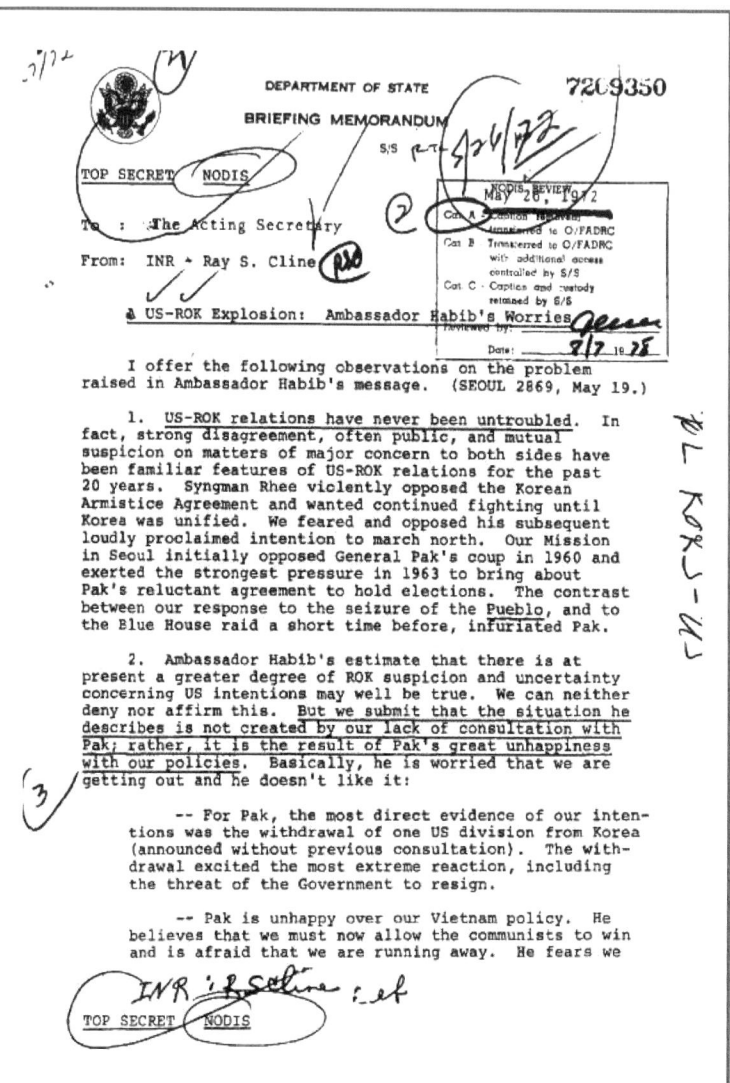

1972년 5월 26일 레이 클라인 국무부 정보담당차관보가 국무부장관에게 보고한 1급 비밀 문서로 박정희와 미국 사이의 갈등의 원인 등은 물론 향후 한미관계의 큰 흐름을 암시하고 있다.

터 무시당하고 있다는 느낌을 점점 더 많이 받는다면 한미관계는 급속히 악화될 것이라고 전망하고 이에 대한 대책 마련이 필요하다고 지적했다.

그러나 레이 클라인이 이 문서 첫 부분에서 지난 20여 년간 한미양국이 심각한 의견대립을 빚기도 했고 때로는 그것이 종종 공개적으로 노출되기도 했으며 서로를 의심하기도 했다고 언급한 것은 의미심장하다. 바람 잘 날이 없었다는 것이다. 이는 그런 어려움 속에서도 미국이 자신들의 의도대로 한미관계를 이끌어왔음을 의미하는 것이다. 그래서 결론 부분도 하비브 대사가 지속적으로 미국이 한국을 보호할 것이라는 확신을 심어줘야겠지만 현 상황을 위기로 볼 필요는 없다는 것으로 마무리됐다. 한마디로 한국과의 갈등을 충분히 컨트롤할 수 있다는 것이다. 따라서 이 문서는 1972년 초까지의 박정희와 미국과의 관계는 물론 그 이후 큰 물줄기가 어떻게 흘러갈 것인가를 보여준다고 평가할 수 있다.

추가 군원, 로비에 따라 엎치락뒤치락

1969년 11월 19일 괌독트린에 따른 한국의 불만을 무마시키기 위해 미 하원 본회의에 5000만 달러 추가 군원안을 포함하는 한국에 대한 1970회계연도 원조계획안이 상정됐다. 갑론을박을 거쳤다. 한국의 입장을 이해하는 의원들과 민주주의를 앞세워 원조를 줄이려는 반한 의원들의 날 선 대결이었다.

하원에서는 한국의 승리였다. 1969년 12월 9일 한국에 5000만 달러를 추가 원조한다는 안이 토론을 거쳐 통과됐다.

SECURITY ASSISTANCE FOR FISCAL YEARS 1971-77 TO THE REPUBLIC OF KOREA [In millions of dollars]						
	Military assistance program—grant assistance		Foreign military sales—sales on credit terms		Excess defense articles—grants of equipment	
	Requested [1]	Actual [1]	Requested	Actual	Requested	Actual
Fiscal year:						
1971	290.8	291.2	10.0	15.0	....	137.7
1972	239.4	155.5	15.0	17.0	40.0	227.8
1973	215.7	149.6	25.0	24.2	33.6	29.7
1974	263.7	94.1	25.0	56.7	43.0	17.7
1975	161.5	82.6	52.0	59.0	20.8	3.1
1976	76.7	62.4	126.0	126.0	25.0	.2
Transition quarter [2]	1.9	1.5	1.5	134.1		
1977	11.0	2.6	275.0	152.4	....	

[1] As requested by the administration; actual amounts provided to the ROK.
[2] In fiscal year 1976, the end of the fiscal year was changed from June 30 to Sept. 30. The second set of figures refers to the transition quarter running from July 1, 1977, to Sept. 30, 1977.
Source: Library of Congress.

1971회계연도부터 1977회계연도까지의 미국의 대한 군사원조 현황으로 1971회계연도를 제외하고는 행정부가 요청한 원조액이 의회에서 크게 삭감됐음을 알 수 있다.

그러나 상원에서는 완전히 딴판이었다. 1969년 12월 18일 상원은 한국에 대한 5000만 달러 추가 원조안에 반대했다. 대만에는 5000만 달러를 배정하는 대신 한국에는 이를 지원할 수 없다는 것이었다. 가까스로 친한파를 설득해 하원에서 통과시켰더니 상원에서 브레이크를 건 것이다.

그래서 또 다시 박동선 등의 로비가 진행됐다. 1970년 1월 27일 한국의 뒤집기가 성공한다. 상황이 또 한 번 뒤집힌 것이다. 상하 양원은 합동회의를 열고 대만에 5000만 달러를 주지 않고 한국에 5000만 달러를 주는 1970회계연도 원조안을 통과시킨 것이다. 일진일퇴 끝에 한국이 마침내 이긴 것이다.

1971년 7월, 1972년 7월, 1973년 7월에 각각 차기 회계연도에는 한국에 5000만 달러를 추가 원조하는 안이 논의됐지만 본회의에 상정되지도 못한 채 외교위에서 부결되기도 한다. 기본 원조도 삭감됐지만 추가 원조는 아예 부결되기가 다반사였다.

이처럼 상하원의 한국 원조 심의는 로비에 따라 엎치락뒤치락했다. 그리고 1970년 이후에는 한국 내 정치 상황으로 말미암아 한국이 미국의 원조를 받기가 점점 더 어려워졌다. 그래서 로비가 절실했고 로비스트들은 한국의 이익을 대변하면서 자신의 이권까지 함께 로비했다.

박정희 로비 지시, 그러나 의원 매수 지시는 미지수

박정희는 박동선, 김한조 두 사람을 직접 만났다. 박정희가 김한조를 수차례 만난 것은 이미 잘 알려진 일이며, 박동선도 1961년 박정희를 처음 본 이래 1971년 청와대에서 박정희를 만났다고 털어놓는 등 최소 두 차례 이상 박정희를 만났다.

박정희는 김한조에게 조국을 위해 일해달라고 했고 박동선에게 3선 개헌에 따른 의회의 부정적 여론을 무마시켜달라고 부탁했다는 것이 김한조·박동선의 이야기다. 크게 보면 로비 목표는 박정희에 대한 부정적 인식 개선, 주한미군 철수 저지 또는 연기, 경제적·군사적 원조 증대였다.

김한조는 자신의 회고록에서 박정희의 친필편지도 공개했다. 박정희가 유신의 당위성을 설파하는 내용으로, 이는 미국 측에 이 같은 당위성을 전해달라는 지시나 마찬가지다. 박동선 또한 자신의 집에서 발견된 보고서에서 '각하가 허락하시면' 등의 용어를 썼음이 확인된다.

박동선의 쌀 중개권을 둘러싼 협상과정에서 경호실장 박종규가 쌀

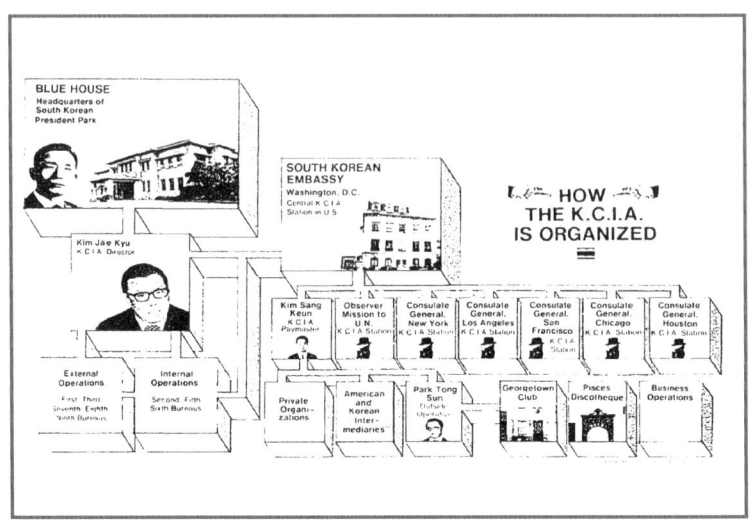

1977년 3월 6일자 뉴욕타임스가 보도한 박정희의 대미 로비 조직도

중개권은 물론이고 이미 받았던 커미션조차 박동선에게 돌려줬다는 사실도 시사하는 바가 크다. 김형욱의 중재로 커미션 19만 달러를 돌려준 것으로 돼 있지만 박종규가 박정희의 의중을 간접적으로나마 확인했을 가능성이 크다.

특히 당시 청와대가 미 민주당에 수십만 달러를 헌금하라고 지시했다는 FBI 정보메모 또한 박정희의 로비 연관성을 잘 보여준다. 너무나 구체적으로 언급돼 있는 것이다.

박정희가 구체적 로비 대상과 방법까지 지시했는지는 밝혀지지 않고 있지만 로비를 지시한 것은 분명한 것이다. 그러나 박정희가 로비를 지시했다고 해서 잘못됐다고 말할 수는 없다. 키신저가 말하듯이 미국에서 로비 안 하는 나라가 없고 로비를 안 하는 것이 오히려 이상한 것이다.

문제는 로비가 아니라 의원들에게 돈을 주고 그들의 표를 매수하는 것이다. 김한조는 박정희가 130만 달러를 ○○○에게 주라고 지시했다고 밝혔지만 입증되지 않았다. 아마 박동선이 박정희를 만나 아무개, 아무개에게 얼마씩 주겠다고 말을 했다고 하더라도 박정희는 듣고만 있고 구체적 언급은 하지 않았을 가능성이 크다. 박정희가 개략적으로 로비를 지시했지만 의원 매수를 지시했는지는 미지수다.

3개 위원회가 2년간 대미 로비 이 잡듯 뒤져

1976년 10월 워싱턴포스트의 보도로 한국 정부가 미 국회의원들을 매수했다는 의혹이 불거지자 당사자인 상하원이 그냥 있을 수 없었다. 상하원은 앞다투어 조사를 시작했다. 하원 국제관계위원회의 '프레이저 소위원회'가 1977년 2월 3일부터 조사에 돌입해 1978년 10월 31일 종합보고서를 채택함으로써 마무리됐다.

의원들의 윤리 문제를 다루는 상하원 윤리위원회도 조사에 돌입했다. '하원 윤리위원회'는 1977년 2월 9일 조사를 시작해 1978년 12월 30일 보고서를 채택했다. '상원 윤리위원회'는 1977년 4월 예비조사에 돌입했지만 그해 9월 19일에야 특별조사관을 임명하는 등 조금 늦게 출발해서 1978년 10월 16일 보고서를 마무리했다.

프레이저 소위원회가 한미관계 전반에 대해 조사했다면 상하원 윤리위원회는 의원들의 수뢰 여부를 철저히 점검했다. 상원보다 하원에 로비가 집중됐고, 하원 윤리위가 워터게이트 특별검사였던 재워스키를 특별

조사관으로 임명했기 때문에 상원보다 하원의 조사가 광범위했고 대중의 주목을 받았다.

이들 3개 청문회는 공통적으로 김형욱, 박동선, 김한조, 김상근, 손호영 등을 청문회에 세웠지만 프레이저 소위원회는 김형욱 쪽을, 상하원 윤리위는 박동선과 김한조를 집중 추궁했다. 프레이저 소위원회는 박동선을 증언대에 세우지 못했지만 비공개 면담을 했고 상하원 윤리위는 김형욱을 불러 각각 한 차례씩 공개증언을 듣고 심문했다.

프레이저 소위원회는 그린, 포터, 스나이더 등 주한미국대사는 물론 키신저 등 행정부 전현직 고위관리의 증언을 들었고 CIA, FBI까지 모조리 증언대에 세웠다. 그리고 미국 내에서 끊임없이 문제를 야기하던 통일교도 집중조사했고, 한국에 진출한 미국 기업의 뇌물 제공, 즉 정치자금까지 조사했다. 상하원 윤리위원회는 천여 명의 전현직 의원들에 대해 직간접조사를 벌였다. 이렇게 해서 탄생한 것이 종합보고서였다.

프레이저 소위원회의 보고서는 〈한미관계에 대한 조사〉, 상하원 윤리위의 보고서는 〈한국의 영향력 조사〉란 동일한 제목의 보고서였다. 하원 윤리위는 Investigation, 상원 윤리위는 조사보다는 조금 강도가 낮은 Inquiry란 단어를 썼다. 특히 프레이저보고서는 1940년대부터 1970년대까지의 한미관계를 정치, 경제, 군사, 문화 등 분야별로 심도있게 정리했다는 점에서 한미관계 백과사전으로 불릴 만하다.

프레이저 소위원회는 보고서 1권에 부속 책자 10권, 상원 윤리위는 보고서 1권에 부속 책자 3권, 하원 윤리위는 보고서 1권에 부속 책자 2권을 발행했다. 하원 윤리위는 조사결과를 토대로 존 맥팔, 에드워드

윌슨 등 4명에 대한 징계보고서를 작성하기도 했다.

　미 의회의 청문회에 해당되는 제도가 한국 국회의 국정조사다. 한국의 국정조사는 짧게는 10여 일에서 길어야 2~3개월이다. 여야가 특별검사제에 합의한다 하더라도 길어야 수사기관은 45일이다. 반면 상하원이 코리아게이트 조사에 투입한 시간은 거의 2년에 가깝다. 하원 윤리위가 수집한 증거만 4만 페이지가 넘었다. 의원들의 가족은 물론 이혼한 배우자까지 조사했다. 이처럼 오랜 기간 철저히 조사한 것은 물론 동일 사안에 대해 3개 위원회가 크로스 체크를 하며 조사했기에 그 증언과 증거, 보고서 등이 신빙성이 있는 것이다.

로비 첫 폭로
이상한 망명자 이재현

이재현은 한국 외교관의 미국 망명사에 첫 신호탄을 쏜 사람이다. 그는 중앙정보부 요원이 아니라 문화공보부의 해외공보관이었다.

1973년 유신에 반대한다는 폭탄선언과 함께 망명이란 험로를 택했다. 망명 동기를 언론에 밝히며 중앙정보부의 공작을 폭로했다. 그러고는 미 의회의 한국 관련 청문회에 단골 출연하며 박정희 정권에 맹공을 퍼부었다. 그의 폭로로 미국 내 중정 활동에 대한 FBI 수사가 시작됐고 김동조가 의회에 돈 봉투를 돌렸다는 증언은 끝내 김동조가 하원에 사신을 보내 해명하는 사태를 초래했다. 김형욱보다 훨씬 먼저 증언에 나서면서 코리아게이트의 불씨를 지핀 사람이었다.

이재현의 망명은 공작 실패로 소환명령이 내려지자 문책을 두려워해 망명을 택한 중앙정보부 요원 김상근, 손호영 등과는 사뭇 달랐다. 프레이저 소위원회는 종합보고서에 이재현이 망명한 지 5년이 지났는데도 미국 영주권을 받지 못했다는 내용을 담았다. 빨리 영주권을 주라는 압박으로도 들렸다. 프레이저보고서의 이 대목이 이재현의 망명 동기, 이재현이 청문회에 단골 출연한 이유를 말해주고도 남는다. 이재현에 대해서만큼은 김동조가 사신에서 밝힌 견해에 동의하지 않을 수 없다.

국내에 한 줄도 보도되지 않은 이재현의 망명

박정희의 유신체제가 출범한 뒤 주미한국대사관 공직자의 망명이 잇따랐다. 망명을 하지 않더라도 정부의 귀국 명령에 따르지 않고 사표를 제출한 뒤 미국에 남는 사람들이 많았다. 과연 그들이 유신체제에 항거하기 위해 망명했는지, 아니면 한국보다 미국에서 사는 것이 나을 것이라는 판단 하에 미국 영주권을 얻기 위한 방편으로 유신체제를 걸고 넘어졌는지는 아직도 아리송하다.

김형욱보다 몇 년 먼저 미 의회 청문회에 출석, 박정희 정권에 비수를 꽂은 이가 이재현이다. 이재현은 유신정권 하에서 사실상 가장 처음으로 미국에 망명한 한국의 고위관리였다. 이재현이 유신체제에 반기를 들고 망명자의 험로를 택했다면 그 용기에 박수를 보내야 마땅할 것이다. 하지만 여러 가지 정황상 이재현은 두 번째 범주에 가까운 인물이라는 생각을 지울 수가 없다. 1976년 김한조의 대미 로비 의혹이 제기되자 망명한 김상근이나 1977년 김형욱의 청문회 출석 저지작전 실패로 망명한 손호영은 소환명령을 받고 문책이 확실시되는 절박한 상황이었지만, 이재현은 명백히 그 정도의 상황이 아니었다.

이재현은 1973년 망명 때 박정희를 강하게 비판한 데 이어 1975년 인권청문회, 1977년 프레이저 청문회, 하원 청문회 등에 출석하며 더욱 목소리를 높였다. 알고 봤더니 정치적 망명으로 쉽게 나올 줄 알았던 영주권이 5년여가 지난 1978년까지 나오지 않았던 것이다. 영주권 때문에 청문회에 출석했다는 의혹을 피할 수 없는 것이다.

이재현은 1973년 당시 47세로, 1951년에 공무원이 된 뒤 풀브라이트 장학생으로 선발돼 1963년부터 1965년까지 뉴욕 주 시러큐스대학에 유학해 저널리즘 박사학위를 받은 인물이다. 당시 그는 부인과 12~20세 사이의 자녀 4명이 있었으며 연봉은 2만 5000달러 정도였다고 한다.

이재현은 1970년 1월 26일부터 1973년 6월 4일까지 주미공보관장으로 지내다 6월 5일 미국 정부에 정치적 망명을 신청했다. 한국 정부로는 너무나도 갑작스런 사건이었지만 그는 꽤 용의주도하게 망명을 실행에 옮겼다. 그 뒤 독을 품은 듯 미 의회 각종 청문회에 단골 출석해 자신이 아는 한국 정부의 비밀을 하나하나 폭로했고 그 내용들이 결과적으로 코리아게이트라는 대형 스캔들로 이어지고 말았다.

특히 이재현은 스스로 프레이저 청문회에 가담, 조사위원의 자격으로 코리아게이트를 직접 파헤쳤다. 자신이 재직했던 한국 정부를 대상으로 메스를 휘둘렀다.

그의 망명은 당시 국내에는 단 한 줄도 보도되지 않아 아직도 국내에는 이재현 망명사건을 아는 사람이 거의 없다.

그가 망명한 1973년 당시 언론보도를 뒤져봐도 그해 3월 그가 한국에 업무협의차 귀국했다는 단신 기사가 있을 뿐이다. 1973년 3월 5일 매일

경제는 '공항 메모'라는 기사를 통해 당일 오후 1시 35분 김포공항에 도착한 대한항공 편으로 이재현 주미공보관장, 문도상 뉴욕공보관, 최재호 주캐나다공보관, 최제만 주오사카공보관 등이 해외 공보관 회의 참석차 입국했다고 보도했다.

매일경제는 또 1973년 3월 21일 역시 '공항 메모'를 통해 이날 오후 3시 출발하는 대한항공 편으로 해외 공보관 회의에 참석했던 이재현 주미공보관장 등 해외 공보관들이 출국했다고 전했다.

이재현이 망명한 1973년 국내 언론에는 이재현 망명에 관해 단 한 줄도 보도되지 않은 것이다. 그의 망명은 1년 8개월 뒤인 1975년 동아일보 백지 광고 사태 때 이재현이 동아일보에 지지 광고를 싣자 동아일보가 모금현황을 설명하면서 그의 망명 사실을 넌지시 알린 것이 전부다.

1975년 2월 26일자 동아일보는 "전 공보관장 이재현 씨 등 재미교포 모금 활발"이라는 이웅희 워싱턴 특파원 기사의 말미에 "주미공보관장을 하다가 미국에 망명한 웨스턴일리노이대학교의 이재현 박사가 의견 광고 성금을 보내왔다"고 보도했다.

딱 한 줄이었다. 이 한 줄의 보도도 쉽지 않았겠지만 모금 보도 말미에 포함된 것이라 그의 망명은 일반 국민들에게 알려지지 않았다고 보는 것이 옳을 것이다

'한혁훈을 공산주의자로 몰아라' 지시에 망명 결심

이재현이 미 의회 청문회에서 밝힌 망명 이유는 박정희 정권의 유신체

제 홍보 부진, 그리고 그에 따른 부하직원 2명의 한국 귀임 문제에 따른 갈등이었다.

이재현은 1973년 3월 5일부터 3월 21일까지 한국에서 열린 해외공보관회의에 참석한 뒤 미국으로 돌아오자 주미한국대사관이 수시로 고위관리회의를 여는 등 유신체제 유지를 위한 강도 높은 대책회의가 이어졌다고 밝혔다. 이 같은 회의는 이틀에 한 번, 일주일에 2~3차례 열렸고 이틀 연달아 열리기도 했는데, 이는 유신정권 홍보가 주미한국대사관의 가장 큰 임무 중 하나였음을 시사한다.

그 내용은 유신체제에 반감을 가진 미국 정부와 미 의회를 설득하고 미 언론의 한국 비판을 유화시키는 한편, 재미동포들의 반체제 운동을 막는 것이었다.

이 회의는 형식상으로는 주미대사가 주재했지만 실제로는 이상호라는 가명으로 활동하던 미국 내 중정 책임자인 양두원이 주도했다. 주미한국대사관 고위관리들이 참석하는 이 회의에서 양두원은 회의 관련 비밀자료를 참석자들에게 나눠주고 회의가 끝난 뒤에는 이를 다시 회수할 만큼 보안을 철저히 유지했다.

이재현은 스스로 주미한국대사관 근무자 중 다섯 손가락 안에 드는 고위관료라고 생각했지만 자신을 이 잡듯이 잡는 양두원에게 큰 반감과 함께 엄청난 스트레스를 느꼈다고 한다. 이 같은 상황 속에 서울에서 워싱턴으로 귀임한 직후 워싱턴스타지에 박정희의 독재를 맹비난하는 칼럼이 실렸고, 이재현은 이를 막지 못해 큰 질책을 받았다. 특히 이재현에게 더욱 큰 압박이 된 것은 부하직원에 대한 문화공보부의 소환통보였다.

주미한국대사관 공보관 1명과 뉴욕총영사관 공보관 1명 등 2명이 귀국 대상이었다. 1973년 4월 문화공보부는 워싱턴 주미한국대사관에 공보관으로 근무하던 한혁훈이 본부의 지시를 성실히 이행하지 않고 유신체제에 비판적이라며 보직도 주지 않고 한국으로 돌아오라고 명령했다. 무보직 소환통보였다.

그러자 한혁훈은 사표를 던져버리고 미국에 남겠다고 선언했다. 미 하원 프레이저 소위원회 조사결과 한혁훈은 사표 직후인 1974년 6월 미국 영주권을 신청한 것으로 드러났다.

처음에는 신원이 밝혀지지 않았지만 FBI 조사결과 뉴욕총영사관에 근무하던 공보관은 김영호로 밝혀졌다. 워싱턴에서 근무하다 뉴욕으로 옮겨간 김영호 또한 소환통보를 받자 미국 잔류를 선언하고 식당을 개업해버렸다.

문화공보부는 한혁훈의 후임자로 홍보업무에 전혀 경험이 없는 사람을 발령한 뒤 이재현에게 비용이 얼마가 들든 간에 한혁훈을 한국에 돌려보내라고 강력히 지시했다. 수단과 방법을 가리지 말라는 것이다. 문화공보부가 이처럼 강력한 지시를 한 것은 한혁훈이 미국에 체류하며 한국 정부의 비밀을 폭로하는 등 반한활동을 할까 두려웠기 때문이다.

이에 대해 이재현은 미 의회 증언을 통해 문화공보부장관이 자신의 귀를 의심할 정도의 충격적 지시를 내렸다고 폭로했다. 한혁훈이 한국으로 돌아가지 않겠다고 버틸 경우 한혁훈에게 공산주의자라는 누명을 씌우라고 지시했다는 것이다. 미국 정부에 한혁훈이 공산주의자라고 통

182

Washington Korean Television are widely known among the Korean residents here as having close connections with the Korean Embassy's KCIA agents and recently making frequent trips to Seoul.[3] Mere presence of those arouses enough fear to mute many Koreans.

On the west coast, KCIA operatives are even extorting money from Korean residents. These Korean residents are so afraid of KCIA reprisal that they do not dare report to police. This is incredible.

Now while the Ambassador and KCIA station chief were hammering out the plan I have just described and assigning various phases of these illegal clandestine operations in the United States to the Embassy staff, a KCIA representative called from Seoul to speak to the master of ceremonies, Dr. Wonmo Dong, at an assembly of Korean Christian scholars in St. Louis, Mo., on April 14, 1973, and warned him against an anti-Park statement.

In New York, on April 29, 1973, Korean consul and KCIA agent, In Duk Son, followed demonstrators protesting against Park's dictatorship and had them photographed.

In San Francisco, on May 14, 1973, Korean consul and KCIA agent from Los Angeles, Young Shik Bai, appeared at a rally for the opposition leader Kim Dae Jung, accompanied by several toughs carrying eggs and bottles of tomato ketchup. When apprehended, one of the toughs, Min Hi Lee, now president of San Francisco Korean Association, began abusing Mr. Kim and tussled with Kim supporters until removed by a police detachment. Korean consul and KCIA agent Bai intervened with police unsuccessfully.

There are other cases of harassment by KCIA which are reported in an article by David Binder, "Threat to Koreans in U.S. by Seoul Stirs Concern," the New York Times, August 17, 1973. Another case was reported in the August 24, 1974, San Francisco Examiner article by Ken Wong, "Foe of President Park: Death Threat to Korean Here."

Mr. Chairman, I submit copies of both articles for inclusion in the record.

Mr. FRASER. They will be included in the record.[4]

Mr. LEE. These are only a few published cases but there are many other cases more covertly and cautiously handled. Recently the Park regime has more than doubled KCIA operatives in the Korean Embassy and still carries out such illegal operations in the United States as I have so far described.

One day in late April 1973 I was astonished to learn that my senior assistant, Mr. Hyohk Hoon Han, a long-time career civil service officer, was abruptly recalled to Seoul without post and was replaced by a new noncareer appointee of the regime without good reason. Knowing clearly by then Park's totalitarian intentions, Mr. Han quietly resigned and chose to remain in the United States, whereupon the Seoul government sternly instructed me to bring him back to Korea at any cost. I refused! Fierce telephone exchanges between the Seoul government and myself followed about a week—Seoul insisting his forced return and I firmly refusing the threatening order.

In one telephone call from Seoul, Park's Minister of Culture and

[3] See appendix No. 6, p. 450.
[4] The first article appears in appendix No. 5, p. 447. The second article is retained in the subcommittee's files.

1975년 6월 10일 이재현의 증언 속기록으로 이재현의 망명 결심 과정 등을 담고 있다.

보해 강제 추방시키도록 공작을 하라는 것이었다. 이재현은 문화공보부 장관이 전화로 자신에게 직접 이 같은 지시를 내렸다고 증언했다.

이재현은 말로 표현할 수 없을 정도의 충격을 받았고 문공부 장관의 이 지시가 망명의 동기가 됐다고 밝혔다.

이재현은 미 의회 증언에서 문화공보부 장관의 이름을 밝히지 않았으나 역대 문화공보부장관의 재임기간을 확인한 결과 당시 장관은 윤주영 씨였다. 윤 씨는 1971년 6월 3일부터 1974년 9월 17일까지 문화공보부 장관으로 재직했다.

이재현의 망명 전야― 중정 책임자 추궁받자 그날로 망명

정치적 망명이냐, 아니냐로 갈등하던 이재현에게 운명의 날이 왔다. 그날은 1973년 6월 4일이었다. 이재현은 이날 주미한국대사관에 출근하자마자 미주 지역 중정 책임자인 주미공사 양두원의 호출을 받았다.

대사관은 대사 아래 공사, 참사관, 서기관 등으로, 영사관은 총영사, 부총영사, 영사, 부영사 등으로 직급이 나뉜다. 대사는 주재국에서 본국을 대표하는 외교사절단의 단장이며 그 바로 아래 직책인 부대사(DCM)급이 공사이다.

대사관에는 대사 아래 보통 3~4명의 공사가 근무한다. 이들 공사 중 1명이 중앙정보부에서 파견한 사람이다. 총영사관 또한 2명의 부총영사가 있으며 이 중 1명은 중앙정보부 파견 요원인 것이다.

대사관에는 각 부처에서 파견한 공무원이 외교관 자격으로 근무한다.

중앙정보부 또한 주재국 내의 북한활동 감시 및 정보수집, 주재국 정보기관과의 업무협조, 대사관의 보안과 직무감찰 등을 위해 요원을 파견, 외교관으로 근무케 한다.

사실 대사가 본국을 대표하지만 업무 성격상 중앙정보부에서 파견한 공사 또는 부총영사가 대사 못지않은 파워를 발휘한다. 그렇기 때문에 미국 내 중정 책임자의 호출은 간단한 문제가 아니었다.

이재현이 이상한 조짐을 보였던지 4~5일 전부터 워싱턴에 주재하던 한국 특파원, 주미한국대사관 직원들, 그리고 직원들의 가족들이 새벽부터 밤늦게까지 쉴 새 없이 그의 집을 찾아왔다. 아마도 혹시 그가 망명하지 않을까 우려해서 중앙정보부 요원들이 이들에게 이재현의 집을 드나들게 하며 사실상 그의 이탈 여부를 감시한 셈이다.

그러던 차에 이재현은 양두원의 방으로 불려가 점심시간 직전까지 오전 내내 날카로운 추궁을 받았다. 미 의회에서 이재현은 이날 양두원이 자신을 수사 대상, 즉 피의자 다루듯 했다고 증언했다. 이재현은 부하직원 한혁훈을 한국으로 돌려보내지 못한 데 대해 엄중 문책을 받았고 양두원의 방에서 나오자마자 뒤도 돌아보지 않고 망명을 결행했다.

그는 점심 직전에 양두원 방에서 나온 뒤 그 길로 대사관을 떠나 영영 돌아오지 않은 것이다.

양두원의 추궁이 망명 결심을 행동으로 옮기는 계기가 됐지만 그의 망명작전을 살펴보면 하루아침에 충동적으로 망명을 한 것이 아니라 적지 않은 시간 용의주도하고 치밀하게 망명을 준비했음을 알 수 있다.

이재현은 공보관장답게 자신이 안전하게 망명하기 위해서는 미국 언론의 힘이 필요하다고 판단했다. 망명과 동시에 그 사실이 미국 언론에 크게 보도돼야 미국주재 중앙정보부 요원들의 협박 등을 막아낼 수 있고 한편으로는 미국 정부가 자신의 망명을 빨리 받아들일 것이라고 생각했다.

이재현은 6월 4일 점심 직전 대사관을 나온 직후 평소 그와 친분이 있던 백악관 출입기자인 문명자에게 연락해 망명 결심을 밝혔고 이들은 바로 다음날인 5일을 망명 디데이로 잡았다.

이재현은 박정희 독재정권을 비난하는 공개성명을 발표하며 미국에 망명하기로 했고 문명자는 미 주요 언론 기자들에게 5일 아침 주한미국 대사관에 중차대한 일이 발생할 것이라며 연락했다.

이 같은 준비 끝에 이재현은 5일 아침 박정희 정권을 맹비난하면서 미국 정부에 정치적 망명을 신청해버렸다.

문명자가 이재현 망명에 도움을 준 때문인지 망명 다음날인 6일 새벽 2시 신원을 알 수 없는 한국인 2명이 문명자의 집으로 찾아와 강제로 문을 열려고 시도하기도 했다는 것이 이재현 자신이 밝힌 망명 전말이다.

워싱턴포스트지, '이재현 망명-중정 활동' 대서특필

이재현은 5일 미국 정부에 망명을 신청한 다음, 6일 워싱턴포스트지 기자와 만나 한국 정부를 맹비난했다. 자신의 정치적 망명을 수월하게 하기 위해서 미국 유력지를 택한 것으로 보이며 워싱턴포스트지는 7일자 신문에 이재현 망명을 대문짝만하게 실었다.

워싱턴포스트지 기사는 주미한국대사관 고위외교관인 이재현이 사임하고 숨을 곳을 찾아다니고 있다는 말로 시작됐다.

워싱턴포스트와의 인터뷰에서 이재현은 "더 이상 미국에서 한국 정부의 대변인 노릇을 할 수 없다"며 중앙정보부의 보복이 두렵다고 밝혔다. 자신이 중앙정보부의 불법감시를 받고 있으며 폭행당할 것을 우려한다고 덧붙였다.

이재현은 "내가 주한미국대사관에서 최근 몇 개월 사이에 서울 소환명령을 거부한 다섯 번째 사람"이라고 설명한 뒤 "5명의 소환거부자 중 자신이 가장 고위직"이라고 말했다.

그러면서 자신의 부하 2명이 한국 소환을 거부하고 미국에 남겠다는 뜻을 밝히자 그들을 한국으로 돌려보내라는 압력이 있었고, 만약 실패한다면 이재현 자신이 소환돼 희생양이 될 것이 뻔한 상황이라고 설명했다. 그리고는 바로 이틀 전인 지난 4일 월요일, 미국 내 중앙정보부 책임자인 양두원에게 불려가 질책당했다고 전했다.

특히 이재현은 "한국 헌법이 비민주적이며 언론의 자유가 없고 인권 일부도 침해당하고 있다"고 주장했다.

그는 최근 보스턴교회에서 열린 반박정희 시위 때 행사를 주최한 존 김이라는 한국인에게 중앙정보부 요원이 20차례나 전화를 해서 협박을 했다고도 말했다.

또 지난 5월 야당 정치인 김대중의 샌프란시스코 강연회 때도 조직적으로 방해했으며 경찰이 강연회 방해자 한 명을 조사한 결과 한국 외교관 신분증을 소지하고 있었다고 밝혔다.

워싱턴포스트는 이재현이 인터뷰를 마치고 떠날 때에는 옷을 갈아입는 등 변장을 하고 사라졌다고 보도함으로써 이재현이 어딘가로부터 쫓기고 있음을 암시했다.

이날 워싱턴포스트의 보도는 박정희에게 엄청난 충격이었다. 박정희는 이때 워싱턴포스트가 자신에게 악의적으로 보도했다며 이 신문에 대해 좋지 않은 감정을 품게 됐다.

2년 뒤인 1975년, 워싱턴포스트가 김한조를 통해 박정희에게 인터뷰를 요청하자, 박정희는 워싱턴포스트가 이재현 망명을 대문짝만하게 보도하며 자신을 비난했기 때문에 이 신문과는 절대로 인터뷰할 수 없다고 말했다. 그래서 뉴욕타임스, 워싱턴스타 등과의 인터뷰는 성사됐지만 워싱턴포스트 인터뷰는 끝내 결렬됐다고 김한조가 주장했다.

이재현 망명이 FBI '중정 활동' 수사 촉발

이재현의 망명은 결국 미 국무부가 FBI에 한국 중앙정보부 요원들의 미국 내 활동을 조사해달라고 공식 요청하는 계기가 됐다.

미 국무부는 워싱턴포스트가 이재현 망명을 대대적으로 보도한 뒤 2주일여가 지난 1973년 6월 25일 FBI에 공문을 보냈다. 이재현이 워싱턴포스트를 통해 미국 내 중앙정보부 요원 활동을 맹비난했기 때문이다. 워싱턴포스트라는 유력 언론을 통해 자신의 정치적 망명을 쟁점화하는 이재현의 전략이 적중한 것이다.

국무부는 '미국 내 한국 중앙정보부 요원 활동에 대한 FBI 조사요청'이라는 제목의 공문에서 워싱턴포스트가 지난 6월 7일 보도한 중정요원들의 미국 내 활동에 대해 이미 FBI와 이야기를 나눈 적이 있다며 이를 조사해달라고 요청했다. 또 국무부는 중앙정보부의 활동에 대한 재미동포들의 불만이 담긴 편지를 여러 통 받았다고 밝혔다.

국무부는 이 같은 보고와 주장들은 FBI가 조사할 만한 타당한 상황이라며 이 조사를 위해 국무부와 협의해달라고 요청했고, 이후부터 FBI 각 지부에서 중정 활동에 대한 공식 보고가 줄을 잇기 시작했다.

비밀스럽게 이뤄져야 할 미국 내 중앙정보부 요원들의 활동이 요란스런 소리를 냈고 이를 이재현이 언론을 통해 폭로함으로써 마침내 미국 내 방첩활동을 책임진 FBI의 도마에 오르게 된 것이다.

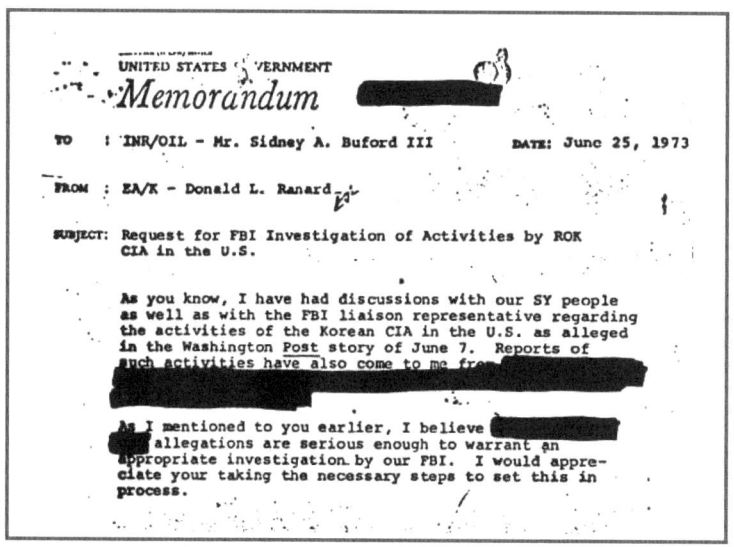

1973년 6월 25일 레너드 국무부 한국과장이 작성한 공문으로 미국 내 한국 중앙정보부 활동에 대한 수사를 요청하는 내용을 담고 있다.

프레이저 소위원회는 이때 이 문서를 작성한 사람의 이름을 지운 채 공개했으나 다른 청문회에서는 이름을 지우지 않은 원문이 공개됐다. FBI에 수사를 요구한 사람은 미 국무부 한국과장 레너드였다.

특히 이재현이 중정요원들의 불법활동을 고발한 데 이어 2개월 뒤 김대중 납치사건이 발생하면서 사태는 걷잡을 수 없을 정도로 커지고 마침내 미국은 미국 내 중정 책임자 이상호, 즉 양두원의 교체를 공식적으로 요구하게 되었다.

국무부, DJ 납치 계기로 이상호 전격 교체 요구

김대중이 1973년 8월 8일 일본 동경 시내 한복판에서 납치된 사건은 한국, 일본은 물론 미국까지 발칵 뒤집히게 했다.

김대중은 일주일 뒤인 1973년 8월 13일 서울로 돌아왔지만 과연 누가 김대중을 납치했느냐가 최대 관심사였고, 미국은 사건 발생 직후부터 중앙정보부를 의심했다.

마침 FBI에 미국 내 중앙정보부 요원들의 활동에 대한 조사를 요청했던 국무부는 미국 내 중정요원이 이 사건에 관련됐는지에 대해 조사한 것으로 드러났다.

1973년 8월 17일자로 작성된 '미국 내 중정요원들의 활동'이라는 문서는 수신자와 발신자가 삭제돼 있으나 발신자 부분에 EA라는 글자가 남아있었다. 이는 국무부 한국과가 발신자라는 것을 의미한다.

이 문서에 따르면 "김대중이 일본에서 납치된 뒤 서울에 나타난 것은 많은 의문점을 남기고 있다"며 "미국 내 중정요원 활동이 재미동포들에게 위협이 되고 있으며 김대중 납치사건에 미국 내 중정요원이 관련돼 있다는 말이 광범위하게 퍼져있다"고 기록돼 있다.

국무부는 얼마 전인 6월, 이재현 공보관장이 사임하게 된 데도 중정요원이 관련됐다는 말이 있으며 중정요원들의 활동이 갈수록 대담해지는 것은 큰 문제라고 지적하면서 모든 문제가 미국 내 중정 책임자인 이상호에게서 비롯됐다고 밝혔다.

국무부는 이상호가 워싱턴에서 근무하는 한 끊임없이 문제가 발생할 것이라고 결론짓고 한국 정부에 미국 내 중정 책임자를 이상호가 아닌 다른 사람으로 교체해달라고 요구했다. 국무부는 한국 정부가 국내 안정을 위해서도 이후락 당시 중앙정보부장의 교체 여부를 신중히 고민하고 있으며 이후락 문제와 함께 이상호 교체 문제도 검토될 것이라고 설명했다.

국무부는 이 문제는 시간이 좀 걸리겠지만 한국 정부가 이후락·이상호 등에 대해 어떤 조치를 취하는지를 보면 미국 내 중정요원들이 김대중 납치에 관여했는지를 알 수 있을 것이라고 덧붙였다.

뉴욕타임스, 미국 내 요원 DJ 납치 가담 의혹 제기

국무부가 이처럼 1973년 8월 17일 모처로 전문을 보낸 것은 바로 같은 날 뉴욕타임스가 김대중 납치사건을 계기로 미국 내 한국 중정 활동에 대해 다시 한 번 대대적으로 보도했기 때문이다.

뉴욕타임스는 이재현 망명 직후인 6월 8일 국무부가 주미한국부대사를 불러 미국 내 중정요원들의 재미동포 밀착감시 등에 대한 우려를 전달했다고 밝혔다. 6월 8일이면 워싱턴포스트가 이재현 망명을 대대적으로 보도한 바로 다음날로 유력 신문의 보도에 따라 즉각 주미한국대사관 고위간부를 국무부에 불러 이재현이 주장한 중정의 부당한 미국 내 활동을 따진 것이다.

특히 이재현은 이날 뉴욕타임스와의 인터뷰에서 "미국 내 한국인들은 중앙정보부 요원들 때문에 시민권자이든 아니든 밤이나 낮이나 미국 내 거리에서 불안감을 느끼고 있다"고 주장했다. 한마디로 중정요원이 미국에서 활개치고 다녀서 불안해 살 수가 없다는 것이었다.

뉴욕타임스는 이재현의 주장을 보도하는 데 그치지 않고 미국 내 중정요원들의 DJ 납치 가담 의혹까지 제기했다. 미국 내 중정 책임자인 이상호가 7월 27일 미국을 떠나 12일간 한국에 머물렀고, 이는 DJ 납치사건 발생시점과 일치한다고 주장했다. 또 이상호 휘하의 중정요원인 최홍태와 박정일도 같은 시기에 한국을 방문했다고 보도했다.

이상호, 최홍태, 박정일 등 3명이 김대중 납치사건 발생시점에 동시에 미국을 떠나 한국 등에 있었던 것이다.

이들은 김대중이 미국을 방문했을 때인 1973년 5월 밀착해서 일거수일투족을 감시하고, 샌프란시스코에서는 중정요원 배영식이 이민희 등을 동원해 김대중 강연회를 방해한 적이 있었기에 더욱 의심을 받았다.

국무부는 때마침 김대중도 미국 방문을 마친 뒤 바로 일본으로 들어갔기에 이들이 미국에서부터 김대중을 미행해 일본까지 쫓아가서 납치한 것이 아닌가 하고 미심쩍어한 것이다.

이재현은 1975년 프레이저가 주도한 인권청문회에 출석하면서 1973년 6월 워싱턴포스트 기사와 1973년 8월 뉴욕타임스 기사 등 자신의 망명 이유 등을 대서특필한 두 기사를 증거로 제출했음은 물론이다. 자신이 한국 정부로부터 이 같은 억압을 받아서 미국에 망명했는데, 왜 미국은 영주권을 안 주느냐는 것이었다.

DJ 일본 가던 날 미국 요원들도 뒤쫓았다?

김대중의 미국 망명시절 비서실장 역할을 했던 이근팔도 미국 내 중정 요원들이 김대중 납치사건과 관련이 있다는 의혹을 제기했다.

프레이저 소위원회보고서에 따르면 그는 DJ 납치사건이 발생한 지 13일 뒤인 1973년 8월 21일 FBI와 만난 것으로 확인됐다. 이근팔은 그 자신이 외교관으로 주미한국대사관에 근무하다 김대중을 따라 나선 사람이었다. 이근팔은 1967년 3월부터 1970년 4월까지 주미한국대사관에 2등 서기관으로 근무했기에 대사관 내 누가 위장신분으로 활동하는 중정 요원인지를 파악할 수 있었던 것으로 보인다.

이근팔은 미국 내 중정 책임자로, 해병대 준장 출신인 이상호는 1967년 서독에 근무하면서 동베를린 사건을 주도했으며, 1973년 7월 26일 미국을 출국했다가 다시 8월 11일 워싱턴으로 돌아왔다고 주장했다.

또 미국 내 중정 2인자인 최홍태도 1973년 7월 10일 워싱턴을 떠나 로스앤젤레스에 들렀다가 한국으로 갔다고 밝혔다. 최홍태가 한국 귀국길에 들른 로스앤젤레스는 김대중 강연회가 예정된 지역이었다. 최홍태

> 458
>
> REPUBLIC OF KOREA (ROK)
> INTELLIGENCE ACTIVITIES
> IN UNITED STATES
>
> Based purely on circumstantial evidence and mere speculation, LEE stated that he is thoroughly convinced that the kidnaping of KIM Dae Jung was perpetrated by Agents of the Korean Central Intelligence Agency (KCIA), under the leadership of the following individuals from the Korean Embassy, WDC, who are identified by LEE as KCIA Agents.
>
> Sang Ho LEE, also known as Doo Won YANG, identified as the Chief of KCIA in the United States, a retired brigadier general in the Korean Marine Corps, served as Chief of KCIA during his assignment at the Korean Embassy, Bonn, Germany, in 1967. While serving in Bonn, Sang Ho LEE was allegedly responsible for the kidnaping of seventeen Korean students and artists in Germany and effecting their return to Korea. Through this, according to Keun Pal LEE, Sang Ho LEE had the necessary background to be involved in the kidnaping of KIM Dae Jung. Additionally, sources advised Keun Pal LEE that Sang Ho LEE was out of the United States during the pertinent period, it having been determined that Sang Ho LEE departed for the Far East on or about July 26, 1973, and returned to the United States on August 11, 1973.
>
> The "Diplomatic List" for May, 1973 lists one Sang Ho LEE, Minister, 608 North Garfield Street, Arlington, Virginia, Embassy of Korea, WDC.
>
> Hong Tae CHOI, Consular, according to Keun Pal LEE, is second in line to Sang Ho LEE in the KCIA in the United States. CHOI allegedly departed from the WDC area on July 10, 1973, for Los Angeles, where KIM Dae Jung had a speaking engagement. From Los Angeles, CHOI departed for Korea for consultation with his Government and returned via Hawaii to WDC on August 11, 1973.
>
> The "Diplomatic List" for May, 1973, lists Hong Tae CHOI, 6307 N 31st Street, Arlington, Virginia, as Consular, Embassy of Korea, WDC.

1973년 8월 21일 FBI가 이근팔을 면담한 뒤 작성한 보고서로 미국 내 한국 중앙정보부 요원들이 김대중 납치사건에 관련됐다는 의혹을 담고 있다.

는 하와이를 거쳐서 8월 11일에야 워싱턴으로 귀환했다.

이근팔은 박정일 2등 서기관 또한 최홍태가 워싱턴을 떠나던 1973년 7월 10일 별도의 항공편으로 미국을 떠났다고 밝혔다.

중요한 것은 최홍태, 박정일이 워싱턴을 떠나 한국으로 향하던 날이 미국에 머물던 김대중이 일본으로 떠나던 바로 그날이라는 것이다. 그래서 미국주재 중정요원들이 미국에서부터 김대중을 미행해 일본까지 따라 갔다는 의혹이 제기되는 것이다.

이상호, 최홍태, 박정일 등 3명은 뉴욕타임스에서도 의혹을 제기한 인물이었지만 이근팔은 이외에도 주미한국대사관 소속인 다른 1명의 중정요원이 한국으로 갔다고 증언했다. 겉으로는 무관이었지만 실제로는 중정요원이었던 임규일도 1973년 7월 26일 미국을 떠났다가 1973년 8월 11일 이상호와 함께 돌아왔다고 한다. 이외에도 유엔대표부에 주재하던 추영철, 뉴욕총영사관 소속의 중정요원 손인덕 등 2명도 1978년 7월 말 뉴욕을 떠났다고 했다.

이근팔은 이처럼 최소한 6명 이상의 미국 내 중정요원이 한꺼번에 미국을 떠났다며 이들이 혹시 김대중 납치사건과 관련이 있을지 모른다고 주장했다.

또 중정 협조자들이 누구인지도 FBI에 알렸다. 샌프란시스코에 살고 있는 이민희와 이만신, 조무량 등 3명의 태권도 사범이 바로 중정 협조자들이라고 주장했다. 이들이 김대중의 샌프란시스코 강연회 때 케첩을 뿌리는 등 훼방을 놓고 강연장을 난장판으로 만들었던 것이다.

이근팔은 이상호, 최홍태, 박정일, 임규일 등 주미한국대사관에 파견된 중정요원 4명이 동시에 미국에 떠났지만 김상근만은 미국에 남아있었다고 설명했다.

김상근, '미국 내 요원 DJ 납치 가담은 헛소문' 주장

이상호 등 미국 내 중정요원이 DJ 납치에 가담했다는 의혹에 대해 김상근은 약 5년 뒤에 이는 사실무근이라고 주장했다.

프레이저 소위원회는 1976년 11월 미국에 망명한 김상근을 상대로 이 부분에 대해서도 조사했고 김상근은 1978년 6월 14일 이에 대해 소위 조사관인 베이커와 통화해 미국 내 중정요원의 DJ 납치 가담은 사실이 아니라고 밝힌 뒤 한글로 된 서면진술서를 제출했다. 1973년 8월은 김상근이 주미한국대사관에서 근무했던 시기로 누구보다 상황을 잘 알고 있었다.

김상근은 이날 "에드워드 베이커 씨 귀하"라고 쓴 다음 "1978년 6월 14일 아침에 귀하와 전화한 내용을 기술한다"는 말로 진술서를 시작했다.

김상근은 "1973년 여름 주미한국대사관의 이상호 공사를 비롯하여 최홍태 참사관 및 박정일 서기관은 한국 중앙정보부 본부의 일시 귀국 명령을 받고 서울을 방문한 바 있다"고 밝혔다. 서울에 간 것은 맞다는 것이다.

김상근은 "제가 지금 이분들의 일시 귀국 명령과 관련해 기억하는 것은 한국 중앙정보부 워싱턴 지역 책임자인 이상호 공사는 워싱턴에 부임한 지 1년 6개월이 지나 업무협의차 귀국했었다"고 밝혔다. 또 최홍태 참사관은 미국에서 수년간 근무해 해외근무자 국내 교육차, 박정일 서기관은 구매업무 지시를 받고 행정 처리상 착오가 발생한 것을 의논하기 위해서 귀국했다고 설명했다.

특히 김상근은 김대중 납치사건이 발생한 뒤 박정일 서기관이 서울

APPENDIX 3
LETTER TO SUBCOMMITTEE STAFF FROM MR. KIM SANG KEUN DATED
JUNE 14, 1978

A. ORIGINAL LETTER IN KOREAN

에드워드 베이커 貴下

1978年 6月 14日 아침에 貴下와 電話로 對話한 內容을 記述하여 回信합니다.

1973年 여름, 駐美韓國大使館의 李相鎬 公使를 비롯하여 崔洪澤 參事官 및 朴正一 書記官은 韓國 中央情報部 本部의 一時歸國命令(出張)을 받고 서울을 訪問한바 있습니다.

제가 지금 이분들의 一時歸國命令과 關聯하여 記憶되는 것은 李相鎬 公使는 韓國中央情報部 워싱톤地域 責任者로서

(172)

報告하도록 指示되었던 것입니다.

그 當時 朴正一 書記官이 個人用務로 日本을 經由했던 때문입니다.

周知하는바와 같이 金大中氏 拉置事件에 對하여는 美國의 主要新聞들도 大大的으로 報道하였고 이와 關聯하여 美國에서 勤務하던 韓國中央情報部員의 이름도 紙上에 揭載되었습니다.

그러나 當時 나의 上官이 있었고 또한 同僚이었던 이들 세사람이 서울滯留 期間中에 지냈던 個人的인 얘기도 들었습니다만 金大中氏 拉置事件과는 全혀 無關한 것으로 생각되었습니다.

業務協議次 (워싱톤 赴任 1年 6個月 以上 經過되) 었으며, 崔洪澤 參事官은 美國에 數年間 勤務했으므로 海外 長期 勤務者에 對한 國內敎育이 目的이었고, 그리고 朴正一 書記官은 購買業務에 對한 指示受領 및 討議 (行政處理上의 隘路問題 等) 있었습니다.

日本에서의 金大中氏 拉置事件이 있은 後, 朴正一 書記官이 서울出張을 마치고 워싱톤으로 歸任하였는데 韓國中央情報部로부터 朴正一 書記官에게 그가 日本을 經由하여 워싱톤에 歸任한 理由와 그 日程을 詳細히

(174)

여기에 저의 意見을 添加한다면,

上記한바와 같이 過去 워싱톤에서 勤務했던 韓國中央情報部員과 金大中氏 拉置事件과 關聯되었다고 보지 않습니다. 다만 이 期間中에

李相鎬 公使, 崔洪澤 參事官 그리고 朴正一 書記官이 다 같이 美國에 없었음으로서 言論人들과 一般의 關心을 끌게되었고, 따라서 言論機關의 主要 記事取材 對象으로 나타났던 것으로 解釋합니다.

貴下의 健康을 빕니다.

1978年 6月 14日 午後
金 相 根

(175)

1978년 6월 14일 김상근이 프레이저 소위원회에 제출한 서한으로 이상호 등의 귀국은 김대중 납치사건과 무관하다는 주장을 담고 있다.

출장을 마치고 워싱턴으로 귀임할 때 일본에 들린 것은 맞지만, 개인적인 용무로, 김대중 납치사건과 전혀 무관하다고 주장했다. 김상근은 이 부분에 대해서는 한국 중앙정보부도 박정일을 대상으로 일본 경유 이유와 일정을 상세히 수사했지만 문제가 없었다고 덧붙였다.

김상근은 중정요원들이 공교롭게도 김대중 납치사건이 발생한 기간에 한국을 방문함으로써 언론의 주목을 받게 됐을 뿐이라는 말로 진술을 끝냈다.

김상근이 사실무근을 주장했지만 미국 내 중정요원 6명, 특히 주미한국대사관 요원 4명이 DJ 납치 시기에 동시에 미국을 떠났고, 그중 2명이 DJ 출국 날 동시에 출국한 것은 아무래도 미심쩍은 일이다. 어쩌면 이들이 김대중을 미행, 일본까지 쫓아가서 일본 요원들에게 감시임무를 넘겼을 가능성도 배제할 수 없다.

11월 이상호 교체 확정— 74년 1월 초 미국 떠나

이외에도 국무부는 1973년 8월 중앙정보부의 미국 내 활동과 관련한 2건의 문서를 작성한 것으로 프레이저 소위원회 조사결과 드러났다.

국무부는 한국 중앙정보부 요원의 미국 내 주재 이유를 단 한 가지로 설명했다. 미국 CIA와의 연락을 위해 한국 중정요원이 미국에 외교관 신분으로 주재하는 것이라는 주장이었다.

그러나 국무부가 그동안 미국에 주재하는 한국 중앙정보부 요원의 수와 활동 등에 대해 너무 모르고 있었다는 것이다. CIA는 워싱턴 DC에만 사무실이 있지만, 한국 중정요원들은 워싱턴 DC뿐 아니라 그 외 한국인이 많이 사는 지역의 영사관에 주재하고 있으므로 본래 주재 목적에 어긋난다고 국무부 문서는 기록하고 있다. CIA와의 업무협의를 위해서라면 워싱턴에만 나와 있으면 되지 왜 엉뚱한 곳에도 나와 있느냐는 것이다.

국무부는 한국 정부가 각 지역 영사관에 주재하는 중정요원들이 재미동포 사회를 뒤에서 조종하거나 협박하는 등의 활동을 하지 않는다고 강조했다고 밝혔다. 그러나 국무부는 중정요원이 이들 지역에 존재하거나 그 수를 늘릴 이유가 없다며 일단 미국 내 중정 책임자 이상호를 미국 내에서 내보내야 한다고 결론지었다.

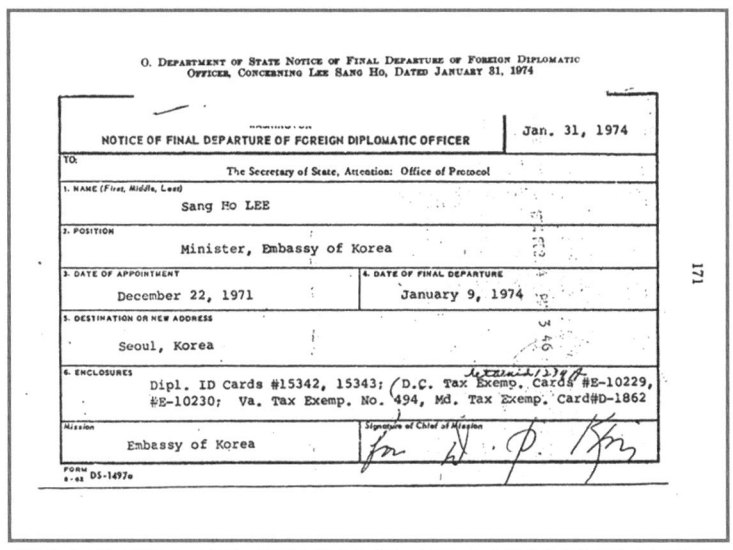

1974년 1월 31일자 이상호 출국확인통보서로 이상호가 1974년 1월 9일 출국했다는 내용을 담고 있다.

또 다른 문건에는 주미한국대사관 관계자와 이 문제를 논의하며 중앙정보부가 미국 내에서 부적절하거나 불법적인 활동을 하는 것은 결국 한국에 커다란 해를 끼치게 될 것이라고 강조했다.

이처럼 국무부는 1973년 8월부터 한국 측에 미국 내 중정 책임자 이상호를 교체해야 한다고 요구했고 마침내 11월 한국 정부의 확답을 얻어냈다. 국무부는 1973년 11월 중앙정보부의 미국 내 활동과 관련한 1건의 문서를 더 작성했고 역시 프레이저 소위원회가 이 문서를 입수했다.

미국 측의 이상호 교체 요구는 1973년 11월 한국 정부 내에서도 큰 이슈가 됐고, 11월 둘째 주 주미한국대사관은 국무부에 이상호를 곧 교체할 것이라는 뜻을 전달한 것으로 돼 있다. 이재현이 망명하면서 중정의 불법활동을 언급한 뒤 5개월 만에, 미국이 이 문제를 제기한 지 3개월 만에 이상호 교체방침이 확정된 것이다.

국무부가 프레이저 소위원회에 제출한 자료에 따르면 이상호는 1971년 12월 22일 주미한국대사관에 부임했다가 1974년 1월 9일 미국을 떠났다고 돼 있다. 이 서류는 이상호가 미국을 떠났음을 보고하는 서류로 이상호가 소지했던 외교관 면세카드 번호 등도 상세히 기록돼 있다.

김동조, '중정 책임자 직급 낮추고 규모 축소' 제안

김동조 대사도 1973년 8월 29일 국무부의 스나이더 차관보를 만나 미국 내 중정 책임자의 직급을 낮추고 인원도 대폭 축소할 것을 제안한 것으로 확인됐다.

1973년 8월 29일 스나이더가 내부 보고용으로 작성한 '김동조 면담록'에 따르면 스나이더는 이날 점심 때 김동조를 만나 "미국 내 중정 활동은 한미 양국에 해를 끼치며 엄청난 위험과 비용부담에도 불구하고 얻을 것은 없다"며 "대사가 박 대통령에게 이 점을 확실하게 인식시켜 달라"고 요구했다. 후일 외무부장관 등을 지낸 김동조는 정몽준 의원의 장인이다.

이에 대해 김동조는 "스나이더의 의견에 전적으로 동감한다"고 밝히고 "다음 주 초 파우치 편으로 박정희에게 편지를 보내 이상호 등 뉴욕타임스에 언급된 중정요원 모두를 철수시키도록 건의하겠다"고 말했다.

통상 본국 정부와 재외공관 간 업무연락은 전용 통신망과 파우치 등 2가지 방법을 이용한다. 각 재외공관에는 주재국 정부의 도감청을 막기 위한 특수장비가 설치된 통신실이 마련돼 있고, 이 통신실은 대사 등 고위 외교관 외에는 출입이 통제될 정도로 엄격히 관리된다.

또 하나의 연락방법은 파우치다. 파우치란 본국 정부와 재외공관 간에 문서나 물품을 운반하는 가방, 즉 외교행낭을 말한다. 파우치는 본국 정부와 재외공관을 제외한 주재국 정부 등이 열어볼 수 없도록 국제법으로 규정돼 있으므로 세관검사 등도 받지 않고 통과된다. 봉인은 물론 특별한 보안장치가 부착돼 있기 때문에 누군가 중간에서 뜯어본다면 금방 그 사실이 체크된다. 따라서 이 파우치를 통해서 대통령에게 보내는 친서나 비밀문서 등이 오가는 것이다.

김동조는 또 근본 대책으로 미국 내 중정 책임자의 직급을 공사급에서 영사급으로 낮추고 워싱턴에 주재하는 중정요원도 대폭 줄이는 한편 워싱턴 이외 지역에는 중정요원이 주재하지 않도록 하겠다고 밝혔다.

김동조는 "미국 내 중정 활동은 북한 유엔대표부의 활동을 감시하고 CIA 등 미국 내 정보기관과의 업무연락 수준으로 국한시키겠다"고 설명했다.

김동조는 이 같은 내용의 편지를 박정희에게 보내는 한편 이후락과의

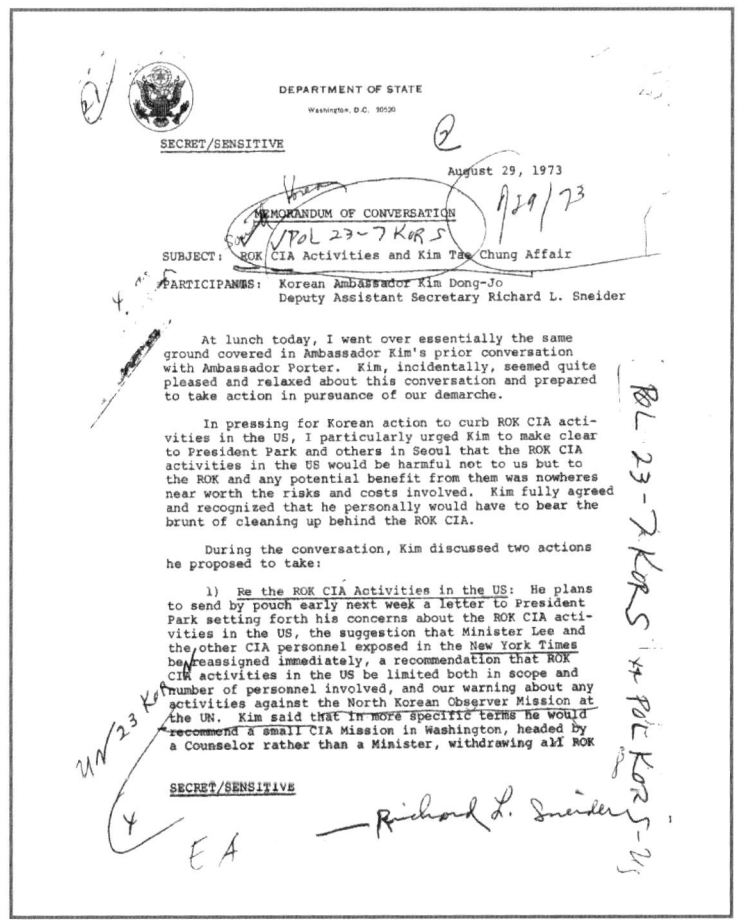

1973년 8월 29일 스나이더 미 국무부 동아태 담당 부차관보가 김동조 주한미국대사를 면담한 뒤 작성한 보고서로 김동조가 미국 내 중정책임자 직급을 낮추자는 제안을 했다는 내용을 담고 있다.

관계를 고려, 이후락에게도 편지 사본을 보내겠다고 말했다. 김동조는 단, 중정 책임자 직급 하향 조정 등은 9월 말까지 연기해도 되겠느냐고 물었으나 스나이더는 단호하게 "노"라고 거절했다.

김동조가 이 같은 제안을 한 것은 중정 책임자는 물론 하급요원들까지 대사의 말을 듣지 않고 제 멋대로 행동하는 데 대한 반감도 없지 않았을 것이다.

김동조는 이와 함께 미국이 김대중에게 정치활동을 할 수 없다는 조건 하에 비자를 발급해준다면 김대중을 하버드대학으로 보내겠다고 말했다. 김동조는 김대중을 한국에 붙들어두면 맹렬한 비판에 직면하고, 그렇다고 김대중을 하버드대학으로 보내면 언론과 학계를 상대로 마음 놓고 정권을 비판할 것이라며 이것이 박정희의 딜레마라고 말했다. 김동조는 미국이 이 조건만 수락해준다면 자신이 박 대통령을 설득시키겠다고 주장했다.

스나이더는 국무부 관계자들과 논의해보겠지만 일반적으로 그 같은 조건 하의 비자발급은 힘들 것이라는 견해를 밝혔다.

이처럼 김대중 납치사건은 일본은 물론 미국의 중정 활동에까지 엄청난 영향을 미쳤다. 미국, 일본 등 중정의 해외공작이 사실상 중단된 것이다.

이재현 1975년 인권청문회 출석 박 정권 공격

이재현의 망명은 박정희 정권에게는 치명적인 타격이었고 4년 뒤 불붙게 되는 코리아게이트의 도화선이 됐다. 어찌 보면 이재현은 단순한 도화선이 아니라 자신이 적극적으로 불쏘시개 역할을 했다.

1973년 6월 망명 때 중정 활동을 폭로한 뒤 1년 3개월간 실직상태로 있던 이재현은 1974년 가을부터 웨스턴일리노이대학 저널리즘 부교수로 임용된 뒤 한국 정부를 향해 더욱 거센 비판을 쏟아냈다. 이재현은 1975년 6월 10일 미 하원 외교관계위원회 소위가 개최한 인권청문회에 출석해 유신정권의 실상을 낱낱이 공개했다. 공교롭게도 이 인권청문회의 위원장이 프레이저 의원이었다. 2년 뒤인 1977년 프레이저 청문회를 통해 김형욱 전 중앙정보부장을 증언대에 세우며 코리아게이트를 파헤친 바로 그 사람이다.

프레이저 의원이 1977년 코리아게이트를 조사하는 청문회를 연 것은 1975년 바로 이때 이재현의 증언에서 아이디어를 얻었다고 봐도 무방할 것이다. 1977년과 1978년 미 상하원에서 3개의 청문회가 동시에 열리며 한미관계를 최악으로 치닫게 한 그 불쏘시개가 바로 이재현이었다.

이재현이 1975년 미 하원 인권청문회에서 밝힌 중앙정보부의 유신정권 홍보계획은 매우 광범위했다.

첫째, 미국 지도자, 특히 상하원의원들을 매수하라. 둘째, 한국에 투자한 미국 기업인들에게 영향력을 발휘해 미국이 한국 정부에 우호적인 태도를 취하도록 하라. 셋째, 한국과 미국 기업인들이 뉴욕의 한인상공회의소 같은 조직을 구성토록 공작하라.

넷째, 미국 내 한인 학자들을 조직화하고 이들의 무료 한국 방문을 추진하라. 다섯째, 1972년 10월 웨스턴미시건대학의 한국 관련 세미나, 1973년 4월 워싱턴 아시안연구소 및 경남대학교 공동 주최의 한국 문제

세미나처럼 한국에 우호적인 학자들의 세미나를 열도록 하라.

여섯째, 신문을 발간하라. 일곱째, 방송국을 운영하라. 여덟째, 교민사회를 조종하라. 아홉째, 비협조적인 재미동포는 한국 내 친척을 통해 순화시켜라 등이었다.

이재현은 또 이날 청문회에서 자신의 망명 전말을 상세히 밝혔으며 이상호로 활동한 양두원 주미한국대사관 공사가 1967년 동베를린 유학생 17명을 납치한 사건, 이른바 동백림 사건의 기획자였다고 증언했다.

이재현 1977년 김동조 대사 미 의회 로비 폭로

1977년 미 하원 외교관계위원회 프레이저 소위원회가 코리아게이트를 조사하자 이재현은 1975년 프레이저 위원과의 인권청문회 때의 인연을 계기로 프레이저 소위원회의 조사위원으로 참여했다.

그러면서 이재현은 프레이저 소위원회가 아닌 하원 윤리위가 개최한 한국 영향력 조사 청문회에도 증인으로 출석, 한국 정부의 미 의회 로비 실상을 폭로하는 등 박정희 정권에 직격탄을 날렸다. 이재현이 하원 윤리위 증언에 나선 것은 1977년 10월 19일이었다. 이재현은 이날 증언에서 주미한국대사관의 미 의회 로비 계획, 특히 김동조 대사의 로비 내역을 밝혔다. 이재현의 김동조 로비 의혹 폭로는 두고두고 한미 간에 큰 분쟁을 일으켰다.

이재현은 자신이 망명하기 직전인 1973년 봄, 김동조 대사 방에 들어갔더니 김 대사가 24개 정도의 봉투에 100달러짜리 지폐를 넣고 있었다고 증언했다. 이재현은 그날 본 돈봉투가 몇 개였냐는 질문에 "투 더 즌", 즉 24개였다고 분명히 밝혔다.

이재현은 김동조가 봉투에 100달러짜리 지폐를 담고는 양복 주머니와 외교관 가방에 넣은 뒤 대사실 밖으로 나갔고, 자신이 어디로 가느냐고 묻자 김동조가 미 의회로 간다고 답했다고 했다.

이 증언은 주미한국대사가 미 의원들에게 돈을 뿌렸음을 시사하는 것으로 그야말로 폭탄선언이었다.

이재현은 또 김동조가 박정희 대통령이 보내온 편지 중 박정희의 서명이 담긴 마지막 장을 보여줬고 그 편지에는 박동선과 싸우지 말 것, 박동선과 좋은 관계를 유지할 것이라는 당부가 적혀있었다고 말했다.

이는 박정희와 박동선의 관계를 잘 보여준다. 박정희가 미 의회 로비의 주체로 의심받던 박동선의 존재를 아는 것은 물론이고 그가 모종의 활동을 하고 있으니 주미대사가 그 활동에 협조하라고 지시한 것이다.

바로 이 증언으로 인해 미 하원 윤리위원회는 김동조가 미 의원들을 매수한 사람이라고 단정했다. 하원 윤리위는 국세법을 무시한 채 외교관 면책특권을 가진 김동조의 증언을 요구했고 한미 양국은 이를 둘러싸고 극심한 갈등을 겪었다.

결국 한미 양국의 교섭 끝에 가까스로 사신, 즉 김동조가 미 의회의 질문에 대해 개인편지를 보내서 의견을 밝히는 형식으로 합의됐다. 비록 사신이긴 하지만 한국을 대표하는 특명전권대사가 사실상 미 의회에서 증언하는 수모를 겪은 것이며, 이는 김동조 개인의 수모가 아니라 한국 정부, 전체 한국인의 수모였다.

미국 내 중정요원 규모 및 대사관 체제도 증언

이재현은 미국에 주재한 중앙정보부 요원이 몇 명인지에 대해서도 증언했다. 이재현은 자신이 주미한국대사관에 재직 중일 때 워싱턴 주재 중정요원은 처음에 4명이었다가 5명으로 늘었고 망명 직전에는 6명이었다고 밝혔다. 그러나 자신이 망명한 직후에는 중정요원이 무려 12명으로 증가했다고 말했다.

당시 주미한국대사관 전 직원이 30명 남짓이었으므로 3분의 1이상이 중정요원이었다는 충격적인 설명이었다.

이재현은 또 주미한국대사관은 대사 아래 8개 분과로 나눠 업무를 수행했으며 어느 분과에도 소속되지 않으며 대사의 감독을 받지 않고 독립적으로 움직이는 것이 중정요원들이라고 증언했다. 또 임규일은 무관부 연락관으로 등록돼 있지만 중정요원으로 미 의회를 담당하고 있다고 폭로했다.

미 하원은 이재현을 상대로 그가 박동선과 김한조를 아는지에 대해서도 질문했다. 이재현은 박동선과는 단 한 번 봤을 뿐 특별한 관계가 없다며 그를 본 것은 정일권 총리가 미국을 방문해 조지타운클럽에 갔을 때라고 밝혔다.

또 자신이 공보관장으로 재직할 때 루이지애나 주의 한 신문기자가 한국대사 박동선의 약력을 알려달라고 요청해 박동선이라는 이름의 대사는 없다고 답했다고 전했다. 그럼에도 불구하고 그 기자는 재차 박동선이 대사라고 주장을 하다가 이재현이 지금 내 앞에 공무원 명단이 있는데 그런 사람이 없다고 말하자 그제야 전화를 끊었다고 덧붙였다.

이재현은 이 전화를 받은 직후 곧바로 이를 대사에게 알리고 한국 정부에도 박동선이 주미대사를 사칭하는 것 같다고 보고했으나 본부에서는 몇 달 동안 묵묵부답이었다고 증언했다.

아마도 이때는 1972년 4월께로, 박동선이 패스만의 도움으로 쌀 중개권을 회복한 뒤 그의 부탁으로 감자의 일종인 얌을 대량 매입함으로써 지역신문에 보도될 때로 추정된다. 그때 패스만은 박동선을 박정희와 직접 연락하는 사실상의 주미한국대사라고 소개했다.

또 김한조는 대사관의 리셉션 자리와 재미동포들이 모이는 행사에서 몇 차례 본 적이 있으며 한 번은 김한조가 저녁에 자신의 집으로 초대해서 갔더니 양두원 공사가 와 있었다고 증언했다.

김동조, '이재현은 미국 정착 위해 조국 배신했다'

이재현이 김동조가 100달러짜리 지폐를 담은 봉투를 들고 의회로 갔다고 주장함에 따라 미 하원 윤리위는 김동조에게 이에 대한 사실 여부를 밝힐 것을 요구했다. 외교관 특권 침해 논란을 빚으며 한미 양국이 첨예한 갈등을 겪은 끝에 김동조가 개인편지, 즉 사신 형식을 통해 의회의 질문에 답했다.

김동조는 1978년 9월 20일 사신을 통해 하원 윤리위 질문에 답하며 이재현은 조국을 배신한 기회주의자라고 맹공을 퍼부었다.

김동조는 현금을 봉투나 가방에 넣어 의회로 들고 가는 것을 목격했다는 이재현의 주장은 일고의 가치도 없는 허위진술이자 모함이라며 이재현의 주장을 전면 부인했다.

김동조는 이재현에 대해, 주미한국대사관 공보관으로 재직 시에 조국에 대해 거짓 충성을 다한 자이며 이탈 직전에 귀국 명령을 받게 되자 공무원으로서의 장래에 전망이 없는 것으로 판단해 미국 정착을 위한 방편으로 조국을 비방, 배신한 기회주의자라고 주장했다. 특히 이재현은 자신의 정치적 망명을 합리화하기 위해 의도적으로 악의적 진술을 계속 조작, 자행하는 인물로밖에 보지 않을 수 없다고 단정했다.

김동조는 이재현의 주장을 전면 부인했는데, 사실 당연히 부인할 수밖에 없는 입장이었다. 주미한국대사가 미 의원을 구워삶기 위해 직접 돈봉투를 주는 등 로비했다고 말할 수는 없기 때문이다. 즉, 사신에서 밝힌 김동조의 주장을 액면 그대로 믿기 힘들다. 김동조의 의회 로비에 대해 이재현 외에도 다른 사람들의 증언이 많기 때문이다.

그러나 김동조가 이재현이 미국 정착을 위해 조국을 비방, 배신한 기회주의자라고 주장한 것은 곰곰이 씹어볼 가치가 있다. 이재현이 조국에 거짓 충성을 하고 공무원으로서의 장래가 불투명하자 미국에 정착하기 위해 정치적 망명을 선택했다는 김동조의 주장은 어느 정도 일리가 있다.

풀브라이트 장학생으로 선발돼 미국 시러큐스대학에 유학, 저널리즘 박사학위를 받은 이재현이 정치적 망명을 택한 직후 미국에서 대학교수 자리를 얻었음을 감안하면, 박정희 유신체제에 대한 반감과 동시에 미국에 정착하려는 욕망이 있었음을 부인할 수 없을 것이다.

특히 프레이저보고서에 따르면 이재현은 1973년 정치적 망명은 허용받았지만 1978년 프레이저 소위 활동이 끝날 무렵까지 영주권을 얻지 못했다. 영주권이 문제였다. 그 영주권이 한국을 비난하는 그의 목소리를 더욱 높이게 만들었는지도 모른다.

이재현은 자신의 부하직원 한혁훈처럼 조용히 사표를 내고 미국에 잔류할 수도 있었지만 극단적인 방법인 정치적 망명을 택했다. 그는 이 방법이 영주권을 훨씬 빨리 그리고 확실히 얻을 수 있다고 생각했을 것이다.

> 7. 이재현의 증언에 관하여:
>
> 본인이 현금을 봉투나 가방에 넣어 의회로 들고 가는 것을 목격하였다는 이재현의 주장은 일고의 가치도 없는 허위진술이며 모함이라 아니할 수 없읍니다.
>
> 본인은 주미대사로 6년이상 Washington D.C. 에 근무하였으나 의회는 고사하고 그 누구의 사무실도 돈 봉투나 가방을 들고 출입한 적이 없읍니다.
>
> 이재현은 주미대사관 공보관으로 재직시에 조국에 대하여 거짓 충성을 다한 자이며 이말직전에 귀국명령을 받게되자 자기의 공무원으로서의 장래에 전망이 없는 것으로 판단하여 미국정착을 위한 방편으로 조국을 비방, 배신한 기회주의자로서 소위 자신의 정치적 망명을 합리화하기 위하여 의도적으로 악의적 진술을 계속 조작, 자행하는 인물로 밖에는 보지 않을 수 없읍니다.

1978년 9월 18일 김동조 전 주한미국대사가 하원에 제출한 사신으로 이재현은 미국 정착을 위한 방편으로 조국을 비방한 기회주의자라는 내용을 담고 있다.

이재현 후임 관장-한혁훈 후임자도 미국 잔류

주미공보관에 근무했던 5명 이상의 직원이 미국 근무가 끝나자 미국에 망명하거나 사표를 내고 미국 잔류를 택했다. 이재현, 한혁훈, 김성한, 정인식 등이 그들이다. 이들 중 주미공보관장으로 총책임자였던 이재현은 가장 극단적인 방법으로 1973년 6월 미국망명을 택했다.

그에 앞서 이재현이 자신의 망명 동기가 됐다고 밝힌 한혁훈은 1973년 4월 한국 소환 통보를 받자 사표를 내고 미국 잔류를 택했다. 참으로 공교롭게도 한혁훈의 후임자로 미국에 발령받은 김성한 또한 주미공보관 근무가 끝나자 미국에 남겠다며 사표를 냈다.

김성한은 특이한 경력의 소유자이다. 김성한은 1950년부터 1967년까지 주한미군 통역관, 연락관 등으로 근무했으며 주한미군 정보부대에서 일했다. 그 뒤 김성한은 1967년부터 1973년까지 한국에서 기자로 일하다 유신체제가 자리 잡자 언론인으로서 활동하는 것이 불가능하다고 보고 박정희 정권이 미국에서 근무할 수 있는 외교관 직책을 제의하자 이를 받아들여 1973년부터 주미공보관에 근무하게 됐다는 것이 프레이저 소위원회에 김성한 본인이 설명한 경력이다.

박정희 유신체제에 염증을 느껴 기자직을 그만둔 사람이 박정희 정권이 제의한 주미공보관 자리를 받아들였다는 것은 어불성설이다. 기회주의적 성향이 그대로 드러나는 행동이다.

특히 그는 미국에 주재하다 1975년 초 필리핀 마닐라로 전보되자 사표를 던졌다. 그리고 1975년 4월 곧바로 미국에 영주권을 신청한 뒤 미

국무부로 자리를 옮겨 통역관으로 근무했다.

한국 정부에서 녹을 먹던 사람이 미국에서 필리핀으로 발령 나자 미련 없이 사표를 던지고 상대국 정부에서 일자리를 찾은 것이다.

그러나 그는 1977년 10월께까지 영주권을 받지 못하자 프레이저 청문회에 자진 출석해 노골적으로 박정희 정권에 반대한다고 밝혔다. 타도 박정희를 목청 높여 부르짖을수록 자신의 미국 체류가 쉬워진다고 판단했을 것이다. 그 대가인지 프레이저 청문회는 종합보고서에서 김성한이 그때까지 영주권을 받지 못한 데 대해 문제를 제기했다.

이들 3명의 사례처럼 이들의 망명이나 미국 잔류가 오로지 박정희 유신체제에 대한 반감 때문이라고만은 말할 수 없는 것이다.

이재현의 후임 공보관장으로 부임한 정인식 또한 근무가 끝나자 미국 잔류를 택했다. 정인식도 프레이저 청문회에 출석, 수지 박 톰슨과 미국 주재 중앙정보부 요원과의 친밀한 관계를 증언했다. 한국 정부에 불리한 내용이었으며 이는 정인식 또한 미국에 잔류하며 박정희 반대편에 섰음을 의미한다.

한국 로비 반,
쌀 로비 반 박동선

박동선은 미국 쌀 수입을 통해 미 의회를 한국에 유리한 방향으로 움직일 수 있다는 사실을 가장 먼저 간파한 사람이다. 박동선은 쌀 중개를 통해 막대한 이권을 챙겼지만 그 이권 자체를 스스로 발굴했다. 그는 미국 정계의 이면을 꿰뚫어볼 수 있는 준비된 로비스트였다. 박동선은 쌀을 많이 사가겠다며 쌀 생산지 출신의 정계 실력자를 요리했고 쌀 중개 커미션을 뿌리며 한국에 대한 우호적인 분위기를 조성했다.

그의 로비가 온전히 한국과 박정희만을 위한 것은 아니었으며, 로비의 절반은 자신의 쌀 이권을 지키기 위한 것임도 사실이다. 하지만 그의 면면을 살펴보면 한국뿐 아니라 일본, 중동 등에서도 인정받는 로비스트였음을 알 수 있다. 그의 인맥은 사통팔달이었다. 1960년대 후반부터 1970년대 중반까지 약 8년간 그의 수입은 1900만 달러에 달했고 900만 달러가 쌀 중개 수입인 반면, 1000만 달러는 다른 로비를 통해 벌어들였다는 사실이 그의 역량을 입증한다.

박동선의 로비가 결국 실패한 로비로 끝나고 한국에 엄청난 피해를 입혔지만 그가 한국인으로서는 미 정계에 가장 큰 영향력을 발휘한 인물임은 인정하지 않을 수 없다. 앞으로도 박동선만한 수완을 가진 인물은 만날 수 없을 것이다.

제임스의 자살, 로비스트 박동선을 쏘다

"제임스가 총으로 자신의 머리를 쐈다!"

1975년 4월 10일 목요일 저녁 6시 30분, 워싱턴의 중상류층 거주지역인 락클릭파크 지역에서 한 여성의 날카로운 비명이 울려 퍼졌다. 이 여성은 데이비드 스콧의 집인 3916호의 뒷문을 두드리며 소리를 질렀다.

그녀는 스콧 부인의 어깨를 붙잡고 미친 듯이 흐느꼈다. 히스테리컬하게 비명을 지른 여성은 포드 대통령의 부인 베티 여사의 비서 낸시 호위였다. 낸시의 남편 제임스 호위가 9밀리미터 구경 권총으로 자살한 것이다.

웨스트포인트를 졸업하고 중령으로 예편한 제임스는 당시 52세로 뉴저지 트렌튼대학의 스페인어 교수였지만 알코올중독자였다. 1973년 술을 마시고 운전하다 6세 아이의 두개골이 파열되는 대형 교통사고를 내고 운전면허가 정지된 뒤로는 운전도 할 수 없는 상태였다. 그만큼 심리적으로 불안정한 상태였다.

제임스 호위는 연봉 2만 6000달러를 받는 자신의 아내 낸시의 도미니칸공화국 부활절 여행에 대해 뇌물 의혹이 일자 그 비밀을 실토해버렸다. 그러고는 자책감에 스스로 목숨을 끊은 것이었다. 규정상 백악관 직원은 가족이나 친구를 제외한 다른 사람으로부터 50달러 이상 받는 것이 금지돼 있다. 낸시가 향응성 뇌물을 받은 셈이고 낸시의 여행경비를 댄 것이 박동선이었기에 제임스의 자살은 박동선에게 영향을 미쳤다.

제임스의 권총은 자신의 머리를 겨눴지만 사실 그 총알은 워싱턴을 주름잡던 로비스트 박동선을 향해 당겨진 것이나 마찬가지였다. 이 엄청난 사건으로 박동선의 로비 의혹에 대한 논란이 본격화됐기 때문이다.

박동선의 문서들― 대미 로비 실체를 보여주다

이 사건 뒤에는 2년 후 코리아게이트를 특종보도하게 되는 맥신 체서 기자가 있었다. 맥신 체서가, 낸시 호위가 박동선의 돈으로 도미니칸공화국 여행을 다녀왔음을 알아내 워싱턴포스트지에 대서특필함으로써 박동선의 로비활동은 급속도로 위축됐고 의혹은 눈덩이처럼 커지기 시작했다.

'박동선 킬러' 맥신 체서는 1976년 초부터는 박동선과 의원들과의 '이상한' 관계를 한 달에 한두 번꼴로 기사화했다. 이때까지는 의혹제기 수준이었지만, 1976년 10월 15일 청와대 도청 사실과 함께 청와대가 박동선 로비에 직접 관련됐으며 뇌물을 받은 것으로 의심되는 하원의원들의 이름까지 단정적으로 보도했다. 코리아게이트가 터진 것이다.

박동선은 워싱턴포스트 보도 2주일 뒤인 10월 28일 워싱턴을 탈출한다. 박동선의 가장 큰 실수는 허겁지겁 탈출하면서 자신의 로비 의혹을 뒷받침할 수 있는 문서들을 집에다 그대로 남겨둔 채 떠났다는 점이다.

철수 때는 흔적을 남기고 않고 신속하게 이탈해야 하건만 너무도 급했던 모양이다.

박동선이 런던으로 떠나자 FBI 등은 박동선 집을 샅샅이 뒤졌다. 박동선의 다이어리, 경리장부, 조지타운클럽 운영 등과 관련한 서류 등 많은 문서들이 발견됐고, 결코 압수돼서는 안 되는 문서도 튀어나왔다. 그가 직접 작성한 로비 계획과 로비 성과들로 워싱턴포스트의 보도가 사실임을 입증하는 문서들이었다. 이 같은 문서들은 전부 상하원 윤리위 등 청문회에 그대로 제출됐다.

'대통령 각하', '중정부장님' 등의 단어가 그대로 담겨진 이 문서들은 박정희 정권과 박동선이 직접 연락을 주고받으며 대미 로비를 진행했음을 낱낱이 보여준다. 특히 박동선의 사통팔달 인맥과 미 정계 실력자들의 마음을 사로잡은 수완, 이를 통해 박정희에 대한 지지를 확보하고 한국에 대한 미국의 원조를 늘리는 등 그만의 로비 방법과 성과까지 잘 보여주고 있다. 이들 문서가 공개되면서 박동선의 로비스트 생명은 종말을 맞았다. 그러나 역설적으로는 이 문서를 통해 그가 실력이 출중한 로비스트였음이 드러났고 이는 청문회 과정에서도 확인된다.

로비스트 박동선은 누구

박동선은 평안도 유지 아들 — 17세 때 도미

박동선은 1935년 3월 16일 평안남도 순천에서 태어났다. 해방이 되고 공산정권이 들어서자 1947년에 월남, 그의 아버지가 재단이사로 취임한 배재중학교에 입학했다.

그의 아버지 박미수는 평안도 유지로 해방 전에는 광산업을, 해방 직후에는 미륭양행을 설립, 선박 대리점을 운영했고, 1957년 전국에 6개 뿐인 석유판매대행권을 따내서 돈방석에 앉았다. 1949년 4월 7일 경향신문에 게재된 미륭양행의 광고는 뉴욕, 일본을 거쳐 상해 등으로 향하는 푸라잉 트레이더호가 4월 12일 인천에 입항, 4월 15일 출항한다며 화물과 여객을 모집한다는 내용을 담고 있다. 1949년 11월 6일에도 경향신문에 광고를 내 일본, 로산젤스를 거쳐 뉴욕으로 가는 화물선의 부산 입항을 알렸다. 로산젤스는 로스앤젤레스를 이르는 말이다. 이처럼 박동선은 유복한 가정에서 자랐다.

박동선은 6.25 전쟁 중이던 1952년, 17세 나이에 미국 유학길에 올랐다. 박동선은 시애틀에 정착해서 에디슨고등학교를 졸업한 뒤 타코마의 퍼지트사운드대학에서 1학년을 마쳤다.

하지만 성에 차지 않았던지 워싱턴으로 옮겨 조지타운대학 외교학과에 진학했다. 박동선의 조지타운대학 외교학과 동창으로 한때 그와

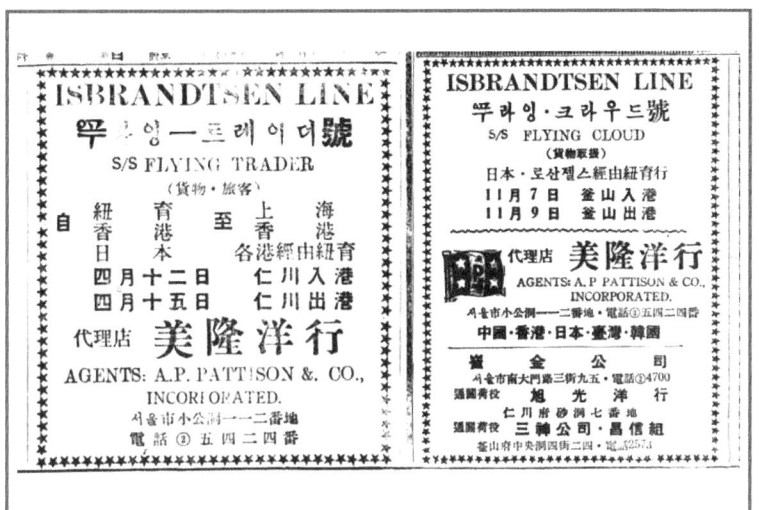

박동선의 아버지 박미수가 1949년 4월 7일[좌], 1949년 11월 6일[우] 경향신문에 게재한 미륭양행의 광고. 박미수는 인천과 미국, 중국, 일본을 잇는 외국 선박회사의 대리점을 운영하는 등 이재에 밝았다.

함께 일하다 반목하는 사이가 된 류재신은 박동선이 1960년 졸업해야 했지만 2년 정도 늦어져 자신보다 1년 뒤인 1962년 졸업했다고 밝혔다.

박동선은 조지타운대학에 다닐 때 동양인으로서는 처음으로 총학생회장을 지낼 정도로 사교성과 리더십이 뛰어났다. 박동선은 또 미국 내 한국인학생회 전국의장을 역임하는 등 학창시절부터 이름을 날렸다.

당시 박동선이 한국인학생회 전국의장을 맡았을 때 후일 주미대사를 역임한 함병춘은 뉴잉글랜드 지역 한국인학생회 회장이었다고 한다.

박동선은 아마도 한국인학생회 활동과 후일 자신의 발판이 될 미국인 동창생들과의 교분을 강화하는 데 정력을 쏟았고, 아버지 박미수가 갑자기 숨지자 1~2년 휴학했던 게 아닌가 싶다. 또 이 학생회 활동을 통해 양유찬 당시 주미대사의 눈에 띄면서 그의 사랑을 독차지했다고 한다.

막강한 인맥에다 사교술까지 뛰어났으니 자신의 천성을 즐기며 돈까지 벌 수 있다면 그로서는 더없이 행복한 일이었을 것이다.

1977년 박동선 진술서 – 조지타운대학서 인맥 형성

주한미대사관은 1977년 박동선의 한글 진술서를 번역, 국무부에 4페이지의 전문을 보냈다. 박동선 자신이 진술한 신상정보와 1974년 이후 1977년까지의 행적이다.

이 전문에 따르면 박동선은 1935년 3월 16일생으로 본적지는 서울 종로구 안국동 52-2번지이며, 현주소는 서울 양동이고, 당시 런던으로 피했던 박동선의 영국 주소도 기재돼 있다.

박동선은 사실을 말하겠다며 진술을 시작했다. 평안남도 순천에서 태어난 뒤 1947년 중반 부모님을 만나기 위해 월남했으며 자신의 아버지가 재단이사로 있던 배재고등학교를 '마쳤다'고 밝혔다.

한국전 발발 직후 도미했으며 조지타운대학 외교학과를 졸업한 뒤 곧바로 사업을 시작했다. 부동산회사를 설립했고 후일 유명세를 타는 조지타운클럽이라는 사교클럽을 만들었다. 그 뒤 태평양개발이라는 무역회사와 스위프트 스타 시핑, 인터내셔널 페트로륨 앤 가스사를 설립했고 한국에서는 가업을 이어 1968년 미륭상사를 세웠다.

그는 모국의 경제발전에 이바지하기 위해 미륭물산, 미륭통상, 미륭시핑을 설립하고 한남체인과 자금 문제에 봉착했던 숭의학원을 인수했다고 주장했다.

자신의 인맥 형성 과정도 설명했다. 그는 미국 국회의원 및 고위공직자 등과 친밀한 관계를 맺고 있으며 1955년 조지타운대학에 입학했을 때부터 미국 외교와 정치에 관심이 많았다고 말했다.

조지타운대학은 워싱턴 인근에서 가장 오래된 대학으로, 특히 외교관

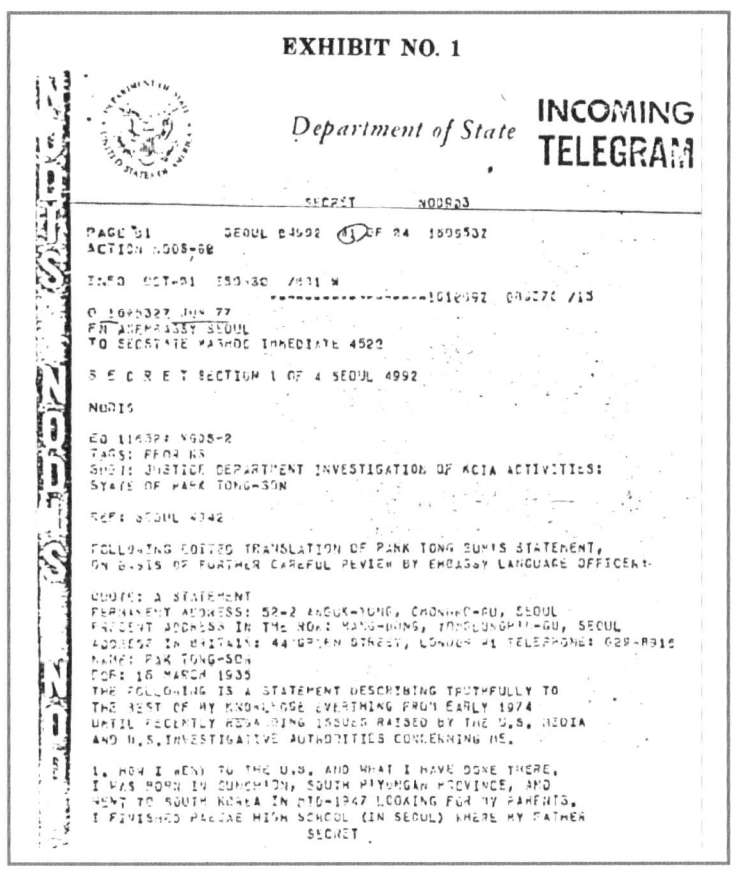

1977년 주한미국대사관이 박동선 진술서를 번역해 국무부에 타전한 비밀전문

양성으로 유명했으며 많은 미국 국회의원과 고위공직자들의 자녀들이 이곳에서 공부했다고 한다. 또 이 학교는 북미에서 가장 오래된 가톨릭계 학교로 남미 여러 나라 유력 인사들의 자녀들도 재학하는 등 학교 자체가 작은 규모의 유엔이나 마찬가지였다고 설명했다.

박동선은 학생회 활동에 적극 참여했고 클래스메이트들의 아버지인 정치인, 외교관, 사회 명사들과 자연스럽게 사귀게 됐다고 했다. 또 졸업 직후에 사업을 시작했고 한국으로 돌아가 당시 경영난을 겪고 있던 가업인 미륭상사를 운영했다고 밝혔다. 재학 중 아버지 박미수의 사망으로 한국으로 돌아가 가업을 물려받은 것을 설명한 것으로 보인다.

박동선은 가업을 돌보면서 한국에서의 사업은 국가안보와 직결돼 있으며 한국이 스스로 안보문제를 해결할 수 없는 만큼 반드시 미국이라는 강대국의 도움을 받아야 한다는 것을 깨달았다고 한다. 그래서 미국 정치인들의 도움을 받아 한국이 워싱턴의 정책결정 과정에 반드시 참여해야 한다고 믿게 됐다고 한다.

박동선은 한국과 미국을 왕래하며 사업을 시작했고 미국에서 자신의 집이나 조지타운클럽에서 정치인들을 만나면서 의회, 내각 등 워싱턴의 사회지도층 인사 500여 명과 깊은 교분을 쌓게 됐다고 설명했다.

고어 아이디어를 박동선이 실현 – 6년간 적자

박동선은 조지타운클럽에 대해서도 상세하게 말했다. 조지타운클럽의 태동도 조지타운대학의 교우관계에서 비롯된 것이었다.

조지타운클럽의 외관 스케치

그는 1962년 워싱턴의 상류층 집안의 딸인 루이제 고어 등 명문가 자제들과 만나서 미국 수도 워싱턴에 새로운 사회적 개념의 사교클럽을 만들자고 뜻을 모아 조지타운클럽을 시작하게 됐다고 한다. 그러니 사실 조지타운클럽은 루이제 고어의 아이디어로 시작된 것이었다.

박동선은 루이제 고어는 물론 그녀의 친구들과도 친했기 때문에 클럽 운영에 관여하게 됐다. 그래서 박동선은 회원유치 임무를 맡게 됐고, 회원 중에서도 국무부 등에 근무하는 외교관 영입을 맡았다.

그러나 루이제 고어 등 핵심멤버들이 메릴랜드 주 주의회 의원에 출마하기 위해 메릴랜드 주로 옮겨가면서 박동선이 조지타운클럽 운영의 전권을 갖게 됐다고 한다. 루이제 고어가 주도할 때까지만 해도 조지타운클럽은 자체 건물이 없는 명목상의 사교클럽이었고 박동선이 전면에 나서면서 비로소 그 모습을 드러내게 된다.

박동선은 은행융자를 얻어 200여 년 전 지어진 유서 깊은 건물을 임대한 뒤 재건축이라고 할 수 있을 정도로 대대적으로 보수했다. 이 건물은 미국의 초대대통령 조지 워싱턴이 자주 드나들던 건물이었다.

조지타운클럽은 1966년 3월 마침내 공식 개장됐으나 중간중간 운영에 어려움을 겪어 건물 임대료를 제때 내지 못하는 등 몇 차례나 고비를 겪었다고 한다. 조지타운클럽이 문을 연 뒤 6년이 지난 1972년이 돼서야 클럽은 흑자를 기록했다는 것이 박동선 자술서의 내용이다.

조지타운클럽 조연자들이 줄줄이 황금인맥

박동선은 자술서 외에도 청문회 증언을 통해 조지타운클럽 태동을 설명했다. 박동선은 자술서와 마찬가지로 루이제 고어가 조지타운클럽의 아이디어를 제공했다고 밝혔다. 루이제 고어는 바로 빌 클린턴 대통령 시절 부통령을 지낸 앨 고어 주니어의 사촌이다. 박동선의 절친한 친구였던 루이제 고어의 사촌이 31년 뒤인 1993년 미국 부통령이 된 것이다.

존 매클레런 상원의원의 조카 프레스톤 피츠 주니어 부부도 1962년에서 1963년께 박동선에게 조지타운클럽 형식의 사교클럽을 만들 것을 제안했다고 밝혔다. 프레스톤 피츠 주니어는 1960년대 중반 매클레런 상원의원을 소개해줌으로써 박동선에게 날개를 달아주게 된다.

워싱턴 사교계를 주름잡았던 애나 체노 여사의 역할도 컸다고 진술했다. 박동선은 1965년 7월 22일 타워 상원의원을 초청해 시드니 펑과 로리타 펑 부부를 위한 리셉션을 열며 친분을 쌓았는데, 바로 이 로리타

펑이 체노 여사의 여동생이다.

박동선은 체노 여사는 물론 체노 여사의 여동생, 그리고 체노 여사의 딸과도 친분을 쌓았다고 밝혔다. 체노 여사의 딸은 한때 박동선의 연인이었던 앤 하워드를 소개해주기도 했다.

이처럼 조지타운대학에 다닐 때 박동선이 쌓은 학연이 조지타운클럽 탄생의 원동력이었던 것이다. 미국인, 특히 상류층 미국인들의 사교문화, 파티문화에 착안한 박동선과 상류층 친구들의 아이디어가 적중했고, 조지타운클럽이 이후 박동선의 힘의 산실이 되었음은 물론이다. 박동선의 부와 명예가 1966년 조지타운클럽과 함께 탄생한 것이다.

한국 골동품 가득 – 전직 대통령 등 회원 가입

조지타운클럽 개장 1년을 맞아 동아일보가 보도한 특집기사는 조지타운클럽을 잘 설명하고 있다.

회원제 사교클럽인 조지타운클럽은 지하층과 1, 2층 등 3개 층으로 200여 년 전에 지어졌으며, 각층은 건평이 약 40평 정도로 그리 크지 않았다. 75만 달러라는 거액을 들여 깨끗이 수리한 뒤 200년 역사에 걸맞게 내부를 꾸며 기품 있는 사교장으로 탄생시킨 것이다.

조지타운클럽 입구에는 한국의 반닫이와 놋화로가 놓여있고 화로에는 숯 대신 꽃이 꽂혔다. 서재라고 이름 붙인 1층 라운지에는 고려자기와 농, 등잔 등이 놓여 눈길을 끌었다. 응접실 의자는 한국산 양단으로 만든 커버가 씌워졌고 지하층과 1, 2층을 연결하는 계단에는 박수근 화백의 유화가 걸려있었다고 한다.

조지타운클럽 전체에 격조 높은 한국 고전의 향기가 흘렀지만 실내장식 전체가 한국 것은 아니었다고 한다. 1층 라운지 벽면은 영국과 프랑스에서 수입한 섬세한 조각이 곁들여진 목재로 둘러싸였고, 의자는 이탈리아 수입품, 샹들리에는 체코슬로바키아에서 수입한 수정 샹들리에였다. 세계 최고의 인테리어로 조지타운클럽이 장식된 것이다.

조지타운클럽이 일약 유명해진 것은 문을 연 지 얼마 안 돼 존슨 대통령의 딸 루시의 결혼식 때였다. 루시의 시댁인 뉴젠트 가문이 결혼식 이틀 전 조지타운클럽에서 결혼을 알리는 만찬을 연 것이다. 대통령 딸의 결혼과 관련된 기사는 워싱턴의 신문뿐 아니라 미 전역의 신문을 장식했고 대통령 사돈이 만찬을 베푼 조지타운클럽도 단연 화제가 됐다.

트루먼, 아이젠하워 등 전직 대통령은 물론 현직 부통령인 험프리도 회원으로 가입했다. 그러면서 자연스럽게 상하원의원, 외교관, 군인, 실업가 등이 몰려들었다. 1년도 안 돼 워싱턴 상류사회 인사 170명이 앞다투어 가입했다고 한다.

조지타운클럽은 1966년 정식 개장 전에도 루이제 고어와 박동선 등을 중심으로 이사회를 구성했는데 정식 개장 뒤에도 14명의 이사를 중심으로 공동운영체제를 구축했다. 박동선이 실제로 돈을 댔지만 명사 친구들을 이사로 위촉해 운영의 묘를 살린 것이다.

매클레린 민주당 상원의원, 타워 공화당 상원의원, 해너, 톰슨, 마이어 등 하원의원, 시카고의 언론사 사주 부인 매코믹 여사 등으로 구성됐다. 특히 그를 사교계에 데뷔시키며 조지타운클럽의 아이디어를 주기도 했던

2차 대전의 영웅 체노의 미망인도 이사를 맡았다고 한다.

당시 박동선의 나이는 31세였다.

'고급 저택-리무진-집 한 채 값 오디오' 화제 뿌려

박동선의 외모를 가장 잘 표현한 말은 '달덩이 같은 얼굴'이라는 말이다. 당시 '달덩이 같은 얼굴의 남자'는 워싱턴 사교계에 끊임없는 화제를 뿌리는 '스타'였다. 박동선은 워싱턴 주요 일간지 사교면의 단골인사였고 그의 일거수일투족, 특히 눈부시게 화려한 그의 생활에 시선이 집중됐다.

맥신 체서는 그의 책 〈맥신 체서, 더 리포터〉에서 박동선을 잘 설명했다.

박동선은 검정색 프리트우드 캐딜락과 검정색 링컨 컨티넨탈을 타고 다녔다. 항상 그의 운전기사가 박동선의 사무실 앞에 반짝반짝 빛나는 차를 대고는 그를 기다리곤 했다. 파티가 끝나면 대사관저와 맞먹는 크기의 궁궐 같은 저택으로 그를 모셔갔다.

박동선의 리무진은 박동선 자신의 이름 이니셜인 TSP라고 새겨진 번호판을 달고 다녔다. 이 또한 박동선의 지위를 상징하는 수단이 됐다. 미국에서는 차량을 등록하고 번호판을 받을 때 돈을 조금 더 내면 자신이 좋아하는 영문 알파벳이나 숫자로 자신만의 맞춤 번호판을 만들 수 있다.

박동선의 집은 작은 박물관이었다. 규모도 컸지만 그 소장품은 어느 박물관 못지않았다. 2000년 전의 한국 예술품과 고가 가구로 가득 찼고 집사와 메이드가 독신의 박동선을 황제처럼 모셨다. 그중에는 한국에서

데러온 식모도 있었다.

그의 집에 있던 오디오는 압권이었다. 3만 2000달러의 스테레오 시스템으로 그 당시 작은 집 한 채 값과 맞먹는 고가품이었다. 그는 어머니에 대한 사랑도 각별했다. 어머니가 단 한 번도 사용하지 않았지만 그의 집에는 언제나 어머니를 위한 방이 마련돼 있었고 고풍스런 청동침대가 어머니를 기다렸다.

박동선은 절세에도 탁월했다고 한다. 그는 미국에서 개인소득세를 납부하지 않기 위해 1년에 6개월 이상, 보통 매년 상반기에는 주로 외국에 머물렀다. 미국에서는 시민권자, 영주권자, 기타 체류자를 막론하고 6개월 이상 미국에 체류해야만 소득세를 물린다. 만약 6개월 이상 미국을 떠나 있으면 소득세 신고 대상에서 아예 제외되는 것이다.

박동선의 이러한 전략은 적중했다. 미 국세청이 1973년 박동선에 대해 세무조사를 검토했지만 박동선이 미국에 6개월 이상 살지 않기 때문에 세금을 부과할 수 없다며 포기하고 말았다.

박동선 집은 현 시세 천만 달러 '대사관저급' 저택

맥신 체서의 말대로 워싱턴 DC 등기소 확인 결과 박동선이 살던 집은 현 시세가 950만 달러에 달하는 대저택이었다.

박동선이 1972년 11월 21일 매입한 이 집의 주소는 22XX 30TH ST NW, WASHINGTON DC이며 건평이 무려 8820제곱피트로 250평에 달한다. 방이 10개, 화장실이 11개, 벽난로가 3개가 있는, 1931년 지어진 고풍스런 저택이다. 또한 워싱턴 DC의 가장 비싼 주거지역인, 세계 각국의 대사관저가 즐비한 이른바 관저거리에 위치해 있다.

당시 주미한국대사 관저가 7778제곱피트로 218평 정도였으니 박동선의 집이 주미한국대사관저보다 큰 것이다. 현재도 대사관저로 사용되는 이 집의 2012년 현 시세는 660만 달러로 박동선 집의 현 시세에 못 미친다.

이렇게 큰 대저택이 있었으니 조지타운클럽이 아닌 이 집에서도 오닐 의장을 초대해 파티를 열고 오닐과 삭스베 검찰총장의 비밀회동을 주선하기도 한 것이다. 또 해너 등 은퇴 정치인들의 워싱턴 DC 숙소로 제공된 집도 바로 이 집이었다.

이에 앞서 박동선은 1963년 6월 28일 첫 집을 매입했다. 1962년 대학을 졸업한 뒤 곧바로 집을 샀다. 이 집의 주소는 17XX 22ND ST NW WASHINGTON DC로, 방이 3개, 화장실이 4개인 이 저택을 박동선은 1985년 매도했다. 2012년 현재 시세는 150만 달러에 달한다.

조지타운클럽은 15XX WISCONSIN AVE NW WASHINGTON DC에 소재한 2층 건물로 수터스 타번이라는 박동선 관련 회사가 소유하고 있다가 1996년 5월 2일 소유권이 넘어간 것으로 확인됐.

현재 이 건물은 '히스토릭 조지타운클럽'이라는 회사의 소유로 2012년 현재 시세는 330만 달러 정도로 평가되고 있다.

박동선 로비 절반은 쌀 중개권 등 '자신 이권' 로비

박동선의 로비를 두고 박정희를 위한 것인가, 한국을 위한 것인가

묻는다면 한국보다는 박정희를 위한 로비인 동시에 박동선 자신의 이권 보전을 위한 로비라고 말할 수 있다.

박정희를 위한 로비냐, 한국을 위한 로비냐는 동전의 양면처럼 떼려야 뗄 수 없는 것이지만 근본적으로는 박정희를 위한 로비의 성격이 강한 것이다.

3선 개헌, 유신 등 박정희의 독재로 말미암아 의회의 반한 분위기가 점증되자 박동선은 로비를 통해 박정희에 대한 지지를 유도했다.

박동선 입장에서는 참으로 다행인 것이 한국에 대한 생사여탈권을 쥔 미 의원들이 마침 자신의 이권 보전 로비 대상과도 일치했다. 그래서 박정희와 자신의 이권을 동시에 로비할 수 있었던 것이다.

그렇다면 만약 박정희가 아닌 다른 위정자가 그에게 일부 이권을 제공하고 로비를 부탁했다면 박동선은 어떻게 했을까? 박동선은 당연히 그 위정자를 위해서도 로비에 나섰을 것이다. 자신의 이권이 걸려있기 때문이다. 박동선의 로비는 박정희에 대한 맹목적 지지가 아니라 최고 권력에 대한 지지이자 자신의 살 방도였던 것이다.

상하원 조사결과 박동선 로비의 주 타깃은 리처드 해너, 코르넬라우스 갤러거, 오토 패스만, 에드윈 에드워드, 윌리엄 민셀 등 5명이었다. 박동선이 큰돈을 준 의원은 바로 이 5명이었다.

민셀만 제외하면 이들은 모두 박동선의 쌀 중개권과 직결되어 있었다.

해너는 박동선이 쌀 중개권을 얻을 수 있도록 도왔고 갤러거, 패스만, 에드워드는 한때 박동선이 빼앗겼던 쌀 중개권을 되찾고 유지하도록 해준 사람이다.

바로 이들 4명과 민셸이 한국과 박정희에게 절대적인 영향력을 끼칠 수 있는 의원이었다.

갤러거는 하원 아태소위원장, 패스만은 하원 외국원조소위원장이었고 민셸은 한국의 국가안보와 직접 연관된 레어드 국방장관의 절친한 친구였다. 또 쌀 주요 산지인 캘리포니아를 비롯한 5개 주의 하원의원이 약 80명에 달했다. 한국과 박정희를 위한 로비, 박동선의 이권을 지키기 위한 로비 대상이 일치했던 것이다.

하원 윤리위원회는 박동선의 로비가 한국을 위한 로비이기도 했지만 박동선 자신의 이권을 지키기 위한 로비가 더 많았다고 분석했다. 그리고 박동선이 한국을 위해 로비한 직접적 증거도 확보했다고 밝혔다.

당초 쌀 수입을 통해 의회를 움직일 수 있다는 발상을 한 것은 박정희도 아니요, 김형욱도 아니요, 바로 박동선이었다. 김형욱도 청문회 증언을 통해 자신은 이 같은 사실을 알지 못했다고 말했다. 외국에서 물건을 사면 커미션이 떨어진다는 것이야 알았겠지만 더 깊게는 몰랐던 것이다. 쌀이 어디서 생산되는지, 그 쌀 생산지를 대표하는 의원이 누구인지를 박동선이 꿰뚫어 보았기에 가능한 일이었다.

초기에는 쌀 매입 대금의 상당 부분도 'PL480'을 통해 미국이 지원했으니 이보다 좋은 로비 방법이 없었다. PL480은 '공법480'으로 불리는 미국의 농업수출진흥법이다. 미국의 잉여농산물을 후진국에 유무상으로 제공하는 것이다. 미국으로서는 농산물 가격 폭락을 막아서 농민들을 보호하고 남아도는 농산물을 원조, 또는 판매함으로써 수익도 올리는 꿩 먹고 알 먹는 정책이다.

한국도 이 법에 따라 1955년부터 1981년까지 무상분 8억 달러를 포함, 모두 17억 달러어치의 잉여농산물을 도입했다. 한국의 미국 쌀 수입은 PL480 중 '타이틀1'에 해당돼 수입대금을 AID 등에서 받을 수 있었다.

1970년대 중반에는 한국이 정부 돈으로 미국 쌀을 사는 경우가 많았지만 박동선 로비 초기에는 미국이 PL480으로 쌀 대금을 대줬던 것이다. 따라서 박동선 로비는 미국의 농민과 그 지역의 상하원의원, 그리고 박정희와 박동선 입장에서도 수지가 맞는 장사였다. 한국 정부는 박동선의 로비 성과에 따라 쌀 수입량을 조절했기 때문에 박동선과 미 상하원의원들은 그들의 커미션을 위해 죽자사자 뛸 수밖에 없었다. 따라서 박동선에 대한 상하원 로비 조사도 바로 쌀 중개권 로비를 따라 전개된다.

박정희-김종필-김형욱과의 만남

박정희, 1961년 미국 왔더니 트랩 아래 박동선이…

박동선이 한미 양국 언론에 이름이 오르내리고 국민들이 알게 된 것은 1970년대 중반 이후이지만 박정희와의 만남은 이미 그로부터 십여 년을 거슬러 올라가야 한다. 깜짝 놀랄 일이다.

박동선은 1962년 조지타운대학을 졸업하기 전부터 반 정치인이었다. 후일 한미 양국을 뒤흔든 코리아게이트의 서막은 이미 그의 대학시절에 시작된 것이다. 놀랍게도 박정희와의 운명적 만남도 그가 대학을 졸업하기 전인 1961년에 이뤄졌다. 박동선은 박정희가 쿠데타로 정권을 잡은 바로 그해에 박정희에게 줄을 댄 것이다.

김형욱은 미 의회 증언을 통해 박정희와 박동선이 알게 된 계기를 설명했다.

1961년 11월 박정희 당시 국가재건최고회의 의장이 케네디 대통령을 만나기 위해 워싱턴공항에 도착했을 때 트랩 아래 두 명의 한인 청년이 있었으니 그중 한 사람이 박동선이요, 다른 한 사람이 신동식이었다는 것이다. 당시 박동선은 26세요, 신동식은 29세였다.

박정희는 이 두 청년의 손을 잡고 미국에서 무슨 일을 하는지 등등을 물으며 관심을 표시했다. 이것이 26세 청년 박동선과 박정희의 첫 대면이었다. 박정희는 대통령이 되기도 전인 최고회의 의장 시절에 박동선을 만난 것이다. 김형욱은 이때 박동선이 어떻게 박정희를 영접하는 리셉션 라인에 서게 됐는지는 밝히지 않았지만 아마도 미국 내 한국인학생회 전국의장의 자격이 아니었을까 짐작된다.

박동선과 함께 박정희를 만난 또 한 청년 신동식은 선박설계 전문가였다. 신동식은 이날 만남을 계기로 한국에 귀국해 청와대 비서실 등에서 근무했으며 1970년대에는 교통부장관 등을 역임했다. 박정희가 자신의 첫 방미에서 만난 두 명의 인상적인 청년을 잊지 못하고 관계를 맺음으로써 두 청년은 일반인이 상상하지 못할 부와 관직을 누린 것이다.

지금까지 박정희가 박동선을 처음 만난 것은 1965년이라고 알려져 있지만 실제로는 1961년 11월 이미 박동선을 만난 것이다.

김종필과도 1962년 만나— 방미 때 타워 면담 주선

1961년 11월 박정희를 만난 데 이어 박동선은 1962년 김종필 당시 중앙정보부장을 만났다. 워싱턴의 20대 한인 청년이 한국의 최고 실세 2명을 연달아 만난 것이다. 하원 프레이저 소위원회와 상원 윤리위원회는 1962년 김종필 중앙정보부장의 방미 일정을 담은 서류를 동시에 확보했다.

3급 비밀이라는 도장이 찍힌 이 서류의 제목은 '김종필 중앙정보부장 방미 행사 계획'이었다. 이 서류에 따르면 김종필의 방미는 1962년 10월 22일부터 11월 9일까지 이어졌다. 이 서류는 김종필 방미기간 중의 일정을 한 시간 단위로 적어놓은 것으로 김종필의 일거수일투족을 알 수 있다.

이 서류의 10월 28일 일정에 바로 박동선이라는 이름 석 자가 등장한다. 1962년 10월 28일은 일요일이었다. 그래서 김종필은 오전에는 특별한 일정을 잡지 않고 조찬을 한 뒤 자유 시간을 보냈다. 그러나 오후 1시부터 면담을 시작했는데 바로 오후 1시부터 2시 50분까지의 일정에 박동선의 이름이 등장한다. 이 시간은 타워 상원의원과의 오찬으로 김종필 당시 중앙정보부장과 주미대사, 주미공사, 박동선이 함께 한다고 돼 있다. 또 이 오찬에 10여 년 뒤 박동선의 조종관 역할을 하게 될 김상인 대령이 김종필의 통역으로 참여했으니 인연이 얽히고설킨 셈이다.

이날 김종필과 타워 상원의원의 만남은 박동선이 주선한 것이었다. 27세 청년이 미국 내 100명뿐인 상원의원 중 한 명과 친분이 있어 한국 중앙정보부장이 상원의원을 만날 수 있도록 다리를 놓은 것이다. 그래서 주미대사 등과 어깨를 나란히 하고 당당히 그 면담 자리에 동석했다. 놀랄 일이 아닐 수 없다.

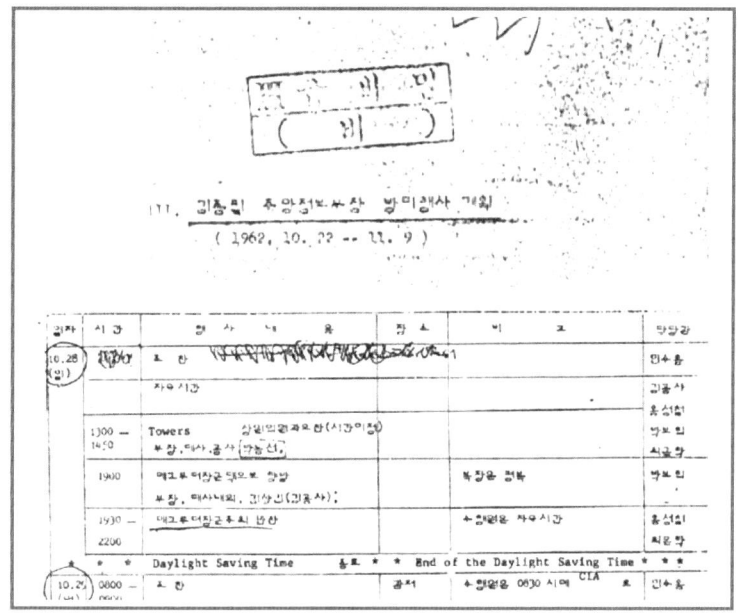

1962년 중앙정보부가 작성한 '김종필 중앙정보부장 방미 행사 계획'으로 타워 상원의원 면담 시 박동선이 배석한다고 명시돼 있다.

이처럼 박동선은 그야말로 타고난 로비스트였으며 말만 번지르르한 삼류 로비스트가 아니라 미국 내 실력자들과 각별한 교분을 가진 일류 로비스트였던 것이다. 코리아게이트 관련 상하원 3개 청문회의 보고서를 읽어보면 읽어볼수록 그가 보통사람이 아님을 알 수 있었다. 말로만 떠들어댄 것이 아니라 우리가 알고 있고 언론에 보도된 것 이상으로 박동선은 거물이었다.

박동선은 각계각층의 미국 내 인사들을 많이 알고 있었고 실제로 이들과 한국 정부 인사들과의 만남을 주선한 것은 물론 그들에게 막강한 영향력을 행사했던 것이다.

룸메이트 통해 타워와 인연— 1961년 정일권 면담 주선

박동선의 초기 로비와 관련해 떼려야 뗄 수 없는 사람이 바로 타워 상원의원이다. 박동선은 상원 윤리위 증언에서 1961년 26세 때 타워 상원의원을 만났다고 말했다. 그가 어떻게 타워를 만났는지는 잘 알려져 있지 않다. 그러나 어쨌든 박동선은 타워 의원의 마음을 사로잡았다.

박동선은 1961년 그해에 당시 정일권 주미한국대사의 요청으로 정 대사와 타워 상원의원과의 만찬을 주선했다고 밝혔다. 정일권은 1960년 5월부터 4개월이라는 짧은 기간 주미한국대사를 지낸 뒤 물러났다가 1961년 6월 다시 주미한국대사에 발탁되는 등 두 번이나 주미한국대사를 지냈다. 아마도 1961년 6월 이후 박동선은 타워 의원과 정일권을 만나게 한 것으로 보인다. 그리고 그 이듬해 타워-김종필의 오찬을 성사시킨 것이다.

타워는 1967년 1월 23일 한국을 방문했으며 한국 방문 전 9일 동안 박동선을 무려 3차례나 만났다고 한다. 또 방한 전에는 박동선의 후견인 역할을 했던 체노 여사가 타워를 조지타운클럽으로 초청하기도 했다고 한다. 그만큼 타워와 친밀한 관계를 유지했던 것이다. 타워는 한국을 방문해 1962년 오찬을 함께 했던 김종필을 다시 만났다. 당시 김종필은 공화당 당의장이 돼 있었다. 박동선은 타워에게 그의 형 박건석 범양상선 회장을 소개해 이들이 조찬을 함께 하기도 했다.

박동선과 미 의회와의 첫 연줄이 됐던 타워와의 인연은 그 이후로도 오랫동안 지속됐다. 타워는 1967년 4월 4일 자신의 비서를 시켜 조지타운클럽에 회원으로 가입했고 1968년 5월 2일에는 해너 의원과 함께 조지타운클럽에서 험프리 당시 부통령을 위한 파티의 주최자로 나서기도 했다.

박동선은 1969년 7월 30일에는 야당 지도자 박병배와 타워의 만남도 주선했다. 당시 야당 지도자인 고흥문과 박병배는 매년 정기적으로 미국을 방문했다고 한다. 특히 박동선은 이들 2명의 야당 지도자들에게 돈봉투도 줬다고 의회에서 진술했다.

9년이라는 최장 기간 박정희 대통령비서실장을 역임한 김정렴 또한 박동선을 통해 타워 의원을 만났다. 1969년 12월 11일 대통령비서실장 발탁 직후 박동선이 타워-김정렴 만남을 주선했다. 이때 김정렴이 타워에게 준 선물인 귀걸이, 목걸이, 커플링 등도 사실은 박동선이 준비한 것이라고 한다.

박동선, 주미한국대사보다 타워 더 많이 만나

상원 윤리위 조사결과도 타워와 박동선의 친밀한 관계를 입증한다. 타워는 1965년 7월 22일 박동선이 자신의 집에서 주최한 시드니 펑 부부의 리셉션에 참석했고, 1966년 7월 19일 오후 6시 30분부터 8시 30분까지 박동선의 집에서 열린 파티에 참석했다.

1967년 1월 19일과 1월 25일에는 박동선이 타워의 사무실을 찾았으며 1967년 1월 26일 오후 8시에 조지타운클럽에서 박동선을 만났다. 타워는 상원조사에서 1967년 조지타운클럽에 입회비와 연회비를 내고 회원으로 가입했다고 밝혔다.

1967년 3월 15일에는 조지타운클럽 개장 1주년 댄스파티에 참석한 뒤 박동선의 집을 방문했다. 1967년 7월 27일에는 박동선이 한국의 도지사와 함께 타워의 사무실을 찾았다. 타워의 다이어리에는 이 도지사의 풀 네임이 아니라 '박'이라는 성만 표기돼 있었다.

1968년 6월 24일에는 조지타운클럽에서, 1969년 4월 2일, 1969년 10월 7일, 1969년 12월 11일, 1970년 7월 21일, 1970년 8월 24일 각각 타워의 사무실에서 만난 것으로 돼 있다. 또 1975년 3월 16일 피터 말라테스타의 집에서 박동선을 만났다고 밝혔다. 이처럼 타워는 박동선과 친밀했고 주미한국대사인 김동조보다 박동선을 더 많이 만났다고 증언했다.

타워가 김동조를 만난 것은 1968년부터 1973년까지 모두 9차례였다. 이 중 7차례는 주미한국대사관 리셉션에서, 두 차례는 김동조가 자신의 사무실을 찾아왔다는 것이다. 주미한국대사관 리셉션에서는 서종철 육군 참모총장, 김용관 해군 제독, 김성용 공군 참모총장, 그리고 최규하 외무부장관을 만났다고 기록했다.

특히 타워는 상원 군사위 소속 의원으로서 1967년 1월 30일부터 31일까지 한국을 공식방문하고 공식 일정이 끝난 뒤 한국에 며칠 더 머물렀다. 1967년 1월 30일 김형욱을, 다음날인 1월 31일에는 국무총리 정일권을 만났다고 밝혔다.

또 1967년 2월 1일에는 박건석을 만났고, 1967년 5월 26일 미국을 방문한 박건석과 그의 여동생을 로버트 그레이의 집에서 만났다고 밝혔다. 또 1971년 1월 17일 워터게이트 테라스 레스토랑에서 정일권과 김형욱을 만났다고 밝혔으나 아마도 김계원을 김형욱으로 잘못 기록한 것으로 보인다. 당시 정일권과 함께 미국을 방문한 사람은 김형욱이 아니라 김계원이었다.

상원 윤리위는 또 1965년부터 1976년까지 상원에서 논의된 한국 등에 대한 군사원조와 관련한 타워의 투표 내역 등도 조사했다.

박정희 친척 사칭하다 김형욱 눈에 전격 발탁

박동선이 중앙정보부 요원으로 인식될 정도로 중앙정보부와의 인연은 그의 성공의 발판이 됐음을 부인할 수 없다. 엄밀히 따져보면 박정희 정권과 박동선이 공생을 통해 윈윈한 것이다. 멀리 보면 그 발단은 김형욱과의 엉뚱한 만남 때문이었다.

김형욱의 증언을 살펴보면 김형욱은 1966년 초중반 김현철 당시 주미한국대사의 편지를 통해 박동선이란 존재를 알았다고 한다. 김현철 대사는 박동선이란 사람이 주미대사를 사칭하고 다니는 것은 물론 박 대통령의 친척 행세를 한다고 전했다. 1년 뒤인 1967년, 김 대사는 박동선이 서울로 귀국한다고 김형욱에게 알렸다.

김형욱은 당시 중앙정보국 5국, 즉 수사국을 맡고 있던 홍필용 국장에게 지시, 김포공항 트랩에서 박동선을 연행해 김현철 대사의 편지를 들이 대며 밤샘조사를 벌였다. 그러나 조사결과 박동선이 박 대통령의 친척을 사칭한 것은 그의 성이 박 씨였기 때문에 미국인들이 라스트 네임, 즉 성이 같으면 가족으로 생각하는 데서 빚어진 오해로 결론 났다. 홍 국장이 다음날 아침 김형욱에게 기소할 만한 내용은 아니라고 보고했고 김형욱은 따끔하게 주의를 주고 내보내라고 말했다. 박동선은 다시는 주미한국대사를 사칭하지 않겠다는 반성문을 한 장 쓰고 풀려났다.

　밀러 상원의원이, 박동선은 자신에게 박정희의 친척 행세를 했다고 증언했음을 감안하면 박동선이 몇몇 의원들에게 박정희 친척을 사칭했음이 틀림없다.

　박동선은 풀려나자마자 자신의 후견인 격인 정일권 당시 국무총리에게 연락한 모양이다. 박동선을 풀어준 며칠 뒤 정일권이 김형욱에게 전화했다. 김형욱은 이북이 고향인 정일권을 형님처럼 모시고 따랐다.

　이날 정일권은 박동선이 유능한 청년이라며 김형욱에게 후원을 부탁했다. 김형욱이 김현철 대사 편지 건을 설명하자 정일권은 오해라고 잘라 말했다. 정일권은 자신이 박동선이 운영하는 조지타운클럽에 가봤는데 미국의 영향력 있는 인사들이 교류하는 곳이고 박동선을 통해 한국에 우호적인 친한 세력을 만들 수 있다며, 김 대사가 그런 편지를 쓴 것은 박동선을 시기하기 때문이라고 설명했다.

　이후 박동선이 중정부장 사무실에 드나들기 시작했다. 정일권이 요정 '대하'에서 박동선과 김형욱을 초청, 질펀한 만찬을 한 뒤에는 더욱 가까운 사이가 됐고 김형욱도 박동선에게 관심을 기울이기 시작했다

김형욱 설득, 300만 달러 예치 은행 변경

얼마 전까지만 해도 피조사자 신분으로 중앙정보부에서 밤샘조사를 받고 반성문을 썼던 사람이 중정부장 방을 수시로 드나드는 사이가 됐다. 당시 박동선은 불과 32~33세였다.

박동선은 김형욱에게 미국 정치를 가르쳤다. 박동선은 자신이 조지타운대학에서 외교학을 전공해 미국 정치와 의회정치 그리고 그에 따른 내막을 잘 알고 있다고 김형욱에게 말했다.

박동선은 "미국 정치는 한마디로 로비 정치다. 누군가 현안이 있다면 의회에 가서 의원들을 상대로 왜 내 일을 안 해주느냐고 목소리를 높여야 한다", "압력을 넣지 않으면 절대로 움직이지 않는다"고 말했다. 우는 아이에게 젖 주는 것과 같은데, 울려면 제대로 울어야 하고 그래서 로비가 필요하다고 주장했다.

특히 미국의 지원이 절실한 한국 입장으로서는 로비를 제대로 해야 한다는 것이었다.

듣고 보니 그럴싸한 이야기였다. 김형욱도 머리를 끄덕이고 '이 젊은 친구가 제대로 일을 하겠다'고 생각했다. 김형욱으로서도 박정희의 최대 관심사인 미국과의 우호적 관계 구축이 자신의 지상과제였다.

김형욱은 박동선에게 미국에 가거든 김윤호 주미공사의 도움을 받으라고 했다. 필요한 것이 있으면 무엇이든 요청하라고 했고 김윤호에게는 무엇이든지 힘닿는 대로 박동선을 도와주라고 지시했다. 1967년 말 김윤호가 김형욱에게 친전을 보냈다. 박동선이 대만 정부의 로비스트 체노 여사로부터 조지타운클럽을 아예 인수해 단독으로 운영하려고 하는데 운영자금이 부족하니 도와달라고 요구했다는 것이다.

만약 이때 박동선이 '정부 자금을 얼마 지원해주시오'라고 했다면 아마도 그보다 열 살 많은 김형욱에게 혼줄이 났을지도 모른다. 그러나 박동선의 자금지원 요청 방식이 김형욱이 혹할 정도로 기발했다.

박동선은 정부 보유 외화를 예치해놓는 은행이 있을 텐데 자신이 지정하는 은행으로 바꿔주면 자신이 대출을 받아 조지타운클럽 운영에 보태겠다고 제안했다. 김형욱이 생각해보니 정부 자금에서 돈을 빼내는 것도 아니고 예치 은행만 바꾸면 돈이 생긴다고 하니 손 안 대고 코 푸는 것이나 다름없었다.

김형욱은 비서실장 문학림에게 이를 지시했고 문학림이 외환은행 측에 알아보니 2~3개월 뒤 외화 예치 만기가 끝나는데 그때 은행을 바꿔줄 수 있다고 했다. 김형욱은 문학림을 시켜 그 내용을 김윤호에게 편지로 알렸고, 박동선은 그 정도 시기면 딱 적당하다고 대답했다. 그렇게 김형욱은 정부 자금 300만 달러를 예치해 박동선을 도왔다고 한다.

그러나 박동선의 말은 달랐다. 필라델피아내셔널뱅크에서 한국 외환은행 외화를 예치해주면, 그 외화를 담보로 설정하지 않고도 대출해줄 수 있다고 해서 김형욱에게 도움을 구했다고 한다. 그래서 3개월 정도 지난 뒤 은행에 외화가 예치됐지만 그때는 상황이 변했다는 것이다. 도란스 은행장이 더 이상 외환 CD는 가치가 없다고 말해서 대출을 못 받았다고 증언했다.

누구 말이 맞는지 알 수 없지만 김형욱이 박동선을 위해 정부 외화 300만 달러의 예치 은행을 바꿔준 것은 사실이다.

10만 달러 암달러 시장서 교환— 파우치로 보내

김형욱이 박동선에게 금전적 편의를 제공해준 것은 두 번이다. 1968년 11월 박동선은 김형욱에게 국내에 있는 자신의 재산을 팔아 10만 달러 정도의 미화를 미국에 가져가고 싶으니 도와달라고 했다. 당시 외환관리법으로는 그 정도의 외화를 유출할 수 없었다. 그러나 박동선은 자신의 재산을 팔아서 돈을 가져가면 조지타운클럽에도 도움이 되고 유용한 곳에 쓰겠다며 선처를 호소했다.

김형욱은 또 비서실장 문학림을 불렀다. 문학림에게 박동선의 돈을 받아 미화로 바꿔보라고 지시했다. 문학림은 한 달이 걸려 암달러상을 통해 10만 달러를 환전할 수 있었다고 한다. 아무리 중앙정보부장이라고 하더라도 달러가 말라붙은 암달러 시장에서 10만 달러라는 거금을 하루 아침에 바꿀 수는 없었다. 한 달간의 환전 끝에 이 돈은 외교파우치 편을 통해 박동선에게 전달됐다.

그러나 박동선의 말은 또 달랐다. 박동선이 중앙정보부와의 연관 의혹을 불식시키기 위해 의도적으로 그런 답변을 했는지는 몰라도 이 건에 대해서도 박동선은 김형욱의 주장이 과장된 것이라고 증언했다.

박동선은 교환한 금액이 10만 달러가 아니라 1만 8000달러이며, 김형욱이 파우치 편으로 그의 부하를 통해 자신에게 전달했다고 말했다. 박동선 또한 그 돈이 암시장을 통해 교환됐고 적법절차를 거친 것이 아님은 인정했다. 하지만 액수가 큰 차이가 있다. 어쨌건 김형욱이 직접적으로 돈과 관련된 박동선의 요구를 두 번이나 들어준 것이다.

'한국이 미국 쌀만 사줘도 의회는 만사 OK다'

　박동선은 김형욱에게 미국 정치를 설명하면서 또 하나 귀가 솔깃한 얘기를 했다. 바로 '손 안 대고 코 푸는' 로비방법에 관해서였다. 사실 이 같은 방법도 박동선처럼 의회에 친구들이 있고 미국 의회정치의 메커니즘을 알지 못하면 쉽게 생각해낼 수 없는 묘안이었다. 떡고물이란 떡고물, 검은 돈이란 검은 돈에는 다 관심을 가졌던 사람들도 몰랐던 꼼수였다. 심지어 김형욱조차 당시 한국이 어느 정도의 쌀을 수입하는지 관심조차 없었다고 의회에서 털어놨다.

　박동선은 미국 친구들로부터 미국산 쌀을 수입해달라는 부탁을 많이 들었지만 한국의 쌀 사정을 잘 몰랐기에 한국은 쌀을 수입할 필요가 없다고 답했다고 한다. 그러나 쌀 산지 출신 의원들이 간청하다시피 매달리는 것은 보고 이 문제를 다시 검토하기 시작했다. 유심히 보니 쌀 생산지 출신의 의원들에게는 쌀 수출이 그들의 정치생명이 달린 심각한 문제였다. 쌀이 정치생명을 좌우하는 주는 캘리포니아, 루이지애나, 미시시피, 텍사스, 아칸소 등 5개 주였다.

　캘리포니아 주는 미국 내 50개 주 중 인구가 가장 많았고 따라서 당시 인구 비례에 따른 하원의원만 43명이나 됐다. 다른 몇 개 주와 맞먹는 의석수였다. 또 이들 5개 주만 모두 합쳐도 하원의원이 80명이나 됐다. 상원이야 인구 비례와 관계없이 각 주당 2명씩이니 5개 주를 합쳐봐야 10명이지만, 하원은 5개 주만 합쳐도 의회 전체의 20%를 차지해 막강한 영향력을 행사할 수 있었던 것이다.

특히 의석수뿐 아니라 이 지역 의원의 면면이 보통이 아니었다. 상하 양원 실력자들이 즐비했던 것이다. 루이지애나 출신의 엘렌 도크 상원의원은 상원 세출위원장, 에비에는 상원 국방위원장이었고 패스만 의원은 하원 외국원조소위원장으로 그야말로 한국의 목줄을 쥐고 있는 사람이었다.

박동선이 이 같은 사정을 설명하며 쌀만 사주면 이들이 자발적으로 한국을 도울 것이라고 하자 김형욱은 즉각 그 말을 알아들었다. 그러면서 박동선은 이들은 정치자금이 필요하므로 약간의 정치자금을 주면 금상첨화라고 설득했다.

김형욱은 눈앞이 확 트이고 막혔던 게 뚫리는 기분이었다. 그래서 박동선의 말이 떨어지기가 무섭게 자신이 직접 발 벗고 나선 것이다. 도대체 쌀 수입이 어떻게 이루어지는지부터 파악했다.

김형욱 말 한 마디에 1969년부터 쌀 중개상

박동선이 김형욱에게 구체적으로 쌀 수입 중개권을 요구한 것이 1968년 8월이다. 이때 박동선은 리처드 해너 하원의원과 함께 대하에서 다시 한 번 기생파티를 벌인 뒤 이튿날 김형욱 사무실로 찾아가 담판을 지었다. 자신을 미국 쌀 수입을 독점할 수 있는 중개상으로 지정해달라고 요구했다. 해너 의원도 노골적으로 지원사격을 했다. 박동선처럼 발이 넓고 유능한 사람이 없다는 것이다.

김형욱은 곧바로 비서실장 문학림을 불렀다. 조달청장 김원희에게 연락해 박동선과 조달청장의 만남을 당장 주선하라고 지시한 것이다. 조달청장은 김형욱의 부탁인지라 심사숙고해서 박동선이 중개상으로 지정되는 방향으로 일을 처리하겠다고 약속했다. 김형욱 스스로 털어놓기를, 솔직히 이때만 해도 한국이 그렇게 쌀을 많이 수입하고 그것이 큰 이권이 되는지를 몰랐다고 한다.

박동선이 최고의 이권이 될 사업을 찾아낸 것이다.

해너는 김형욱에게 사실상 압력을 가하는 한편 캘리포니아쌀재배자협회 회장을 접촉했다. 조셉 알리오토는 당시 샌프란시스코 시장이자 캘리포니아쌀재배자협회 회장으로 쌀 수출에 막강한 영향력을 행사했다. 해너는 한국이 현재 에이전트를 마음에 들지 않는다고 하니 박동선을 에이전트로 임명하라고 요구했으나 알이오토는 일언지하에 거부했다.

그러자 해너는 1968년 10월 8일 김형욱에게 다시 편지를 썼다. 쌀 수입 중개상 지정이 어떻게 돼 가는지를 묻는 것이었다. 그는 편지에서 한국이 박동선을 쌀 수입 중개상으로 지정할 것처럼 기정사실화시키고 자신이 조달청장 김원희에게도 편지를 보냈다고 밝혔다.

특히 해너는 편지 말미에 박동선이 미국에 있는 당신 아들에 대한 지원을 요청했는데 도움이 필요하면 언제든지 돕겠다고 약속했다. 사냥 갔다 지뢰를 밟아 김윤호 주미공사에게 양자로 보낸 큰 아들 김정한을 돕겠다고 한 것이다.

그야말로 속전속결이었다. 박동선이 쌀 중개상 이야기를 꺼낸 지 약 2개월 만에, 해너 의원이 김형욱에게 편지를 보낸 지 사흘 뒤인 1968년 10월 11일 박동선이 꿈에 그리던 미국 쌀 수입 중개상으로 지정됐다.

> 238
>
> COMMITTEE EXHIBIT 24
>
> Office of Supply
> Government of the Republic of Korea
> Seoul, Korea
>
> Cable Address: OSROK
> Seoul, Korea
>
> Cel: 72-5361-9
> 72-0924
>
> October 11, 1968
>
> The Honorable Joseph Alioto
> President
> Rice Growers' Association
> c/o Office of the Mayor
> San Francisco, California
>
> Dear Mr. Mayor:
>
> This is to inform you that since it is not within our jurisdiction or authority to nominate any entity or private person to your organization for the position of your agency, our Government has never recommended Woodward & Dickerson Company or any other American firm to become the agent of your Rice Growers' Association. Furthermore, we have never authorized Woodward & Dickerson Company or any other American firm to represent our Government to your organization with regard to this year's rice purchase. For this reason, we have been quite disturbed and displeased by the manner in which the officers of Woodward & Dickerson have been conducting themselves on the question of our proposed rice purchase from the United States.
>
> As you may know by now, in early part of last August, our Government was seriously considering the possibility of purchasing Japanese rice. However, it was the joint efforts put forth by Congressman Hanna along with American Ambassador Porter, Mr. Costanzo, Chief of AID in Korea and our compatriot, Mr. Tongsun Park which finally persuaded the Korean Government to accept American rice rather than that of Japanese. It was again Congressman Hanna who arranged a long term credit financing with these gentlemen. Of course, this enabled us to pave the way for the importation of our needed American rice.
>
> It is quite obvious that without the joint efforts on the part of these gentlemen, our rice import from the United States would have been rather difficult. This is why we suggest that your office may have the benefit of Congressman Hanna's counseling on the matter as to who may be designated as your representative to deal with our Government to ensure the successful conclusion of your rice export. Our representative, Mr. Kim in New York has been advised of our feeling on the subject matter, and we suggest that your office immediately refer to him for further details.

1968년 10월 11일 김원희 조달청장이 조셉 알리오토 캘리포니아쌀재배자협회 회장에게 보낸 서한으로 박동선이 쌀 중개인이라는 내용을 담고 있다.

김원희 조달청장은 이날 해너 의원과 조셉 알리오토 캘리포니아쌀재배자협회 회장 앞으로 공문을 보내 한국 정부가 박동선을 쌀 수입 중개상으로 지정했음을 알렸다. 해너의 요청을 거부했던 알리오토도 조달청이 나서자 박동선을 중개상으로 인정할 수밖에 없었다.

김원희는 이 편지에서 "한국 정부는 기존 귀 협회를 대리하는 우드워드 앤 디커슨사나 다른 미국 회사를 중개상으로 지정한 바 없다"고 통보했다. 김원희는 "한국 정부는 지난 8월 말 일본 쌀을 수입할 것을 심각하게 고려했으나 해너 의원과 포터 주한미국대사, 박동선의 설득으로 미국 쌀을 사기로 최종 결정했다"고 밝힌 뒤 앞으로 해너 의원과 박동선을 통해 쌀 수입을 추진하겠다는 뜻을 밝혔다. 박동선을 쌀 수입 중개상으로 지정한다는 통지서나 다름없었다. 박동선이 마침내 황금알을 낳는 거위를 잡은 것이다.

기다렸다는 듯 사상 첫 의원단 방한 통보

사실상의 동업자 관계였던 해너 의원과 박동선은 그들이 김형욱에게 약속했던 의회 내 친한 분위기 조성에 발 벗고 나섰다. 그 성과를 내는 데는 오랜 시간이 필요하지 않았다. 불과 2개월 만에 결코 적지 않은 가시적 성과가 나타났다.

해너는 김형욱에게 1968년 12월 크리스마스 때 그럴듯한 크리스마스 선물을 보냈다. 1969년 초 대규모 하원의원단이 방한할 것이라는 통보였다. 박동선을 쌀 중개상으로 지정하자 기다렸다는 듯이 의원단 방한 통보가 온 것이다. 해너는 이 같은 소식을 전하면서 박동선이 하원의원단과 한국 정부와의 연락을 맡을 것이므로 박동선이 요구하는 것이 있으면 무엇이든 들어주면 좋겠다는 당부도 덧붙였다. 박동선의 입지를 못 박은 것이다.

한국 사상 처음 있는 미 하원의원단의 공식 방한이었고 더구나 의원단을 이끄는 사람은 하원의 민주당 수장인 칼 알버트 원내총무였다. 김형욱은 내심 박동선의 파워를 다시 한 번 느꼈다. 김형욱은 이때 아주 자랑스럽게 박정희에게 하원의원단 방한이 성사된 배경 등을 상세하게 설명했다고 하원 윤리위 증언을 통해 밝혔다.

한국에게 미국은 사활을 걸 만한 존재였던 것이며 미국을 좌지우지하는 하원의원들을 한국으로 데려와 한국의 실상을 직접 보여주고 우의를 다질 수 있는 것은 더없이 소중한 기회였다.

하원의원단은 약속대로 1969년 2월 28일 미공군 특별기 편으로 미국을 출발, 3월 2일 한국에 도착했다. 하원 민주당 원내총무 칼 알버트를 위시해 의원이 무려 23명이나 됐다. 이들은 일주일간 서울에 머무르면서 박정희 대통령, 정일권 총리, 이효상 국회의장 등 각계 인사를 만났고 한미 간 우호관계가 더욱 강화돼야 한다고 다짐했다.

박정희는 알버트 원내총무에게 일등수교훈장을 수여했고 서울대도 그에게 명예법학박사 학위를 안길 정도로 극진히 환영했.

이들은 미국으로 돌아간 뒤인 4월 4일 하원 본회의에서 한국 방문결과를 보고했다. 직접 본 한국의 발전상은 놀랄 만한 것이었다는 보고였다. 국내 정치권도 여야 없이 이들의 방한 성과에 연일 찬사를 쏟아냈다. 지금까지 국회가 펼쳐온 의원 외교 가운데 가장 보람있는 초청외교였다는 것이다. 김영삼 신민당 원내총무도 그들이 한국의 안보문제에 대해 올바른 이해를 하게 된 것은 의회외교의 신기록이라고 평가했다.

오닐 3선 개헌 지지-추가 군원 5000만 달러 성사시켜

1969년 박동선 입장에서 내세울 수 있는 또 하나의 쾌거는 후일 하원의 장이 되는 오닐 민주당 의원의 3선 개헌 지지 발언이었다. 오닐이 하원 본회의에서 발언한 날은 1969년 10월 14일로 3선 개헌안 국민투표 불과 3일 전이다. 아주 절묘한 시기에 이 같은 발언을 함으로써 3선 개헌이 국민투표를 통과하도록 도운 것이다.

오닐의 박정희 3선 개헌 지지 발언은 1969년 3월 하원의원단으로 한국을 방문한 것이 계기가 됐다. 따라서 사실상 오닐의 발언은 김형욱의 작품으로, 공을 내세울 수 있었지만 당시 그는 목이 언제 달아날지 모르는 상황이었다. 오닐의 발언은 1969년 10월 14일에 있었는데 김형욱은 3선 개헌안이 국민투표를 통과한 10월 17일로부터 사흘 뒤인 20일 해임됐다. 자신의 공을 내세우기도 전에 잘린 것이다.

오닐은 "금년 초 하원의원단의 일원으로 한국을 방문, 한국의 경제와 정치발전에 놀랄 만한 감명을 받았다"는 말로 연설을 시작했다. 오닐은 자신이 4월 1일에도 한국 방문 성과를 발표한 적이 있었다며 한국은 미국이 원조해준 국가 중 가장 성공적인 사례였다고 극찬했다. 전쟁의 폐허를 극복하고 획기적인 경제발전을 이룩했으며 이는 근면하고 성실한 박정희 대통령에 의해 이뤄진 것이라고 주장했다.

그는 특히 미국 원조가 한국 정부예산에서 차지하는 비중이 1964년 35.3%에서 1년 만인 1965년 11.8%로 줄었으며 1962년부터 1966년까지 5년간 GNP가 매년 7%씩 증가했다는 등 한국 경제발전에 따른 구체적 수치를 제시하고 박 대통령이 한국의 안정과 발전에 기여한 점을 인정하지 않을 수 없다고 밝혔다.

오닐은, 미국은 역사적으로 스스로 지도자들을 선택해왔고 한국도 똑같은 방법으로 선택을 하게 됐다며 자신은 박정희 대통령이 이룩해놓은 성장, 안정 등을 부인할 수 없다고 강조했다. 또 박 대통령과 그 지지자들은 박 대통령의 지도력이 1970년대까지 계속 이어질 수 있도록 3선 개헌을 추진하고 있다고 설명했다.

오닐은 박 대통령이 경제발전을 이뤄냈고 민주적인 절차를 통해 3선 개헌을 추진하고 있음을 강조하고 자신은 박 대통령이 한국의 눈부신 성장을 이룩했다고 단정했다. 진보로 상징되는 민주당 의원으로서는 충격적 발언이었다. 박정희가 크게 기뻐했음은 물론이다. 박동선이 다시 한 번 주가를 높인 것이다.

특히 1969년은 미국이 주한미군 철수 추진에 반발하는 한국을 달래기 위해 5000만 달러 추가 군사원조를 고려하던 때였다. 하원 윤리위원회가 박동선 부하직원의 다이어리를 압수해 분석한 결과 박동선이 1969년 12월 의원사무실을 무려 28차례나 방문했던 것으로 드러났다. 5000만 달러 확보를 위해 의회에 살다시피 한 것이다. 5000만 달러 추가 군원은 하원이 찬성했으나 상원이 반대하는 등 엄청난 산고 끝에 결국 그 다음해 1월 승인됐다.

1969년 벽두부터 돈벼락 – 1톤당 0.5달러씩 꿀꺽

박동선이 1968년 10월 한국의 미국 쌀 수입 중개업자로 지정되면서

1969년 벽두부터 돈벼락이 쏟아졌다. 박동선이 쌀 거래로 첫 커미션을 받은 날은 1969년 1월 9일이었다. 캘리포니아쌀재배자협회는 이날 캘리포니아 주 사클라멘토의 협회 거래은행에서 박동선 앞으로 수표를 끊었다. 이 수표의 액수는 1만 1212달러 21센트였다. 특히 이 수표에는 커미션 내역이 명시돼 있었으며 '경주'로 해석할 수 있는 알파벳은 쌀을 운반한 배로 추정된다.

이때 수출된 미국 쌀의 양은 4만 9000여 파운드로 2만 2424톤 남짓이었다. 그래서 톤당 0.5달러의 브로커 피(fee)를 지불한다고 적혀있었다. 한국에 미국 쌀을 수출하기만 하면 아무 일도 하지 않은 박동선에게 톤당 0.5센트가 떨어지는 것이다.

하원 윤리위원회가 캘리포니아쌀재배자협회에 자료제출요청서를 발송, 확보한 자료에 따르면 두 번째 커미션은 1969년 3월 27일 지급됐다. 4850달러 52센트였다. 이때 쌀은 '순덕'이란 배에 실렸으며 양은 9701톤이었다. 역시 커미션은 톤당 0.5달러였다.

두 번째 수표를 받은 지 채 한 달이 안 된 4월 22일 세 번째 커미션이 지급됐다. 첫 번째와 두 번째 커미션은 박동선을 수취인으로 했지만 세 번째 수표는 볼티모어의 에퀴터블트러스트에 개설된 박동선의 법인계좌로 보내졌다. 캘리포니아쌀재배자협회는 에퀴터블트러스트에 수표를 동봉한 편지를 보내면서 코리아 레인보우호에 실려 한국으로 수출된 쌀과 관련해 박동선에게 커미션을 보내니 한국개발기금주식회사(KOREA DEVELOPMENT FUND INC) 계좌에 입금해달라고 요청했다. 박동선이 개설한 법인계좌가 한국개발기금이었던 것이다. 아마도 박동선은 쌀 중

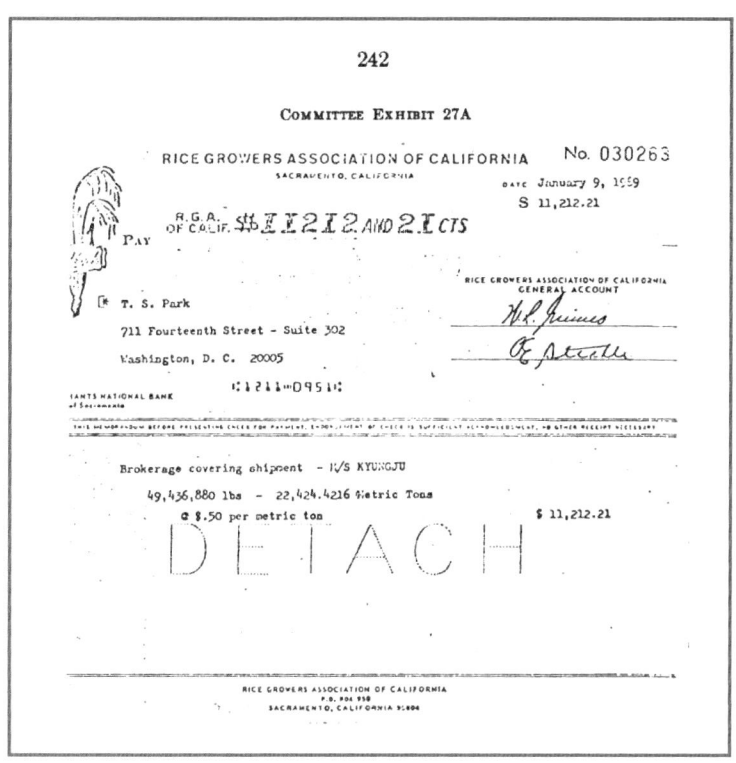

1969년 1월 9일자로 박동선에게 발행된 쌀 중개 커미션 수표

개 커미션을 통해 한국을 돕는다는 의미에서 이 같은 이름의 법인을 세운 것 같다. 이때 커미션 총액은 1만 6981달러 69센트였다.

불과 나흘 뒤인 4월 25일에도 똑같은 방식으로 커미션이 지급됐다. 쌀 중개상으로 지정되니 그야말로 돈이 주체할 수 없을 정도로 굴러들어오기 시작한 것이다. 스틸 이그제큐티브호에 실려 수출된 쌀과 관련해 박동선에게 5730달러 82센트가 들어왔다. 역시 에쿼터블에 개설된 한국개발기금 계좌로 입금됐다.

이런 식으로 5월 12일 6513달러 32센트, 5월 14일 1만 784달러 59센트, 5월 29일 2만 달러가 각각 커미션으로 지급됐고 6월 4일에는 하루에만 두 번의 커미션이 떨어졌다. 1만 135달러 66센트와 4560달러 23센트였다. 바로 그 다음날은 2만 5600달러, 6월 11일에는 5583달러 37센트, 그리고 11월 20일과 12월 29일에는 각각 5만 5000달러가 지급됐다.

이런 식으로 쌀 중개상이 된 첫 해 1969년 수익이 23만 1000여 달러에 달했다. 톤당 커미션이 0.5달러였으니 전체 수출량은 46만 3700여 톤이었을 것이다.

오월 동주— 해너와 쌀 중개권 개척

해너가 결정적 역할— 알고 보니 신동식이 소개

1969년 쌀 중개권을 얻은 박동선은 1970년 정치인 20명에게 100달러에서 1000달러까지 정치자금을 기부했다. 이 기부금은 모두 수표로 전달됐다. 이외에 그에게 결정적으로 중요한 의원들에게는 현금보따리를 안겼다. 해너에게 5000달러, 민셀에게 5000달러, 루니에게 2000달러, 갤러거에게 1만 3000달러를 줬다. 뇌물인 것이다. 1970년 현금 뇌물은 최소 2만 5000달러였다.

이때 5000달러를 받은 해너 의원은 쌀 중개권 획득에 결정적인 도움을 주는 등 박동선의 초기 로비에서 지대한 역할을 했다. 단순한 후원자가 아니었기에 그는 더욱 중요한 의미를 지닌다.

박동선의 쌀 중개권을 언급할 때 빼놓을 수 없는 두 사람이 리처드 해너와 오토 패스만 의원이다. 해너 의원이 그가 중개권을 획득하는 데 도움을 줬다면 패스만 의원은 그가 중개권을 계속 유지하는 데 결정적 역할을 했다.

1978년 4월 10일 해너 의원은 상원 윤리위 청문회에 출석, 박동선과의 관계를 증언했다. 의원석에 앉아 엄하게 증인을 질책하던 사람이 이제는 한때는 동료였던 의원들의 추궁을 받게 된 것이다.

이날 증언에서 해너는 지난 1961년 11월 박정희가 케네디를 만나기 위해 방미했을 때 트랩 아래서 기다리던 2명의 한국 청년 중 한 사람인 신동식의 소개로 1966년 박동선을 만났다고 밝혔다. 신동식이 그날 자기와 함께 박정희를 환영했던 또 다른 한국 청년인 박동선을 하원의원에게 소개한 것이다.

해너는 하원의원이 되기 전인 1959년부터 전쟁고아 입양, 자매도시 결연을 추진하는 등 한국에 관심이 많았다고 한다.

해너는 1914년생으로 박동선보다 21세나 많았지만 두 사람은 금방 의기투합했다. 이때부터 자신의 집과 박동선의 집, 그리고 조지타운클럽 등에서 일주일에 적어도 두 번 이상 박동선을 만났다. 해너는 당시 조지타운클럽이 적자상태였기 때문에 클럽 활성화를 위해 발 벗고 나섰다. 동료 의원들에게 조지타운클럽을 소개하는 등 회원유치를 도와준 것이다. 한 번은 해너가 조지타운클럽에서 존 매코맥 전 하원의장을 위한 파티를 주선했고 이 자리에 존슨 대통령도 참석하는 등 큰 성황을 이뤘다고 한다.

한국서 고위관료 만나 쌀 수입 현황 등 현장 조사

처음 박동선의 단순한 후원자 역할을 하던 해너는 박동선이 쌀 중개권에 관심을 가지면서 급기야 동업자 관계로 발전한다. 해너는 이로 인해 적지 않은 돈을 만질 수 있었지만 결국 감옥에 가게 되고 박동선에게 배신에 가까운 수모를 겪었다고 한다.

당시 박동선은 조지타운클럽의 적자를 메우기 위해 한국과의 무역을 통해 돈을 벌 수 있는 사업을 물색하고 있었다. 박동선은 어디서 들었는지 한국이 가까운 장래에 많은 양의 쌀을 수입할 것이라는 정보를 입수하고 캘리포니아 주 출신인 해너에게 캘리포니아쌀재배자협회에 줄이 닿는지를 물어보게 된다. 마침 해너는 열렬한 민주당 후원자인 캘리포니아쌀재배자협회 조셉 알리오토 회장과 잘 아는 사이였다. 박동선은 해너를 통해 쌀재배자협회와 접촉하는 한편 1968년 1월 한국을 방문하는 해너에게 한국의 쌀시장과 수입현황에 대한 조사를 부탁했다. 박동선은 해너 방한이 1967년 12월이라고 했지만 해너는 1968년 1월이라고 증언했고 김형욱도 1968년 1월이라고 밝혔다.

해너는 1968년 1월 방한해서 정일권 국무총리를 만났고 경제기획원 장관 겸 부총리, 재무부 장관, 농림부 장관 등을 통해 한국이 쌀을 대량 수입할 계획이 있음을 파악했다. 한국은 그 이전에 쌀을 자급자족했고 한때 수출까지 했었다며 대량으로 쌀을 수입하는 것은 사상 처음이었다고 증언했다.

해너로부터 이처럼 확실한 정보를 입수한 박동선은 1968년 8월 해너를 설득, 함께 한국으로 갔다.

이때도 해너는 정일권을 만났는데 이미 박동선이 정일권에게 쌀 중개권을 부탁했던 것 같다. 정일권은 해너에게 박동선이 쌀 중개상으로 적합한 사람이며 자신은 항상 박동선을 후원하고 있다고 말했다. 국무총리가 박동선을 후원한다는 말은 해너도 박동선을 신뢰하고 믿어도 된다는 신호였다. 그날 밤 정일권이 해너와 박동선, 김형욱, 주한미국대사관 외교관 등을 요정 '대하'로 초청, 기생파티를 열었고 파티 중간에 김형욱이 해너 옆자리로 옮겨 앉아 내일 중정부장실을 방문해달라고 요청했다. 정일권이 김형욱에게 내일 해너와 박동선을 만나달라고 요청한 것이었다.

'박동선 일 잘한다' 압력 가해 중개상 따내

이튿날 중정부장실에서 김형욱과 해너, 박동선, 그리고 통역관 등이 마주 앉았다. 1968년은 미국 대통령 선거의 해였고 당선이 유력시되는 닉슨은 베트남 조기철군을 공약으로 내걸고 있어서 베트남에 파병한 한국으로서도 관심을 갖지 않을 수 없었다. 미국이 베트남에 어떤 조치를 취하느냐가 아태지역 정책을 짐작할 수 있는 시금석이었기 때문이다. 이때 해너는 미국 정치에 있어 의회의 중요성을 역설했다. 한국에서는 행정부가 절대적 역할을 하지만 미국에서는 의회의 역할이 크기 때문에 대통령이 바뀌더라도 하루아침에 정책을 변경할 수 없다는 것이다. 현재 한국이 미국 의회를 무시하고 존슨 대통령과 직거래를 하고 있지만 이는 의회를 무시하는 것으로 매우 잘못된 일이며 큰 실수라고 강조했다.

그러면서 모든 의원들은 지역구에 민감하기 때문에 지역구의 사업을 통해 묶어두는 것이 좋다고 말했다. 미국은 한국과의 교역에서 적자가 엄청난 만큼 미국 쌀을 수입하면 무역역조를 시정하는 것이므로 미국 내에서 한국에 대한 이미지가 좋아질 것이라며 캘리포니아에 약 80만 톤의 쌀이 남아돌고 있다고 말했다.

물론 해너는 박동선이 쌀 중개상으로서 적임자라는 말도 잊지 않았다. 이러한 설득 끝에 결국 박동선이 2개월 뒤 중개상이 된 것이다.

해너는 박동선 후원자 아닌 동업자였다

1969년 2월 해너는 이 샌프란시스코 여행에 따른 경비조로 박동선에게 3000달러를 받았음이 드러났다. 3000달러는 푼돈에 불과하지만 당시 박동선은 해너에게 엄청난 이권을 줄 것을 암시했다. 해너는 박동선이 자신의 사업을 도와주면 보상을 하겠다고 입버릇처럼 말했고, 자신은 이 말을 믿었다고 한다.

해너는 1969년 하원의원단 방한은 물론 1969년 말 하원에서 논란이 됐던 한국에 대한 5000만 달러 추가 군사원조가 통과되는 데도 큰 역할을 했다.

해너는 1970년 8월 5일 11월 선거를 앞두고 5000달러를 캐시로 받았다. 해너는 1968년 선거에서 불과 1% 차이로 간신히 이겼는데, 1970년 선거에도 1968년 상대 경쟁자가 출마함으로써 대접전이 불가피했기 때문에 박동선이 선거자금을 지원한 것이다. 어쩌면 해너는 박동선이 5000 달러를 지원했기 때문에 선거에서 이겼는지도 모른다. 후일 도시 걸프사 회장은 1975년 상원 청문회에서 1971년 박정희 정권에 300만 달러의 정치자금을 건네준 것이 박정희가 선거에서 야당을 이긴 원인이 아니냐는 질문에 통계적으로 볼 때 그렇다고 말할 수 있다고 답했다. 도시 회장의 말은 해너에게도 똑같이 적용될 수 있다. 어쩌면 1970년 박동선의 해너 지원과 1971년 걸프사의 박정희 지원은 모두 박빙의 결투에서 신승을 안겨준 든든한 실탄 역할을 했을 것이다.

박동선은 1970년 11월에도 해너에게 2000달러 캐시를 건넸다. 잊을 만할 때마다 약간의 돈을 전해준 것이다. 1970년 11월 5일 해너는 선거에 승리한 직후 김형욱에게 편지를 보내 박동선이 선거에 많은 도움을 줬다고 칭찬을 아끼지 않았다.

1971년 은행빚 내서 박동선에게 빌려주기도

1971년은 박동선에게 시련의 해였다. 돈도 떨어졌고 쌀 중개상 권리도 상실했기 때문이다. 1971년 4월 5일 해너가 캘리포니아 소재 자신의 회사 지분을 담보로 볼티모어의 은행에서 2만 5000달러를 융자해 박동선에게 건넸다. 은행빚까지 얻어서 박동선을 지원함으로써 떼려야 뗄 수 없는 동업자 관계가 된 것이다. 박동선과 친분이 있던 수많은 상하원의원 중 박동선에게 돈을 빌려준 사람은 해너가 유일하다. 특히 은행빚까지 내서 지원해준 사람은 해너가 처음이자 마지막이었다. 이처럼 두 사람은 공동 운명체였다.

박동선이 거래한 볼티모어의 에쿼터블트러스트 계좌 입출금 내역으로 두 번째 줄에 해너 하원의원이 5만 달러의 대출을 받아 입금시켰다고 기록돼 있다.

해너는 2만 5000달러를 빌려줄 때 박동선과의 사이에 약간 허술하긴 하지만 사실상의 계약이 있었다고 증언했다. 해너는 박동선에게 "내가 경제적 리스크를 공동 부담하는 만큼 좀 더 확실하고 진실되고 책임감 있는 확약을 달라"고 말했다. 그러자 박동선은 이익을 어떻게 나누겠다는 식의 구체적인 조건을 말하지는 않았지만 "해너 당신은 내 가족이다.

내가 가진 것은 모두 당신 것이다"라고 화답했다는 것이다. 박동선은 해너에게 빌린 돈을 4개월 뒤인 8월에 모두 갚으면서 5000달러를 별도로 지원했다.

해너는 1972년 6월에도 박동선에게 4만 달러를 빌려줬다가 8월 17일 돌려받았고 1972년 12월에도 다시 4만 달러를 빌려줬다가 1973년 초 돌려받았다.

이처럼 해너는 1971년 2만 5000달러, 1972년 4만 달러씩 두 번 등 모두 3차례에 걸쳐 자신의 돈을 박동선에게 빌려줬다. 단순히 자신의 하원의원직을 동원해 그 영향력으로 박동선을 지원하는 데 그치지 않고 박동선에게 돈까지 댔던 것이다. 이 돈은 박동선이 쌀 중개상 권리를 회복하는 데 쓰였으니 두 사람은 명백한 동업자였다. 해너는 본업은 하원 의원이었지만 부업은 쌀 중개상이었다고 말해도 할 말이 없는 것이다.

박동선, '세계 나가라는데 그것도 못하고 쯧쯧…'

박동선은 1970년 말에 자신이 쌀 중개상 권리를 상실했다는 것을 1971년 뒤늦게 알고 절치부심한다. 당시 박동선은 루이지애나 출신 상하원의원에게 접근했다. 에드윈 에드워드 하원의원과 엘렌더 상원의원에게 접근해 루이지애나 쌀 수출 문제를 해너 의원에게 위임한다는 편지를 받아내서 해너에게 갖다 줬다. 그전에 캘리포니아 주 출신 하원의원 대부분은 한국에 쌀을 수출하던 사업이 문제가 생겨 정상궤도에서 이탈한 것을 알고 이미 해너에게 진상 파악을 해달라며 권리를 위임한 상태였다.

해너는 캘리포니아 주와 루이지애나 주 출신 의원들의 지지라는 무기를 손에 쥐고 이후락 당시 중앙정보부장에게 편지를 보냈다. 1971년 4월 26일이었다. 그러나 정중하게 박동선을 칭찬하는 정도였지 쌀 중개상 권리를 다시 박동선에 주라고 노골적으로 이후락을 압박하지는 않았다.

해너는 1971년 6월에도 박정희와 이후락에게 비슷한 편지를 보냈지만 그것으로는 부족했다. 몸이 단 박동선은 1971년 해너에게 현금 1000달러와 한국행 비행기표를 사주면서 한국으로 데려갔다.

이후락을 만나 루이지애나 출신의 패스만 하원의원과 엘렌더 상원의원 등 두 사람이 쌀 수출 문제에 관심이 많다고 언급한 뒤 두 의원 모두 박동선이 쌀 중개상 역할을 잘 수행했다고 생각한다고 덧붙였다.

두 의원은 한국에 대한 군사원조에 절대적 권한을 행사하는 사람이었기에 한국 정부를 압박했지만 이후락은 박동선에게 쌀 중개상 권리를 돌려주겠다고 확답하지 않았다. 명시적 약속은 하지 않고 우회적으로 검토하겠다고만 답했다. 해너가 문제해결에 실패한 것이다.

그런데 박동선이 1972년 3월 마침내 쌀 중개상 권리를 되찾아서 워싱턴에 나타났다. 갤러거 의원이 박정희에게 단도직입적으로 말해서 다시 쌀 중개상이 됐다는 것이다. 이 때문에 해너는 모욕적인 말을 들었다며 상원 청문회에서 당시를 회고했다.

박동선은 "해너, 이것 봐라, 내가 당신에게 항상 이야기한 게 바로 이런 거야. 한국 정부를 강하게 몰아붙여야 돼, 효과적으로, 쯧쯧…"라고 말했다는 것이다.

해너는 박동선이 다른 말도 했지만 이 말이 포인트였다고 증언했다.

하지만 해너는 모욕적인 말을 듣고도 박동선과의 관계를 끊지 못했고 박동선도 사례를 잊지 않았다. 해너는 1974년 프레이저가 한국 인권청문회를 열 때도 편향적인 청문회가 되지 않도록 발 벗고 나서주었다. 박동선은 해너에게 프레이저가 한국과 필리핀에 대한 인권청문회를 연다고 하는데 한국에 일방적으로 불리한 증언만 들을 것이 아니라 한국에 대한 긍정적 견해를 가진 증인도 출석시켜야 된다고 주장했다. 해너도 박동선의 주장이 타당하다고 보고 그의 의사를 프레이저에게 전하고 반영시켰던 것이다.

낙선의 쓴맛— '박동선에게 내 집 팔며 수모'

해너는 1974년 선거에서 패배해 하원을 떠나게 됐다. 의원직을 떠난 뒤에도 박동선과의 관계는 계속됐지만 더 씁쓸한 기억만 남기게 된다.

1975년 해너는 의원직을 잃자 캘리포니아 주로 돌아가야만 했고 워싱턴 인근 메릴랜드에 있는 그의 집을 팔게 됐다. 부동산 브로커를 통해 집을 팔면 매도자가 수수료를 줘야 하는데 그 수수료가 6%에 달한다. 그래서 브로커를 끼지 않고 박동선에게 그 집을 팔게 됐다. 박동선이 자청해서 그 집을 사겠다고 한 것이다. 하지만 해너와 동업자였고 해너가 박동선을 위해 견마지로를 다했건만 박동선은 냉정했다. 개인적 인연은 인연이요, 비즈니스는 비즈니스라는 식이었다.

해너는 의원직을 잃으면서 경제적으로도 어려운 처지였다. 친구에게 돈을 빌려줬는데 돈을 다시는 돌려받지 못할 처지가 됐다. 그래서 2만

5000달러가 급하게 필요해 박동선에게 집값을 빨리 달라고 하자 박동선은 1만 달러를 깎아달라고 했고 결국 5000달러를 깎아줄 수밖에 없었다고 한다. 해너는 매우 불쾌했다고 상원 청문회에서 당시 심정을 밝혔다.

또 하나 불쾌한 기억은 박동선과 맺은 회사의 고문 자리와 관련한 것이었다. 박동선은 해너가 의원직을 잃은 뒤 그를 자신의 회사인 태평양개발의 고문으로 위촉했다. 박동선이 해너의 도움이 계속 필요하다며 고문을 맡아달라고 요청했다.

하원에서 물러난 정치 노병의 한 달 임금은 2000달러였다. 그는 워싱턴에 오면 박동선의 집에 머물렀다. 박동선이 포 베드룸의 큰 집을 갖고 있었기 때문이다. 해너는 태평양개발의 3가지 프로젝트를 위해서 열심히 일했지만 박동선이 지원 약속을 제대로 지키지 않았고 이 때문에 매우 불쾌했다고 한다.

또 해너가 워싱턴에 머물 때면 박동선 자신도 워싱턴에 머물겠다고 약속했지만 1975년 초에만 그 약속이 지켜졌을 뿐 그 이후에는 그렇지 못했다는 것이다. 그래서 1975년 중반부터는 워싱턴을 방문, 태평양개발을 위해 일하면서도 박동선을 제대로 만나지 못했고 기껏해야 박동선의 매니저를 통해 업무지시를 들었다고 한다. 명색이 하원의원 출신인데 박동선의 매니저만 상대해야 하니 화가 났던 것이다.

이 같은 해너의 증언이 이어지자 청문회 위원들이 한마디씩 했다. "소위 형제지간이라는 사람들 사이에 어떻게 그런 일이 있을 수 있냐"는 것이었다.

'해너는 한국 에이전트' – 24만 달러 받아 1년 실형

해너는 1969년 3000달러를 시작으로 1970년 7000달러, 1971년에도 3만 1000달러, 1972년 5200달러, 1973년 3만 7000달러, 1974년 4만 1000달러 등을 받은 것으로 드러났다. 모두 캐시였다.

그 외 수표로 받은 돈이 7만 4697달러였다. 그리고 1970년부터 1974년까지 1년에 4~5차례씩 경비조로 돈을 받았다고 한다. 대부분 500달러였지만 5000달러를 받은 적도 있었다. 이런 식으로 받은 경비가 1만 5000달러 정도였다.

그가 박동선에게서 받은 전체 돈은 24만 달러에 이르는 것으로 밝혀졌다.

해너가 1977년 10월 14일 외국에이전트 역할을 하면서도 등록을 하지 않은 혐의 등을 포함해 모두 40개 항목을 위반한 혐의로 기소됐다. 이른바 FARA, 외국에이전트등록법 위반이었다. 미 법무부는 그가 박동선의 파트너였기 때문에 한국 정부의 에이전트로 규정한 것이다. 현역 의원이 외국에이전트로 활동했다는 이유로 기소된 것은 해너가 미국 역사상 최초였다. 1978년 3월 18일 해너는 유죄를 인정했고 1년 동안 복역했다.

당시 해너에 대한 상원 청문회는 법원이 실형을 선고한 뒤 약 한 달 뒤에 열렸다. 해너는 자신이 유죄를 인정한 이유에 대해 "한국 그리고 박동선과 친구가 됐고 어쩌다 보니 박동선과 동업자 관계가 됐다. 그게 문제가 커졌고 박동선의 비즈니스를 돕다보니 쌀 중개 커미션의 일부를 받게 됐다"고 고백했다. 해너는 "사실 따지고 보면 내 지역구를 위한 일이요, 내 나라를 위한 일이기도 했지만 의원 월급 이외의 보상을 받음으로써 문제가 됐다. 박동선과 계약하고 돈을 받았으므로 내가 유죄임을 시인한다"고 말했다.

하원의원이라는 공직자 신분으로 박동선에게 돈을 받고 그에게 이득을 준 것이 아니냐는 직설적 질문에도 "그렇다. 합리적인 사람들은 그렇게 판단할 것이다"라고 솔직하게 말했다.

그는 박동선에 대해 단 한 번도 중정요원 또는 한국 정부 대리인으로 생각한 적은 없다고 밝혔다. 그리고 한마디를 남겼다.

"지금 한국과 미국 사이의 거래에 끼어들어 어려움을 겪고 있지만 아직도 한국을 강력히 지지한다. 현재도 그렇지만 앞으로도 한미관계는 더욱 발전해야 한다."

청천벽력— 갑작스런 쌀 중개권 박탈

청천벽력— '너는 더 이상 중개상 아니다'
박동선은 1968년 말 쌀 수입 대리권을 획득한 뒤 1969년 벽두부터 돈이 쏟아지기 시작해 1969년에 23만 1800여 달러, 1970년 그 2배인 40만 200여 달러를 벌어들이며 승승장구했다.

그러나 채 2년이 안 된 1970년 12월 말 박동선은 청천벽력 같은 소리를 들었다. 코넬미곡설탕회사 사장인 글로버 코넬이 박동선에게 더 이상 당신은 한국 쌀 수입 중개상이 아니라는 통보를 한 것이다.

1972년 더 많은 커미션이 생길 것이라는 기대에 부풀어 있다가 날벼락을 맞은 것이다.

박동선은 이리 저리 사방팔방으로 뛰어다니며 살 길을 모색했다. 박동선이 알아보니 한국에서 자신에 대해 안 좋은 말이 많았다. 그는 여러 사람이 자신에 대해 악의적인 소문을 퍼뜨렸다고 청문회에서 증언했다.

정일권에게 SOS를 쳤더니 그도 그런 소문을 들었다고 말했다고 했다. 정일권에게 쌀 커미션 일부를 상납했는데 정일권이 공화당에 이를 전달하지 않고 착복했다는 말도 나돌았다고 한다. 그래서 정일권도 입지가 어려워지고 박동선도 박정희 정권 실력자들의 눈 밖에 나면서 한국 쌀 수입 중개상 자격을 박탈당했다는 게 당시 소문이었다.

박동선은 법무부 조사에서 소문의 진원지는 중앙정부의 관료라고 밝혔다. 이에 대해서 하원 청문회가 추궁하자 몇 번을 머뭇거리다가 김동조 주미한국대사가 소문의 진원지였다고 증언했다. 또 그와 영원한 앙숙관계인 하비브 주한미국대사, 레너드 국무부 한국과장도 좋지 않은 말을 퍼뜨렸다고 털어놨다. 이날 청문회에서 박동선이 언급한 세 사람, 김동조, 하비브, 레너드는 박동선의 천적이었다.

박동선은 상하원 청문회에 불려나갈 때마다 이들에 대한 적대감을 노골적으로 드러냈다. 이들이 사사건건 자신을 물고 늘어졌다고 밝히곤 했는데 이때 마침내 갈등이 폭발해버린 것이다.

패스만의 박동선 기피가 쌀 중개상 박탈로 직결

이러던 차에 1970년 11월 방한한 패스만의 행보가 박정희 정권 실력자들이 박동선을 자르겠다고 결심하는 결정적 계기가 됐다. 패스만은 한국에 대한 군사원조를 결정하는 이른바 외국원조소위원회 위원장이었다. 이른바 한국의 생사여탈권을 쥔 사람이었다. 그런데 패스만을 가만히 살펴봤더니 박동선과는 완전 상극이었다. 그가 의회를 기웃거리는 박동선을 바퀴벌레 보듯이 했던 것이다.

김용식 전 외무부장관은 1987년 출판한 자신의 회고록 〈희망과 도전〉에서 패스만이 박동선을 얼마나 싫어했는지 설명했다. 박동선은 1970년 12월 패스만의 방한 때 패스만과 처음 만났다고 증언했지만 당시 언론보도를 확인한 결과 패스만이 정일권 국무총리의 초청으로 한국에 도착한 날은 1970년 11월 11일이었다.

이때 박동선은 패스만이 방한한다는 것을 알고 방한단의 일원인 에드윈 에드워드 의원에게 자신도 방한단에 끼워줄 것을 요구했다. 에드워드는 쌀 산지인 루이지애나 출신이어서 한국 쌀 중개상인 박동선을 통해 루이지애나 쌀을 팔기 위해 안달이 난 상태였다. 에드워드가 박동선을 방한단에 포함시키려고 백방으로 뛰었지만 실패했다. 주미한국대사관이 반대한다는 것이 이유였다. 그도 그럴 것이 하원의원단의 방문에 민간인 박동선의 동행을 용납할 수는 없었다. 그러나 박동선은 포기하지 않았다. 비록 방한단에 끼지는 못했지만 자신도 한국으로 향한 것이다.

패스만은 캐세이시픽 항공편으로 김포공항에 도착했다가 깜짝 놀라고 말았다. 수단과 방법을 가리지 않고 자신을 따라 붙으려 했던 박동선을 간신히 떼어 놨다고 생각했는데 트랩을 내리자 박동선이 떡 하고 기다리고 있었던 것이다. 김용식에 따르면 패스만 일행이 모터케이드의 호위를 받으며 서울 시내로 향하자 박동선이 영접차량 행렬에 끼어들었다고 한다. 하지만 패스만도 보통 성격이 아니었다. 패스만이 즉각 차량 행렬을 정지시키고는 박동선에게 행렬에서 떠나라고 요구했다. 그날 오후 패스만 일행을 환영하는 칵테일 파티에도 박동선이 나타났고 패스만은 즉각 퇴장을 요구했다고 한다. 김용식이 소개한 이러한 일화는 패스만이 박동선을 얼마나 싫어했는지를 잘 보여준다.

박종규, 범양상선 강선태에게 쌀 중개권 부여

박동선에 대한 패스만의 반감은 박동선의 쌀 중개상 권리 상실로 이어졌다. 김형욱이 1969년 10월 말 중앙정보부장에서 해임되고 김계원이 뒤를 이었으나 그도 1년 1개월 만에 물러나고 말았다. 1970년 12월 이후락이 중앙정보부장이 됐지만 그도 초기에는 김형욱만큼의 실권을 갖지 못했다.

쌀 중개상 권리는 사실상 김형욱이 중앙정보부장일 때는 김형욱이 장악했지만 김계원은 중정 내부 장악도 못한 채 물러났기에 쌀 중개상 권리를 챙길 여력이 없었다. 이후락도 부장으로 임명된 뒤 내부를 다잡아야 했기에 취임 직후에는 막대한 이권이 걸려있음에도 쌀 중개상 권리를 행사할 엄두를 못 냈다.

이 와중에 재빠르게 쌀 중개상 권리를 낚아챈 사람이 박종규 대통령경호실장이었다. 박종규는 1970년 11월 패스만 방한 때 패스만이 박동선을 극도로 싫어한다는 것을 눈치 챘다. 한국에 대한 군사원조에 절대적 영향을 미치는 패스만이 박동선을 싫어한다면 그에게 쌀 중개상을 맡긴다면 자칫 한국에 불리하게 작용할 가능성도 없지 않았다. 그런 명분을 앞세워 막대한 이권이 걸린 쌀 중개상을 갈아치운 것이다. 실리를 챙기려는 참에 적당한 명분이 생겼는지, 명분을 따르다보니 실리가 생겼는지 정확히 알 수 없지만 어쨌든 명분과 실리가 일치된 것이다.

공교롭게도 박종규가 새로 쌀 중개상 권리를 준 사람은 범양상선 직원이었다. 범양상선은 박동선의 친형 박건석이 운영하던 회사였다. 범양상선 직원인 강선태가 쌀 중개상으로 행세했지만 범양상선이 커미션을 챙기지는 않은 것 같다. 아마 박종규의 심복 강선태가 박동선의 형 회사에 근무하다가 박동선이 쌀 중개로 엄청난 커미션을 챙긴다는 사실을 알고 이를 박종규에게 알렸을 가능성이 크다. 어쨌거나 우연찮게도 박동선은 친형 회사의 직원에게 쌀 중개상 권리를 빼앗긴 것이나 마찬가지였다.

절치부심— 청와대 공략 중개권 회복

박동선 말 한마디에 의원 14명 박정희에 편지공세
박동선은 뒤늦게 자신이 더 이상 쌀 중개상이 아님을 깨닫고 이를 되찾기 위한 행동에 돌입했다.

박동선은 자신이 왜 교체됐는지, 누가 이를 되돌려줄 수 있는지를 연구했다. 자신의 인맥을 총동원해서 사태를 파악한 결과 박종규가 배후임을 알게 됐다. 그러나 박종규와는 큰 인연이 없었다. 다행히도 새 실력자로 부상하면서 차곡차곡 재기를 다지던 이후락이 어쩌면 힘을 쓸 수 있을 것이라는 것을 알게 됐다.

1971년 4월 해너 의원을 통해 이후락에게 편지를 보냈다. 상하원의원, 특히 캘리포니아 주와 루이지애나 주 등 쌀 생산지 출신의 의원들에게 SOS를 치고 자신이 쌀 중개상 권리를 회복할 수 있도록 도와달라고 했다. 자신이 아니면 쌀 수출이 힘들어질지도 모른다고 호소했다. 해너 의원에게 힘을 모아 달라고 요청하면서 의원 개개인의 위임장을 받아서 해너에게 전달했다. 그러나 해너가 움직였음에도 별 반응이 없었다.

박동선은 은행금융위원회 소속 평의원인 해너로서는 역부족임을 절감했다.

그래서 의원들의 편지 대공세로 작전을 바꿨다. 상하원의원들이 박정희, 이후락에게 박동선을 찬양하는 편지를 쓰도록 한 것이다. 상하원 청문회 조사결과 1971년 6월 17일부터 7월 16일까지 한 달간 무려 14명의 상하원의원들이 일사불란하게 박정희에게 편지를 보냈다. 한두 명의 의원들이 편지를 보냈다고 하면 그럴 수도 있겠거니 할 텐데 14명이나 나서서 박동선을 도우려 한 것은 박동선의 영향력을 단적으로 보여준 것으로 평가할 수 있다.

물론 편지 초안은 박동선이 직접 작성했다. 박정희의 제7대 대통령 취임을 축하한다는 명분이었지만 박동선에 대한 공치사를 잊지 않았다. 박동선이 워싱턴 유력 정관계 인사들에게 호평을 받고 있으며 의회에서도 한국에 대한 우호적인 여론을 조성하는 데 큰힘을 발휘하고 있다는

1971년 6월 24일 밀러 상원의원이 박정희에게 보낸 서한으로 박동선에 대한 칭찬을 담고 있다.

것이었다. 14명 의원들의 편지를 살펴보면 한두 마디를 바꿨을 뿐 전체적으로 박동선의 초안을 그대로 담고 있었다.

박동선이 버튼을 누르자 박동선의 아바타들이 일제히 박정희에게 편지 대공세를 시작한 것이다. 박정희도 깜짝 놀라지 않을 수 없었다. 그는 박동선의 영향력을 실감하면서도 한국에 관심을 가져줘서 고맙다는 정도의 답장만 보냈다. 박동선을 다시 쌀 중개상으로 임명할 것이라는 말은 하지 않은 채 사태를 관망한 것이다.

박동선이 초안 작성 — 류재신에 초안 전달 지시도

상하원의원들이 박정희, 이후락 등 한국 실력자에게 보낸 편지는 사실상 박동선이 쓴 것이었다. 박동선이 초안을 작성해서 이들 의원에게 건네면 의원들이 자신들의 이름만 적어서 초안대로 발송하거나 인사말 한 줄 정도 수정하는 정도였다.

1971년 편지공세 때 박동선이 박정희, 이후락에게 보내는 편지 초안을 작성해 상원의원 엘렌더에게 전달한 사실이 초안과 함께 증거로 제출됐다. 엘렌더는 이 초안대로 1971년 11월 23일 박정희, 이후락에게 보냈고 이 편지 또한 증거로 채택됐다.

또 박동선이 한국에 있으면서 자신의 부하직원인 류재신에게 편지 초안을 보내서 해너 의원에게 전달하라고 지시한 편지를 통해서도 입증됐다. 이 편지는 1978년 3월 7일 상원 윤리위에 증거로 제출됐다.

박동선은 이 편지에서 "류 이사, 지난번 말씀드린 바와 같은 이 두 편지 초안을 해너 의원께 보여드리고 될 수 있는 대로 저의 THOUGHT PROCESS를 살려서 이번 화요일 파우치 편으로 보내주십시오"라고 적었다.

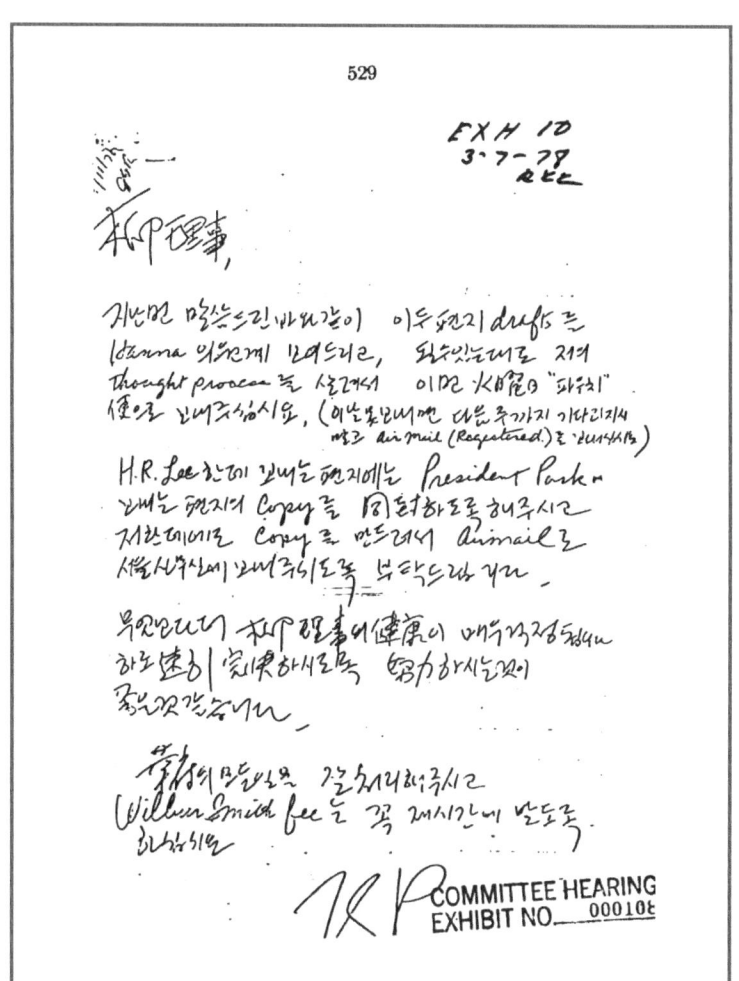

박동선이 류재신에게 리처드 해너 하원의원에게 초안 전달을 지시한 한글 편지

이는 박동선이 초안을 작성했음은 물론 주미한국대사관의 파우치 일정까지 파악하고 있을 정도로 파우치에 자유자재로 접근하고 이용했음을 보여 준다.

박동선은 "이날 못 보내면 다음 주까지 기다리시지 말고 등기 항공우편으로 보내십시오"라고 지시하기도 했다. 또 "이후락한테 보내는 편지에는 박 대통령에게 보내는 편지의 사본을 동봉하도록 해주시고 저한테도 사본을 만들어서 항공우편으로 서울 사무실에 보내주시도록 부탁드립니다"라고 적었다.

박동선은 "무엇보다도 류 이사의 건강이 매우 걱정됩니다. 하루 속히 완쾌하시도록 노력하시는 것이 좋을 것 같습니다. 회사의 모든 일을 잘 처리해주시고 수수료는 꼭 제시간에 받도록 하십시오"라고 당부했다.

박동선이 이 편지에 첨부한 초안은 박동선 자신이 육필로 작성한 것으로 박정희에게 보내는 편지의 초안은 모두 3장이며 이후락에게 보내는 초안은 모두 6장으로 두 배나 길었다. 편지 초안 상단에 1972년 여름이라고 적혀있었다.

'방한' 갤러거에게 3만 달러 주며 로비 부탁

박동선은 1970년에 작성된 보고서인 이른바 '의원동향보고서'에 언급한 대로 하원 외교위원회 아태소위원장인 코르넬리우스 갤러거 의원을 통해 1971년 6월 한국 관련 청문회를 열었다. 의원동향보고서에는 1971년 3월 청문회를 열 계획이라며 20만 달러 지원을 요청했었지만 실제

청문회는 조금 연기돼 6월 열렸던 것이다.

갤러거 또한 1968년 김형욱을 만나 박동선을 잘 돌봐주겠다고 하며 박동선이 쌀 중개권을 갖는 데 큰 도움을 준 인물이다. 아태소위원장이었으니 그 또한 한국에 막대한 영향력을 행사할 수 있었다.

박동선은 1971년 6월 중순 편지공세를 시작한 데 이어 1971년 7월 2일 한국으로 들어가 상황을 파악했다. 그 결과 편지공세만으로는 부족하고 직접 박정희와 이후락 등에게 압력을 가해야 된다는 판단을 내렸다.

특히 박동선이 한국에 체류 중이던 1971년 7월 20일 박동선이 누군가로부터 45만 달러를 받은 것으로 드러났다. 박동선의 장부에는 'ANGELS'로부터 45만 달러를 받은 것으로 기록돼 있다. 박동선이 누군가로부터 거액을 받은 것이다.

7월 29일 미국에 돌아온 박동선은 공항에 내린 지 1시 간만에 갤러거부터 만났다. 45만 달러의 자금이 생겼으니 그 돈으로 자신의 이권인 쌀 중개권을 회복하는 로비를 강화한 것이다. 한국 관련 청문회를 열었던 갤러거가 마침 한국에 들어가기로 예정돼 있었다. 칼 알버트 의장이 이끄는 2차 의원방문단의 일원이었던 것이다.

박동선은 이날 갤러거에게 8월 3일 3만 달러를 주겠다고 약속했다. 2차 의원방문단이 8월 9일부터 13일까지 한국을 방문했으니 한국으로 떠나기 6일 전이었다. 박동선은 청문회에서 8월 3일 가구 구입 명목으로 갤러거에게 3만 달러를 줬다고 증언했다.

이때부터 갤러거가 움직이기 시작했다. 박동선이 그전까지 의원에게 준 돈은 기껏해야 1인당 1회 1만 달러 정도가 최고였지만 갤러거에게는

3만 달러를 한 번에 지른 것이다. 갤러거가 2차 방한 당시 곧바로 위력을 발휘하지는 못했지만 박동선은 갤러거에게 목숨을 걸다시피 했다.

3만 달러 더 받은 갤러거, 박정희와 담판

박동선은 갤러거가 1971년 11월 18일 박정희에게 편지를 보낸 5일 뒤인 11월 23일 북부 뉴저지의 갤러거 집을 방문해 2만 5000달러를 전달했다. 추수감사절 이틀 전에 워싱턴에서 뉴저지까지 쫓아가서 아주 제대로 추수감사절 선물을 한 것이다. 박동선이 이때 갤러거에게 요구한 것은 다시 한 번 한국에 가서 아예 박정희와 이후락을 직접 만나달라는 것과 자신에 대해 극도의 반감을 가진 패스만과의 화해 주선이었다.

박동선은 1972년 1월 2일 갤러거에게 다시 5000달러를 전달했고 갤러거는 사흘 뒤 한국을 방문했다. 박동선은 갤러거보다 먼저 한국에 도착해 있었다.

갤러거는 1월 7일 청와대로 치고 들어가 박정희를 만났다. 박정희로서도 미 하원 아태소위원장이 면담을 요청하는데 거부할 재간이 없었다. 이튿날인 8일에는 이후락을 만났다. 이때 갤러거는 아주 노골적으로 박동선을 쌀 중개인으로 다시 임명해달라고 요구했다. 이날 면담이 쌀 중개권을 회복하는 데 큰 영향을 미쳤음은 물론이다.

특히 이날 박정희-갤러거 간 대화는 키신저에게 전해진 1972년 2월 3일자 FBI 정보메모에 기록돼 있으며, 이 정보는 청와대에 대한 도청을 통해 입수된 것이 확실하다.

박동선은 이처럼 갤러거에게 1970년 1만 3000달러, 1971년에 모두 5만 9000달러, 1972년에 1만 9000달러를 전달했다. 이뿐만이 아니었다. 1975년에는 갤러거에게 25만 달러를 빌려줬다. 또 그중 13만 달러는 갚지 말라고 아예 면제해줬다. 그래서 갤러거가 청문회에서 박동선에게서 1975년 12만 달러를 빌렸다고 주장한 것이다. 그러나 갤러거는 박동선이 13만 달러를 면제해줬다는 말은 하지 않았다. 이래저래 계산하면 갤러거에게 넘어간 돈도 35만 달러에 가깝고 그가 만약 12만 달러를 갚았다고 하더라도 23만 달러의 돈을 받은 셈이다. 또 갤러거가 탈세혐의로 기소됐을 때 1만 6000달러의 보석금을 내준 것도 바로 박동선이었다.

'패스만을 잡아라' – 에드워드에 돈 주며 지원 부탁

당시 박동선이 쌀 중개권을 회복하기 위해서 또 하나 넘어야 할 산이 바로 패스만이었다. 박동선을 극도로 싫어하는 패스만을 어떻게 사로잡느냐가 숙제였다. 숙제치고는 너무나 어려운 숙제였다. 그래서 이 숙제를 풀기 위해 많은 사람이 동원됐다. 후일 루이지애나 주지사가 된 에드워드, 루이지애나의 쌀 판매업자 고든 도레, 그리고 박동선의 부탁으로 청와대로 치고 들어갔던 갤러거 등이 모두 중재에 나섰다.

루이지애나 출신 하원의원인 에드워드는 같은 주 출신인 패스만과 친했다. 에드워드는 1971년 7월 박동선에게 쌀 중개권을 회복하려면 무엇보다도 패스만과의 관계 개선이 필요하다고 충고했다. 그러고는 고든 도레에게 박동선과 패스만의 만남을 주선하고 두 사람이 친해질 수 있도록 역할을 하라고 부탁했다. 1971년 당시 에드워드는 그 이듬해 주지사 선거를 목표로 표밭을 갈고닦고 있었다.

박동선은 에드워드의 충고가 타당하다고 생각하고 에드워드에게도 돈을 쏟아 부었다.

1971년 11월 2일 박동선이 루이지애나 뉴올리언스의 몬테리온호텔 커피숍에서 에드워드의 부인 일레인 에드워드에게 캐시 1만 달러를 주는 것을 시작으로 융단폭격을 시작했다.

20일도 채 지나지 않은 11월 19일 다시 뉴올리언스를 방문해 에드워드의 막내동생 마리온 에드워드에게 캐시 5000달러를 전달했다.

한 달 뒤인 12월 18일 박동선은 한국 방문 중에 자신의 직원이었던 류재신에게 급히 뉴올리언스로 가라고 지시했다. 류재신은 뉴올리언스를 방문해 역시 에드워드의 막내동생 마리온을 만나 캐시 5000달러를 건넸고 1972년 1월 28에도 류재신을 시켜 마리온에게 5000달러를 지급했다.

쌀 중개권을 위해 에드워드에게 두세 달 사이에 2만 5000달러를 찔러준 것이다.

도레, '패스만 홍콩 가니 홍콩으로 따라오라'

1970년 11월 패스만이 한국을 방문했다. 당시 패스만은 박정희를 만나 한국이 일본 쌀 대신 미국 쌀을 사주고 루이지애나 쌀도 포함시켜준다면 하원의원 78명의 표를 모아 한국을 돕겠다고 강조했다. 박정희가 패스만의 말을 받아들인 것은 물론이다. 이때 박동선도 한국을 방문했으나 패스만이 박동선을 철저히 외면하고 매몰차게 대했다. 이때가 박동선과 첫 대면이었다.

더구나 패스만은 1971년 12월 3일 하비브 주한미국대사에게 전문을 보내서 자신이 1972년 1월 방한하므로 이번 방한 때는 박동선 같은 인간이 또 다시 나타나지 않도록 대사가 각별히 유의하라고 당부했다. 외국원조소위원장은 주한미국대사에게도 '하늘'이다.

사정이 이랬으니 두 사람의 관계 개선을 요구받은 도레는 입장이 곤란했다. 주지사가 될지도 모르는 에드워드의 청을 거절하기 힘들었던 것이다. 패스만이 홍콩 등을 거쳐 일본, 한국 등을 방문할 때 도레가 동행하기로 했으므로 도레는 이번에 박동선과 패스만의 만남을 주선하기로 작정했다. 박동선은 패스만과 도레가 아시아 여행을 떠나기 전날 밤 도레를 조지타운클럽으로 초청, 만찬을 함께 하면서 협조를 부탁했다.

도레는 홍콩에서 만남을 주선할 테니 어느 정도 정치자금을 각오하라고 했고 박동선은 관계 개선만 된다면 정치자금은 얼마든지 부담할 용의가 있다면서 자리만 마련해달라고 매달렸다고 한다. 또 패스만이 시계에 관심이 많으니 시계에 대한 공부를 하라고 정보를 알려줬다. 그러나 도레는 청문회에서 자신은 그날 밤 정치자금 운운한 적이 없다고 부인했다.

도레만 나섰던 것이 아니었다. 1972년 1월 7일 박정희를 만났던 갤러거도 박동선과 함께 홍콩으로 건너왔다. 물론 패스만과 박동선의 화동을 지원하기 위해서였다. 이처럼 패스만은 쉽게 컨트롤할 수 있는 사람이 아니었다. 그를 꾀기 위해 몇 명의 하원의원이 동원됐던 것이다.

도레 또한 하원 청문회에 출석, 이 부분에 대해 추궁을 받았다. 도레 자신은 부인했지만 도레는 사실상 패스만의 정치자금 관리자였다.

도레는 자신과 패스만이 홍콩에 도착한 다음날 박동선도 홍콩에 도착했으며, 박동선이 홍콩을 떠나기 전날 밤 5000달러를 빌려달라고 해서 빌려줬다고 밝혔다. 도레의 증언이 사실이라면 박동선은 패스만과 한국으로 가기 전날 밤, 또는 한국으로 가는 날 패스만에게 시계 값이라며 5000달러를 건넨 것이 된다.

그러나 그는 박동선과 패스만의 합의 내용에 대해서는 모른다고 증언했다. 그는 내용을 환하게 알았겠지만 박동선이 1년에 5만 달러씩 낸다고 합의하는 자리에는 패스만-박동선 두 사람만 있었던 것이다.

'1년에 5만 달러씩 달라-OK' — 홍콩서 전격 합의

에드워드, 도레, 갤러거의 지원사격 속에 박동선은 홍콩에서 패스만을 두 차례 만나 상호 협조하기로 전격 합의했다. 박동선은 1972년 1월 중순 홍콩에서 패스만을 두 차례 만났다고 증언했다.

깐깐하게 굴었던 패스만은 박동선과 만나자마자 자신의 속마음을 드러냈다 "1년에 선거자금이 15만 달러 필요하니 당신이 매년 5만 달러를 내라. 매년 5만 달러만 지원해준다면 쌀 중개권을 회복하는 데 적극 협조하겠다"는 것이었다. 박동선은 패스만의 요구가 부담스러웠지만 받아들일 수밖에 없었다. 일단 쌀 중개권을 회복해서 살고 봐야 할 일이었다. 박동선은 그 자리에서 '매년 5만 달러 지급'을 약속했다.

개와 고양이 사이였던 패스만과 박동선 관계가 갑자기 웃음꽃이 피는 화기애애한 관계로 변했다. 당시 박동선은 한국에서 갤러거를 접대하는 등 제법 돈을 쓴 탓에 여윳돈이 없었다. 계약금 조로 얼마라도 전달하고 싶었지만 돈이 똑 떨어진 것이었다. 그래서 박동선은 도레에게 5000달러를 빌려서 시계를 산다는 명목으로 패스만에게 5000달러를 전달했다.

패스만은 박동선에게 한 가지 작은 부탁도 잊지 않았다. 감자의 일종인 얌이 자신의 지역구에서 재배되는데 그것도 구입해달라고 요구했고 박동선은 즉각 수용했다. 패스만은 얌을 팔게 됐다는 사실을 주지사 선거에 출마한 에드워드에게 국제전화로 알렸다. 에드워드는 즉각 이를 언론을 통해 공개했다. 그만큼 얌 판매도 루이지애나 출신 선출직들에게는 큰 현안이었던 것이다.

박동선은 이때 홍콩에서의 갤러거와 패스만의 접대비 등으로 1500달러가 들었다고 장부에 기록했다.

박동선에게 패스만은 생사여탈권을 가진 염라대왕이었다. 패스만으로 인해 쌀 중개권을 상실했고 그의 도움으로 쌀 중개권을 회복할 기반을 마련한 것이다. 패스만은 그 뒤 박동선이 쌀 중개권을 계속 유지하고 한국 정부에 압력을 가해 쌀 수입량을 늘리도록 했지만 이는 패스만 자신의 이권이기도 했다.

박-패스만 손잡고 청와대로 돌격― 박정희 면담

박동선-패스만의 홍콩 합의 뒤에 두 사람은 다정하게 손을 잡고 한국으로 향했다. 깜짝 놀랄 일이었다. 패스만은 1972년 1월 21일 청와대로 박정희를 예방했다. 이때 패스만이 박정희에게 무슨 말을 했는지 알 수 없지만 박동선 지지 발언을 했다고 추정된다고 상원 청문회는 결론 내렸다.

박동선을 못 잡아먹어서 안달이었던 패스만이 180도 입장을 바꾼 것이다. 과연 돈은 무서웠다.

주한미국대사관도 놀라지 않을 수 없었다. 특히 박동선의 또 다른 숙적이었던 하비브는 팔짝 뛸 지경이었다. 그도 그럴 것이 하비브는 불과 한 달여 전인 1971년 12월 3일 패스만으로부터 박동선을 배제하라는 전문을 받았기 때문이다. 그런데 두 사람이 손을 잡고 서울로 들어왔고 이제 "박동선 같은 사람 세상에 없다. 잘 모셔라"고 한 것이다.

상원보고서는 1971년 12월 3일 박동선은 패스만의 적이었으나 1972년 1월 24일 박동선은 패스만의 절친한 친구가 돼 있었다고 결론지었다.

아태소위원장인 갤러거와 외국원조소위원장인 패스만 등 한국에 절대적 영향력을 가진 두 사람이 박정희를 만나 박동선을 도와달라고 요청함에 따라 박동선의 뒤집기는 막바지 단계에 이르렀다. 사실상 쌀 중개권 회복은 이제 요식절차만 남은 시간문제였던 것이다. 노련한 박정희는 이미 청을 들어주기로 마음먹었지만 의원 길들이기 차원에서 조금 시간을 끌었을 뿐이다.

패스만의 돈 요구와 갤러거의 막판 쐐기 박기

박정희의 의원 길들이기는 제대로 먹혀들었다. 갤러거, 패스만 두 의원의 박정희 독대로 박동선의 쌀 중개권 회복이 초읽기에 들어간 것으로 보였지만 가시적인 조치는 눈에 띄지 않았다.

그러니 박동선은 초조해질 수밖에 없었다. 박정희를 만나고 미국으로 돌아간 패스만은 쌀 중개권이 아직 회복되지 않았음에도 한국에 체류 중인 박동선에게 약속한 돈을 빨리 달라고 아우성이었다. 패스만은 1972년 1월 24일 박동선에게 하루 빨리 미국으로 돌아와서 돈을 달라고 전보를 쳤다. 하원보고서는 패스만이 2월 내내 박동선에게 빨리 돌아와서 돈을 내라고 요구를 하고 사실상 '협박'을 했음에도 박동선은 패스만의 요구를 무시하며 버텼다고 기록했다.

대신 박동선은 1972년 2월 16일과 2월 26일 부하직원 류재신에게 전화를 걸어 패스만과 에드워드에게 "쌀 중개권이 아직 회복되지 않았으니 더 노력해달라"는 편지를 보내라고 지시했다. 사실 쌀 중개권을 잃은 뒤 박동선의 재정상태도 말이 아니었다. 하원 조사결과 1972년 2월 박동선의 예금잔고는 5000달러에 불과했다. 돈을 줄래야 줄 돈이 없었던 것이다.

박동선의 이 같은 요구는 갤러거에게도 전달됐다. 박동선의 진정한 친구는 갤러거였다. 갤러거는 1972년 2월 24일 미국 내 중정 책임자인 주미공사 이상호를 만났고 1972년 3월 9일 이후락 당시 중앙정보부장에게 쐐기를 박는 편지를 보낸다. 갤러거는 어제 한 장군이 찾아와 한국과 북한의 정세 등에 대해 브리핑을 했다며, 지금 의회에서 한국에 대한 지원방안을 논의하고 있다고 설명했다. 노골적으로 한국에 대한 원조를 거론하며 "일전에 만났을 때 내 동료에 대한 이야기를 했는데 아직 아무

것도 해결되지 않았고 이 공사를 통해 이 같은 말을 전했는데도 답을 받지 못했다"고 말했다.

박동선의 이름을 직접 거론하지 않았지만 박동선의 쌀 중개권을 빨리 회복시키라는 요구였다. 올해 대통령과 하원의원 선거가 있어서 워싱턴이 몹시 바쁘다고 말해 선거자금도 필요함을 넌지시 암시했다. 이 편지가 발송된 뒤 박동선은 마침내 쌀 중개권을 회복했다.

박동선은 자신의 쌀 중개권 회복 과정을 증언하면서 해너와 갤러거의 공은 인정하면서도 패스만에 대해서는 섭섭함을 숨기지 않았다. 쌀 중개권을 회복하기도 전에 패스만이 돈을 달라고 재촉한 데 대한 섭섭함이었다.

김형욱도 이후락-박종규와 담판하며 막후 지원

박동선은 하원 실력자들을 동원해 박정희를 직접 공략하는 한편 자신의 형 박건석의 친구인 이후락에게 매달렸다. 박동선은 이후락이 박건석의 절친한 친구였다고 증언했다. 그러나 이후락은 중앙정보부장이 된 지 채 1년 남짓밖에 안 됐기 때문에 몸을 사렸다고 한다.

박종규가 박동선을 잘 알았지만 직접 박종규에 맞붙기를 부담스러워했다. 이후락이 비서실장으로, 박종규가 경호실장으로 있으면서 서로 박정희의 총애를 받기 위해 경쟁했던 관계여서 매우 조심스러웠던 것이다.

'조조' 이후락이 박동선에게 충고했다. 김형욱에게 찾아가서 이야기하고 도와달라고 부탁하라는 것이었다. 자기가 찾아가보라고 시켰다고 말해도 된다는 것이었다. 박동선은 꿩 잡는 게 매라고 박종규에게는 김형욱이 영향력이 있는 모양이라고 직감했다.

김형욱을 찾아간 박동선은 A4 용지 크기의 종이 한 장을 내밀었다. 상하원의원들의 이름이 적힌 리스트였다. 더구나 이름 옆에는 숫자가 적혀있었다. 이른바 정치자금 기부 리스트, 말하자면 뇌물 예정 리스트였다.

박동선은 쌀 커미션으로 이들 의원들에게 리스트에 적힌 대로 정치헌금을 약속했는데 박종규가 커미션을 가로채가서 큰 사단이 났다고 말했다. 박동선은 만약 의원들이 자신들이 받아야 할 돈을 청와대가 가져갔다는 것을 알면 가만있지 않을 것이라고 설명했다. 그도 그럴 것이 박종규가 경호실장이니 청와대가 가져간 적이나 진배없고 미 의원들은 청와대에 돈을 빼앗겼다고 생각하고 한국에 상응한 조치를 취할 것이라는 말이었다.

김형욱은 박동선에게 리스트를 두고 갈 수 있느냐고 말한 뒤 그 리스트를 들고 박종규를 만났다. 돈을 돌려주고 쌀 중개권을 박동선에게 주지 않으면 시끄러워질 것 같다고 말했다. 결국 박종규도 승복하고 말았다.

김형욱으로부터 일이 잘 해결됐다고 연락받은 박동선은 이후락을 찾아갔다. 이후락도 쌀 중개권을 자신의 관할 아래로 끌고 온 역사적 순간이었다. 이후락은 박동선에게 공화당 의원 김진만을 찾아가서 양해를 구하라고 말했다. 김진만의 별명은 '스팀'이었다고 한다. 청문회 속기록에는 '스팀'이라고 표기한 뒤 그 옆에 김진만을 말한다고 표기돼 있다. 그 뒤 이후락은 박동선에게 다시 쌀 중개권을 쥐여줬다. '조조' 이후락이 이이제이, 오랑캐 김형욱을 이용해 오랑캐 박종규를 친 셈이다.

물론 박정희의 암묵적 지시가 있었으므로 박종규도 이권을 포기했고 이후락도 박동선을 인정했던 것이다.

'리비에라가 해결됐도다' — 1972년 3월 21일 회복

박동선에게 1972년 3월 21일은 제2의 탄생을 의미할 정도로 역사적인 날이었다. 약 1년 3개월 만에 쌀 중개권을 회복한 것이다. 절치부심, 갖은 공작 끝에 마침내 뒤집기에 성공한 것이다.

이날 이후락은 안광석 조달청장에게 지시해 박동선을 한국 쌀 수입 중개상으로 임명한다는 공문을 작성토록 했다. 이 공문을 받아든 감동적인 순간을 자신의 다이어리에 기록했다.

"리베에라가 해결됐도다."

리비에라는 쌀 중개권 문제를 일컫는 것으로 쌀 중개권을 마침내 되찾았다는 뜻이다. 박동선은 조달청장의 한국 쌀 수입중개상 임명 공문을 들고 워싱턴으로 금의환향했다.

박동선은 1972년 3월 23일 워싱턴에 돌아오자마자 같은 날 패스만과 도래부터 만났다. 끈질기게 돈을 빨리 달라고 반협박 조로 요구했던 패스만에게 자초지종을 설명했다. 남은 것은 패스만과의 약속을 지키는 일이었다. 약속은 일주일이 채 안 돼 즉각 이행됐다.

1972년 3월 27일에 패스만에게 캐시 5000달러가 건네졌다. 3월 28일에 캐시 만 달러가, 그 다음 날에도 역시 캐시 만 달러가 전달됐다. 총

2만 5000달러가 3월에 지급됐다.

그것으로 끝이 아니었다. 4월 3일 루이지애나를 방문해 패스만에게 캐시 만 달러를 전달했다. 선물은 그것뿐만이 아니었다. 패스만의 부탁대로 얌 농장을 방문해 얌 1000상자를 매입했다. 얌을 팔게 된 농민도 패스만에게 2000달러의 정치헌금을 했다.

한 달 뒤인 5월 1일에 또 캐시 5000달러가 전달됐다. 쌀 중개권을 회복했지만 단 한 푼의 커미션도 받지 못한 상태에서 패스만에게는 4만 달러를 건넨 것이다. 그만큼 패스만이 힘이 세기 때문이다. 이 사람이 마음만 먹으면 다시 자기를 자를 수도 있다는 학습효과가 박동선을 짓눌렀다.

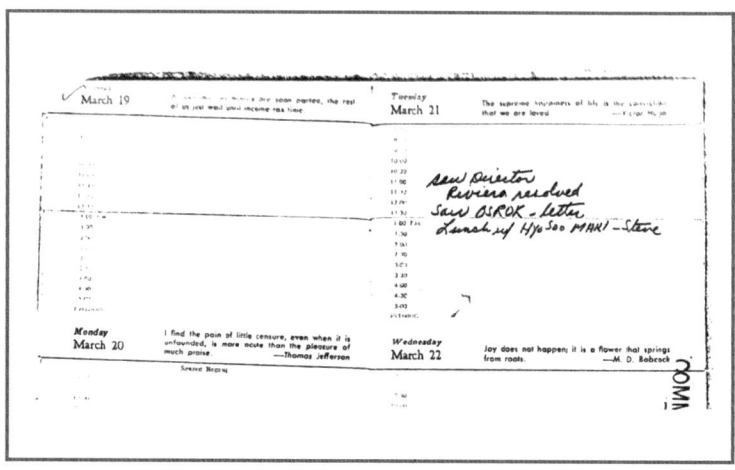

1972년 3월 21일자 박동선의 다이어리로 'RIVIERA RESOLVED(리비에라 리졸브드)', 쌀 중개권 문제가 해결됐다고 적혀있다. 리비에라는 쌀 중개권 문제를 뜻하는 암호다.

박종규 스위스 계좌서 19만 달러 인출— 서명은 '진'

박동선은 쌀 중개권 회복과 함께 미 의원들에게 줄 정치헌금도 돌려받았다. 박종규가 강선태를 내세워 받았던 쌀 커미션 중 일부를 받은 것이다.

박동선은 상원 청문회에서 자신이 쌀 중개권을 상실했던 1971년 박종규 쪽에 지급된 커미션은 모두 80만 달러 정도라고 밝혔다. 한국이 쌀을 수입한 양에 톤당 커미션을 계산하면 80만 달러라는 것이다. 수입량이나 커미션은 공개된 자료로 추정한 것이므로 틀림이 없다는 것이 박동선의 주장이다. 그러나 박동선이 돌려받은 돈은 19만 달러였다. 그래서 현재까지 국내에는 1971년 커미션 총액이 19만 달러 정도라고만 알려졌지만 사실은 그 4배인 80만 달러였던 것이다.

박동선이 김형욱에게 보여줬던 정치헌금 리스트의 헌금 약속 액수 합계가 19만 달러였거나 박종규가 이미 60만 달러를 착복하거나 사용해 버리고 남은 돈 19만 달러만 준 것으로 보인다. 아마도 최소한 정치헌금 약속 액수는 돌려줬다고 보는 것이 맞을 것이다. 그렇게 하지 않으면 정치헌금에 차질이 생기고 그렇게 되면 또 다시 문제가 발생해 박정희가 진노할 수 있으므로 적어도 그 리스트의 액수는 반환했을 가능성이 크다.

과연 박동선이 그 리스트대로 헌금을 했는지는 100% 확인할 수 없지만 말이다.

이 19만 달러를 돌려받는 과정에서도 엄청난 비밀이 드러난다. 박종규가 스위스에 자신이 관리하는 계좌를 두고 있음이 밝혀진 것이다. 박동선은 조달청의 공문과 함께 박종규가 관리하는 스위스 계좌에서 현금 19만

> Mr. HARRIS. Did you look at the document?
> Mr. RYU. Yes; I had a chance to look at it.
> Mr. HARRIS. What was the document?
> Mr. RYU. Essentially it was a letter authorizing a Swiss bank to transfer funds to his account at the Equitable Trust in Baltimore.
> Mr. HARRIS. By "his account" you mean Tongsun Park's account?
> Mr. RYU. Yes.
> Mr. HARRIS. How much did it authorize to transfer out of this Swiss account to Mr. Park's account?
> Mr. RYU. One hundred ninety thousand.
> Mr. HARRIS. Did you in fact go to Switzerland?
> Mr. RYU. Yes; I did.
> Mr. HARRIS. Upon arriving in Switzerland, did you go to the bank?
> Mr. RYU. Yes.
> Mr. HARRIS. Tell us what happened at the bank.
> Mr. RYU. Well, I arrived in Zurich and went to the bank and located the designated person and handed the documents and got the confirmation.
> Mr. HARRIS. At the time that you were with the person in the Swiss bank, did you have an opportunity to look at the signature card for the account on which money was being withdrawn?
> Mr. RYU. Unfortunately, yes.
> Mr. HARRIS. Can you tell us what you saw on the signature line?
> Mr. RYU. There was one Chinese letter.
> Mr. HARRIS. One Chinese letter?
> Mr. RYU. One Chinese character.
> Mr. HARRIS. Would you tell us as best you can how that would be pronounced in English?
> Mr. RYU. It was pronounced—it could be pronounced jin—j-i-n.
> Mr. HARRIS. Was there anything else on the signature line?
> Mr. RYU. No.

1978년 4월 5일 류재신 증언 속기록으로 스위스를 방문, 19만 달러를 인출하는 과정을 담고 있다.

달러를 볼티모어 소재 에쿼터블트러스트 금융회사의 박동선 계좌로 송금하는 것을 허용한다는 위임장을 받았다.

박동선은 1972년 4월 자신의 직원인 류재신에게 예금 인출위임장을 주며 스위스로 보냈다. 류재신은 스위스에 도착한 뒤 지정 은행 지정 직원에게 이 서류를 제시했다고 한다. 류재신은 이 인출서류의 서명을 확인했다. 서명란에는 '진'이라는 한문이 딱 한 자 적혀있었다고 한다.

과연 이 '진'이라는 서명이 누구의 서명인지는 알 수 없다. 이 돈은 볼티모어의 에쿼터블트러스트 금융회사의 박동선 계좌로 송금됐다.

산 넘어 산― 살았나 했더니 또 삐꺽

뜻밖의 복병― 농무성, '박동선 자격 없다' 반대

조달청의 한국 쌀 수입 중개인 자격을 받은 박동선은 모든 것이 잘 해결됐다고 생각했지만 뜻밖의 복병을 만났다. 그야말로 첩첩산중이었던 것이다.

박동선은 미국으로 돌아온 뒤 코넬미곡설탕회사로 조달청의 공문을 보냈다. 코넬미곡설탕회사는 캘리포니아 주와 루이지애나 주의 쌀을 미리 산 뒤 한국에 되파는 회사였다. 말하자면 입도선매해서 이익을 남기는 회사였다. 박동선은 문제없을 것이라고 생각했지만 뜻밖에도 코넬미곡설탕회사는 즉각 박동선을 인정할 수 없다고 밝혔다.

코넬사는 쌀 거래에서 에이전트는 판매자의 에이전트인데 왜 구매자인 한국이 에이전트를 지정하느냐며 조달청이 박동선을 에이전트로 지정한 데 대해 격분했다. 코넬사는 화를 내는 데 그치지 않고 1971년 3월 30일자로 농무부에 항의 편지를 보냈다. 구매자가 무자격자를 에이전트로 지정했다며 사실상 '신고'를 해버린 것이다.

1971년 4월 13일 박동선은 뉴저지에 있는 코넬사를 방문해 글로버 코넬 사장을 만났으나 일언지하에 거절당했다. 깜짝 놀란 박동선은 4월 14일 패스만에게 전화로 이 사실을 알렸다. 패스만은 내일 다시 글로버 코넬 사장을 만나 협상을 해보라고 말했다. 4월 15일 박동선이 재협상을 벌였지만 한 발도 진전이 없었다. 급기야 4월 17일 코넬은 농무부에 다시 한 번 전문을 보내 박동선을 에이전트를 시켜도 되는지를 물었다. 농무부는 박동선은 자격미달인데다 판매자를 위해서 일하는 에이전트가 아니라며 반대의사를 분명히 밝혔다.

박동선은 뒤늦게 농무부의 이 같은 견해를 전해 듣고 자신을 에이전트로 해달라는 요구를 자진 철회했다. 농무부도 4월 21일 박동선이 에이전트를 철회했음을 코넬에 정식 통보하며 박동선 불가 입장을 다시 한 번 통보했다.

보통 문제가 아니었다. 패스만 등 돈 나갈 곳은 많은데 천신만고 끝에 회복한 쌀 중개인 자격은 다시 날아갈 위기에 처한 것이다.

이후락 영향권 '대한농산' 통해 커미션 받기로

사정이 어떻게 돌아가는지 파악하지 못했던 코넬은 한국 조달청에도 공문을 보냈다. 1972년 5월 초 조달청에 "에이전트 없이 거래를 하자, 그렇게 하면 돈도 절약될 것"이라고 주장한 것이다. 그러나 조달청은 에이전트가 없으면 쌀을 구매할 수 없다고 통보했다.

코넬이 사태의 심각성을 파악하고 협상테이블로 나왔다. 박동선에게 자격이 있는 업체를 찾아보라고 했다. 박동선은 자신과 인연이 있던 한국산업을 중개인으로 내세우겠다고 말했다. 그러나 농무부는 한국산업도 무자격자라며 거부했다.

그래서 어쩔 수 없이 대한농산을 중개인으로 등록했다. 대한농산은

'대농'으로 알려진 회사로 박용학이 운영하고 있었다. 미도파백화점을 설립한 회사가 바로 대한농산이다. 이른바 이후락의 보호를 받는 5인방에 속하는 회사였다. 돌고 돌아 이후락에게 쌀 중개권 커미션 일부가 떨어진 것이나 다름없었다.

1972년 8월 8일 박동선이 작성한 대한농산 명의 계좌신청서로 박동선이 사장이라고 기재돼 있다.

농무부는 대한농산은 적격업체라며 중개인으로 인정할 수 있다고 밝혔다. 박동선은 대한농산을 앞세워 계약할 수밖에 없었다. 1972년 3월 21일 쌀 중개권을 회복한 뒤 3개월이 지난 1972년 6월 16일에야 중개인 계약이 체결됐다.

대한농산을 중개인으로 하고 대한농산 명의의 계좌를 미국에 개설, 커미션을 받기로 하되 계좌는 박동선이 관리하며 대신 대한농산에 커미션의 10%를 떼주기로 했다고 박동선은 청문회에서 증언했다. 이후락의 보호를 받던 대한농산은 이름만 빌려주고 10%를 챙긴 것이다. 박동선은 이에 대해 남의 이름을 빌린다면 10% 정도는 주는 것이 당연하다고 증언했다. 이후락이 떡을 만지니 떡고물이 떨어진다고 한 것은 바로 이를 두고 한 말인 모양이다.

이 당시 박동선이 아메리칸시큐리티에 대한농산 계좌를 개설하면서 작성한 신청서도 하원 청문회에 증거로 입수됐다. 이 계좌신청서는 1972년 8월 8일자로 작성됐으며 대한농산은 워싱턴에 주소를 둔 수출입회사라고 기재돼 있다.

계좌번호는 01-861-41-678이고 박동선이 사장이며 계좌의 유일한 인출권자로 명시되었다.

생사여탈권 쥔 패스만에 돈다발

커미션 받자마자 상납 시작— 이틀이 멀다하고 돈다발

아직 첫 커미션을 받지 못했지만 패스만은 약속한 돈의 지불을 요구했다. 코넬사와 계약이 체결된 지 일주일이 지난 1972년 6월 23일 박동선은 패스만에게 7000달러를 지불했다.

감격의 첫 커미션이 박동선이 관리하는 대한농산 계좌로 입금된 것은 계약으로부터 한 달 보름이 훨씬 지난 1972년 8월 9일이었다. 박동선은 커미션을 받자마자 당일로 패스만에게 1만 5000달러를 건넸다.

이런 식으로 1972년 한 해만 패스만에게 건네진 돈이 6만 9000달러였다. 여기에는 홍콩에서 도레에게 빌려서 시계대금 명목으로 지급한 5000달러와 박동선이 매입해준 얌 1000상자에 대한 커미션으로 얌 업자가 패스만에게 보낸 2000달러를 포함한 것이다.

그러나 사실 박동선은 1972년 11월 18일께 패스만에게 2만 5000달러를 더 전달했던 것으로 보인다. 패스만의 정치자금 관리인 격이었던 도레이 은행계좌에 2만 5000달러가 입금됐음을 하원 청문회가 찾아낸 것이다. 그로부터 닷새 뒤 도레는 똑같은 금액을 패스만 회사인 패스만투자회사를 수령인으로 해서 수표로 발행했다. 이 돈에 대해 도레는 패스만에게 돈을 빌린 뒤 갚은 것이라고 주장했다. 하지만 패스만이 박동선에게서 현금으로 2만 5000달러를 받은 뒤 출처를 숨기기 위해 자신의 계좌에 입금하지 않고 도레의 계좌에 입금하게 한 것으로 보인다. 그 뒤 패스만-도레 간에 차용증을 만들고 도레가 그 현금을 수표로 만들어 패스만에게 돌려준 것이다.

이때부터 박동선은 더 이상 다른 의원들은 필요 없다고 생각했다. 패스만 한 명만 있어도 자신의 쌀 중개인 지위를 지킬 수 있다고 판단하고 패스만과의 관계를 더욱 돈독히 해나갔다.

박동선-패스만의 밀월은 계속됐다. 패스만은 박동선의 일이라면 발 벗고 나섰고 한국 일도 적극 도왔다. 1974년 10월에는 패스만이 한국에 있는 박동선에게 전문을 보내서 한국에 대한 군사원조 상황을 상세히 설명하기도 하는 등 한국으로 수십 차례 전문을 보냈다. 또 1974년 11월 패스만은 한국이 쌀을 더 많이 주문할 수 있도록 압력을 가했다.

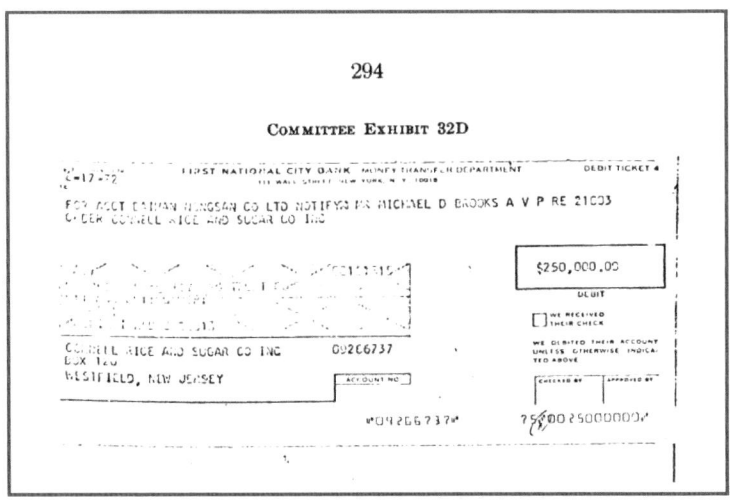

1972년 8월 17일 박동선에게 대한농산 명의로 지급된 쌀 중개 커미션 25만 달러짜리 수표

패스만의 배신— '1975년부터 중개인 없애자'

박동선은 패스만의 대활약으로 1975년 쌀 중개인으로서 사상 최대의 커미션을 받게 된다. 1974년 말 40만 톤을 1975년분으로 계약한 것이다. 그래서 1975년 커미션은 375만 달러에 이르게 된다.

1974년 12월 계약이 성사된 뒤 박동선은 패스만에게 초안을 써주며 초안대로 중앙정보부장에게 감사편지를 보내게 한다. 그러나 패스만이 꼼수를 발휘했다. 패스만은 박동선의 초안에다 한 단락을 추가했다.

패스만은 중앙정보부장에게 보낸 편지 말미에 코넬이 PL480에 따른 쌀 판매에서 중개인 없이 거래할 수 있도록 준비했다며 한국은 1975년부터 중개인 없이 구매할 수 있다고 적었다. 더 이상 박동선의 쌀 중개권이 의미가 없게 된 것이다.

예전에는 패스만이 박동선의 중개권을 인정해주도록 한국 정부에 요청했으므로 한국이 그 요청을 들어줬지만 패스만이 이제 필요 없다고 함으로써 한순간에 '팽'당한 것이다.

패스만이 이처럼 박동선을 배제하게 된 것은 박동선의 소개로 코넬사 사장 글로버 코넬을 만난 뒤 박동선보다는 글로버 코넬과 짝짝꿍이 됐기 때문이다. 굳이 박동선을 중간에 내세우지 않고도 코넬사로부터 자신이 직접 커미션을 받을 수 있다는 자신감이 생긴 것이다. 패스만 입장에서는 박동선이 커미션 대부분을 챙기고 자신이 그 일부를 받는 데 만족할 수 없었다. 그래서 통째로 삼키려 했을 가능성이 크다.

또 하나 주목할 것은 1975년부터 외국인으로부터의 정치헌금을 받을 수 없도록 법이 개정됐기 때문이었다.

　박동선과 패스만의 반목 그 이후 달콤하면서도 불안했던 밀월이 3년 만에 종말을 맞은 것이다.

패스만 약 30만 달러 받아— 도레에게 책임 전가도

　패스만이 박동선에게 실제 받은 돈이 얼마인지를 놓고 의견이 엇갈렸다. 박동선 또한 여러 의원들에게 돈을 전달하다보니 장부를 꼼꼼하게 적는다고 해도 정확한 수치를 뽑아내지 못했다. 하원 청문회 조사위원들은 박동선 은행계좌를 샅샅이 살폈지만 현금으로 전달된 돈을 명확히 입증하지 못했고 박동선은 그 사실을 알고 하원에서 주장하는 것보다 적은 돈을 줬다고 주장했다.

　대체적으로 박동선은 패스만에게 1972년 7만 2000달러, 1973년에 10만 3000달러, 1974년에 10만 달러 등을 줬다. 이 3년 외에도 돈을 준 것을 감안하면 최소한 28만 달러 이상이 건네진 것이다.

　1973년 4월 8일 박동선의 다이어리에는 'MET GROVER NY 80? AS 150? BERMUDA'라고 적혀있었다.

　박동선은 이것이 코넬사 사장 글로버 코넬로부터 커미션을 받아서 8만 달러는 아메리칸시큐리티에 입금하고 15만 달러는 버뮤다에 개설한 계좌에 입금한 것을 의미한다고 밝혔다. 또 자신이 그 다음날인 4월 9일 아침 버뮤다로 날아가 입금 사실을 확인했다고 말했다.

　'150 130 CASH 75 50 2'라는 암호 같은 메모도 발견됐다. 박동선의

15만 달러의 커미션 중 13만 달러를 캐시로 인출했다는 의미이다.

더 중요한 메모는 바로 그 다음 대목이다.

'75 PLUS 50 PLUS 2 TO P'라는 아리송한 메모가 발견됐다. 이는 7만 5000달러와 5만 달러, 즉 12만 5000달러를 패스만에게 줬는데 5만 달러는 매년 5만 달러를 선거자금 명목으로 후원한다는 약속에 따른 것이었고 7만 5000달러는 다른 명목이었다는 것이 하원 청문회의 설명이다.

패스만은 이 7만 5000달러에 대해 자신에게 준 돈이 아니라 박동선이 도레에게 준 돈이라고 주장했다. 그러나 도레는 그 같은 사실은 신문보도를 통해 처음 알았다며 자신은 7만 5000달러를 받지 않았다고 주장했다. 아마도 패스만은 궁지에 몰리자 다시 도레를 언급하며 위기를 모면하려 했던 것으로 보인다.

패스만은 1970년 대부터 매년 한두 차례씩 한국을 방문하는 등 적어도 10회 이상 한국을 찾았다. 하원의 외국원조소위원장이었으므로 대통령, 국무총리, 중정부장 등을 수시로 만났다. 비단 한국뿐 아니라 미국의 원조를 받는 약소국들은 그야말로 그의 '밥'이었다. 또 스위스, 태국, 홍콩 등 가는 곳마다 그의 단골 보석상이 있었다.

보석가게가 돈세탁 창구— 고향서 뜻밖의 무죄 판결

하원 윤리위 특별조사관 재워스키는 박동선에게 1975년 패스만에게 30만 달러를 준 것이 아니냐고 추궁했지만 증거는 대지 못했다.

1975년은 사상 최대 커미션을 얻은 시기여서 패스만에게 돈이 넘어

갔을 가능성을 배제할 수 없다. 그러나 동시에 1975년 1월부터 외국인으로부터 정치자금을 받는 것이 금지됐기 때문에 과연 패스만이 돈을 받았는지는 알 수 없다.

하지만 1976년에도 패스만이 박동선에게 3000달러를 받았음을 감안하면 1975년 액수 미상의 돈을 받았을 가능성이 크다. 패스만이 그처럼 큰 이권을 그냥 두지 않았을 것이다. 특히 패스만이 1974년에 한 톨의 쌀이라도 더 수출하기 위해 사력을 다한 것을 보면 적지 않은 커미션을 챙겼겠지만 증거는 없었다.

하원 청문회에서는 또 패스만이 보석가게를 통해 돈세탁을 했음도 밝혀냈다. 시계와 보석에 관심이 많았던 패스만이 자신의 전공을 살려 보석가게를 이용했던 것이다.

패스만은 1976년 2월 27일 이른 아침 소마빌라라는 사람이 운영하던 버지니아 주 알렉산더의 보석가게에 나타났다. 패스만은 소마빌라에게 자신에게 캐시 7000달러가 있는데 이 돈을 받고 보석가게 명의로 자신에게 수표를 끊어달라고 요구했다. 당시 소마빌라는 은행에 7000달러짜리 수표를 발행할 만큼 잔고가 없었지만 패스만에게 캐시 7100달러를 받아 은행에 입금하고 7000달러짜리 수표를 건넸다. 수표를 건넨 명목은 패스만에게 시계를 산 대금으로 기재했다. 그러나 그날 패스만은 시계를 팔지 않았다.

결국 패스만이 누군가로부터 받은 캐시 7000달러를 수표로 돈세탁했던 것이다.

패스만은 1976년 11월 선거에서 패배함으로써 의회를 떠나게 됐다.

그 뒤 패스만은 1978년 3월 31일 박동선에게서 21만 3000달러를 받은 혐의로 기소됐다. 기소장에 적힌 뇌물액수는 의회 추정치보다 30% 가량 적었다.

한 달 뒤인 4월 28일에는 탈세혐의가 추가됐다. 하지만 패스만은 워싱턴법원에 계류된 재판을 자신의 홈그라운드인 루이지애나로 옮겨간 뒤 뜻밖에 무죄선고를 받았다.

민셀 통한 레어드 국방장관 공략

레어드 국방장관 절친 민셀에게 거액 전달

해너, 갤러거, 패스만에 이어 박동선이 공을 들인 사람은 민셀 하원의원이었다. 박동선이 민셀에게 접근한 것은 그가 멜빈 레어드 국방장관의 둘도 없는 친구였기 때문이다.

박동선과 민셀이 처음 만난 것은 1968년께였다고 한다. 그해 11월 대통령 선거에서 닉슨이 당선됐고 닉슨이 내각인선 과정에서 1969년 레어드를 국방장관에 앉힘으로써 민셀은 박동선에게 빼놓을 수 없는 로비 대상으로 부상했다. 한국으로서는 미국 국방장관의 힘이 절실했기 때문이다.

박동선은 1970년 민셀에게 한국 방문을 제의했고 1970년 9월 3일 민셀

이 한국을 방문했다. 1970년 8월 26일 박동선은 민셀의 한국 방문을 일주일여 앞두고 그에게 캐시 5000달러를 전달했다. 박동선은 민셀의 조선호텔 체류경비 조로 5000달러를 전달한 것이라고 밝혔지만 민셀은 부인했다.

민셀은 의정활동을 위한 방문으로 포장했지만 사실상 박동선을 위한 방한이었다. 한국 주요 인사들을 만나 박동선의 영향력을 입증해주는 게 방한 목적이었다.

민셀은 1972년 4월 다시 박동선의 요청을 받아 한국을 방문하기로 합의했다. 박동선이 경비를 부담하는 조건이었으므로 다시 박동선에게서 5000달러를 받았다는 의혹이 일었다. 그러나 민셀은 이때 역시 자신은

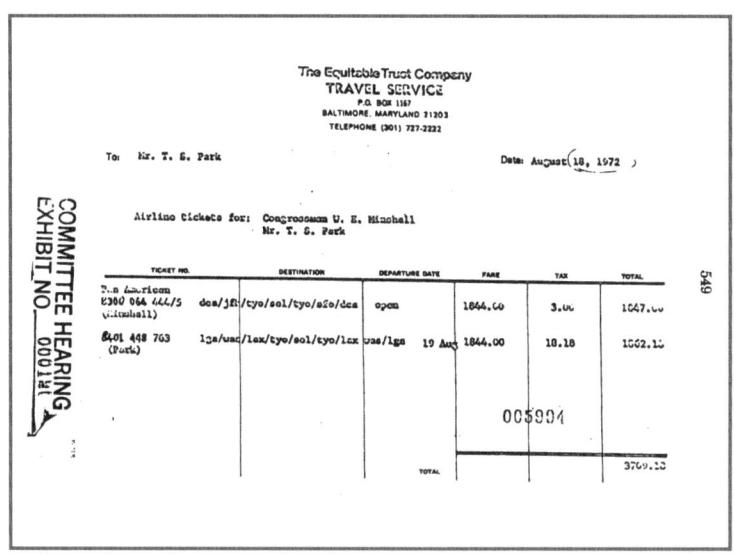

1972년 8월 18일자 여행사 대금청구서로 박동선이 민셀 하원의원에게 한국행 비행기 표를 사줬음을 알 수 있다.

돈을 받지 않았다고 주장했다. 민셸은 박동선이 1972년 선거에서 만 달러를 주기로 했으나 실제로는 6000달러 정도만 받았으며, 박동선 장부에 1972년 4월 5000달러라고 기재된 것이 바로 그 정치헌금이라고 주장했다.

1972년 4월로 예정됐던 민셸의 방한은 미국 공화당 전당대회 직후인 1972년 8월 실현됐다. 방한기간은 1972년 8월 28일부터 9월 4일까지였으며 박동선이 왕복 비행기 티켓을 끊어주었다. 민셸은 박동선이 한국 체류 경비를 부담한 것은 맞지만 그 외에 어떤 돈도 받지 않았다고 밝혔다.

하지만 박동선은 민셸의 요청에 따라 체류경비 외에 방한 전인 8월 17일 500달러를 지급했다고 증언했다.

민셸 통해 닉슨 재선캠프에 2만 달러 이상 건네

박동선은 1972년 대통령 선거 직전 닉슨 대통령 재선캠프에도 현금다발을 전달했다. 박동선은 민셸이 정치자금을 요구해서 돈을 줬다고 밝혔다.

박동선은 의원회관인 레이번하우스에서 민셸에게 돈봉투를 전달했고 민셸도 봉투를 받은 사실을 인정했다. 박동선은 이 돈이 2만 달러 내지 2만 5000달러 정도였다고 증언했다. 민셸은 박동선이 준 돈봉투를 재킷에 넣고 즉각 닉슨 재선캠프의 잭 맥그리거 사무실로 갔다고 밝혔다. 민셸은 맥그리거에게 박동선이 준 돈이라며 돈봉투를 전달했으며 자신은 그 돈이 얼마인지도 몰랐다고 주장했다.

맥그리거도 선거일 10일 전쯤, 그러니까 1972년 10월 말 민셸로부터 정치헌금 봉투를 받았으나 그 자신도 액수를 몰랐고 조지타운클럽 관계자가 기부한 것이라는 설명을 들었다고 전했다. 맥그리거는 이 돈을 재선캠프 선거자금 담당자에게 전달했다. 그러나 닉슨 대통령 재선캠프는 기부금에 대한 기록을 남기지 않았고 하원 윤리위도 이 돈이 현금이었기 때문이 입증할 자료를 찾지 못해 아무런 결론도 내릴 수 없었다고 밝혔다.

결국 닉슨에게 전해진 2만 달러 내지 2만 5000달러는 캐시로 전달된 것이기에 그 진위 여부를 밝히지 못한 것이다.

박동선의 장부를 살펴보면 1971년 8월 6일에도 민셀에게 1000달러를 줬다고 기록돼 있지만 민셀은 이 또한 부인했다. 또 1973년 8월에도 민셀에게 만 달러를 전달했다는 의혹이 제기됐다.

박동선이 해너나 갤러거, 패스만에게 준 돈에 비하면 민셀에게 준 돈은 그야말로 '껌값' 정도였지만 민셀은 박동선에게 레어드 국방장관을 소개시켜줌으로써 박동선에게 또 다른 날개를 달아준 장본인이었다. 특히 박동선은 레어드를 자신과 박정희를 이어주는 소통의 통로로 활용했다는 것이 하원 청문회의 결론이었다.

대사관도 손든 레어드 면담, 박동선이 성사시켜

박동선은 민셀의 덕을 톡톡히 보았다. 자신이 수시로 레어드를 만나는 것은 물론 한국 주요 인사들이 레어드를 만날 수 있도록 주선하기도 했다.

1971년 1월 정일권과 전 중앙정보부장 김계원이 미국을 방문했다.

이들은 미국에 오기 앞서 레어드 국방장관을 만날 수 있도록 준비하라고 주미한국대사관에 지시했다. 주미한국대사관은 레어드 장관 면담을 성사시키기 위해 백방으로 뛰었지만 역부족이었다. 결국 실패했다.

그러나 박동선이 나서서 정일권 김계원과 레어드 장관 면담을 성사시켰다. 박동선은 레어드를 직접 만나 정일권이 한국전 때 맥아더 장군의 '오른팔'이었다며 그를 만나달라고 요청했고 레어드는 박동선의 부탁을 들어준 것이었다. 주미한국대사관의 코가 납작해지고 다시 한 번 박동선의 영향력이 부각되는 순간이었다.

박동선은 개인적으로도 평생 동안 정일권의 지지를 받았으므로 정일권의 부탁을 거절할 처지가 아니었다. 박동선은 이 면담 주선을 통해 도랑 치고 가재 잡고 돈까지 주은 것이다. 류재신 또한 박동선이 정일권-레어드 면담을 주선했다고 인정했다.

박동선의 이 같은 활약은 국내 언론에도 보도됐다. 1971년 1월 23일자 국내 신문들은 정일권이 1971년 1월 22일 레어드 국방장관을 만나 한국군 현대화 문제를 비롯한 한국의 안보문제를 논의했다고 보도했다. 정일권은 회담을 마친 뒤 레어드 장관이 한국군 현대화 계획은 기필코 실현하겠다고 재다짐했다고 밝히고 북괴가 재침할 경우 한미 양국은 힘을 합쳐 이를 물리칠 것이라고 굳은 결의를 다졌다고 말했다. 보도 말미에서 박동선의 활약이 입증된다. 정일권의 레어드 국방장관 면담에는 김계원 전 중앙정보부장과 민셀 의원, 한국의 실업가 박동선 씨도 참석했다고 돼 있다. 박동선이 민셀을 움직여 레어드 장관 면담을 성사시켰고 그 자리에 자신도 동석했던 것이다.

당시 국내 언론은 정일권은 1971년 1월 14일 미국에 도착해 5일간 워싱턴에 머물다 18일 런던으로 떠날 것이라고 보도했다. 당초 일정상 미국 체류는 5일이었던 것이다. 그러나 박동선이 레어드 면담을 주선함으로써 워싱턴 체류가 4일 더 길어졌고 21일 레어드 면담을 마치자 22일 워싱턴을 출발, 런던으로 향했다. 이 같은 사실도 당초 레어드 면담이 불발됐으나 박동선이 움직여 성사시켰음을 보여주는 것이다.

특히 그는 칼 알버트 의장과 정일권-김계원의 면담도 주선했다. 정일권, 김계원에게는 잊을 수 없는 환대였다.

알고 보니 정일권 큰 딸도 조지타운클럽서 결혼

정일권은 1971년 1월 15일 조지타운클럽을 방문한 데 이어 그 이튿날에는 그의 딸 결혼식을 조지타운클럽에서 치른 것으로 드러났다. 박동선이 결혼식장으로 조지타운클럽을 제공했음은 물론이다. 결혼식에는 미국의 주요 인사들이 참석했다.

1917년 두만강 강변인 함경북도 경원에서 태어난 정일권은 첫 번째 부인과의 사이에 세 딸을, 두 번째 부인과의 사이에 1남 1녀를 뒀다. 특히 1977년 국회의장 재직 때 오스트리아에서 유학하고 돌아온 29세 연하의 바이올리니스트 박혜수 씨와 재혼해 화제를 뿌렸다.

그런데 정일권의 큰 딸이 정일권의 방미와 때맞춰 워싱턴의 고급 사교클럽인 조지타운클럽에서 결혼식을 올린 것이다. 그리고 이 같은 사실은 박동선이 청문회에서도 시인한 내용이다. 정일권 자신도 재혼과 관련해 세간의 이목을 끌었지만 큰 딸이 조지타운클럽에서 결혼식을 올렸다는 사실도 깜짝 놀랄 일이다. 그의 둘째 딸은 5년 뒤인 1976년 8월 27일 서울 타워호텔에서 혼례를 치렀다.

당시 정일권의 세 딸과 미국 보스턴에서 친분을 맺었다는 한 여성은 필자에게 딸들의 숨은 이야기를 털어놓았다. 놀라운 것은 딸들이 정인숙을 잘 알고 있었고 이 여성에게 정인숙과 너무 닮았다는 말을 했다는 것이다. 이 말은 정일권의 딸들이 언론보도 등을 통해 피상적으로만 정인숙을 알았던 것이 아니라 그녀 얼굴을 똑똑히 기억할 정도로 깊숙이 알았음을 의미한다.

이 여성은 또 정일권의 큰 딸이 살림을 차린 시카고를 방문하기도 했다. 정일권 큰 딸이 직접 차를 몰고 시카고 오헤어공항으로 마중을 나와 자신의 살림집으로 데려갔다고 한다. 그녀의 살림집은 고급아파트였다고 한다. 놀랍게도 그 집에는 한국의 골동품들로 가득 차 있었다. 이 여성이 정일권의 딸에게 "언니, 이런 골동품은 문화재 아냐? 이런 것 미국으로 가지고 올 수 있어?"라며 놀라서 묻자 정일권의 딸은 웃으면서 "아 그거, 그래 그렇기는 하지. 그렇지만 뭐…" 하면서 말꼬리를 내렸다고 한다.

중정요원이 장관실 따라가 레어드 면담 목격도

1971년 한미연례안보회의에 이례적으로 레어드 장관이 직접 참석한 것도 박동선이 민셸을 통해 레어드를 움직였기 때문이었다.

박동선은 1973년 8월 민셀에게 만 달러를 주기 전날에도 레어드 국방장관을 독대했다. 특히 이날 만남은 우연인지, 사전 각본에 의한 것인지, 주미한국대사관에 근무하던 중정요원이 직접 목격하게 된다.

박동선이 레어드를 만나러 가는데 중정요원 임규일이 동행하게 된 것이다. 물론 박동선만 레어드를 만났고 임규일은 국방장관 대기실에서 기다렸다. 이 사건을 두고 임규일이 국방장관을 직접 만났느냐 또는 임규일을 왜 데려갔느냐 등의 하원의 추궁이 이어졌다.

박동선이 그날 아침 임규일이 자신의 사무실로 찾아왔으나 국방장관과의 약속 때문에 시간이 없었다고 한다. 그래서 차를 타고 가면서 이야기하자고 제안했고 임규일은 그 제안을 받아들여 함께 펜타곤으로 갔다. 이 때문에 임규일은 박동선이 레어드 국방장관 집무실로 들어가는 것을 두 눈으로 똑똑히 보게 된 것이다.

이날 과연 박동선이 우연히 임규일과 동승했을까? 임규일은 박동선이 국방장관을 만나는 순간을 우연히 보게 된 것일까? 아마도 아닐 것이다. 임규일은 박동선의 국방장관 독대의 목격자로 예정돼 있었고 자신도 모르는 사이에 그 역할을 수행한 것으로 보는 것이 옳을 것이다.

박동선의 조종관 김상인이 작성한 것으로 추정되는 'TS 활동평가'라는 문서에도 박동선은 1972년 상반기에만 레어드 국방장관을 다섯 번이나 독대한 것으로 기록돼 있다. 이 문서는 박동선이 레어드 면담을 통해 1억 달러 추가 원조 확약을 받았고 팬텀기 6대 지원 약속을 받았다고 강조했다.

오닐 환갑상 차려준 사람이 박동선

오닐 의장 환갑상 차려준 사람이 바로 박동선

하원 민주당 원내총무를 거쳐 하원의장까지 지내며 한 시대를 풍미한 토마스 오닐 주니어도 박동선과 떼려야 뗄 수 없는 인물이다. 1963년 연방하원의원이 된 오닐은 1973년 1월부터 1977년 1월까지 하원 민주당 원내총무를 지냈고 1977년 1월부터 1987년 1월까지 10년간 하원의장으로 권세를 누렸다. 상하원 청문회가 열릴 때는 마침 그가 하원의장이어서 오해를 피하기 위해 한국 정부에 대해 강공을 펼치기도 했다.

오닐은 1969년 10월 14일 박정희의 3선 개헌과 관련, 하원본회의에서 지지 발언을 할 만큼 한국에는 우호적이었다. 1969년 3월 첫 하원의원단이 방한할 때 그도 방문단 일원으로 한국을 찾아 그 발전상을 직접 본 뒤로는 스스로 친한파가 된 인물이었다. 그가 하원 다수당인 민주당 원내총무가 된 뒤 1974년 4월에는 직접 의원단을 이끌고 방문하기도 했었다.

따라서 오닐은 초기부터 박동선의 로비 대상이었으며 도움을 주고받았다. 1971년 6월 쌀 중개권 회복을 위해 박정희에게 편지공세를 벌일 때 박동선은 오닐에게도 초안을 보내고 편지를 보내달라고 부탁했다. 한 번은 뉴욕에서 열린 양키스와 레드삭스의 경기를 보러 갈 때 티켓을 구하지 못해 오닐에게 부탁했고 오닐이 티켓을 구해주기도 했다고 증언했다.

더욱 놀라운 것은 오닐의 60회 생일파티, 즉 환갑잔치를 열어준 사람이 바로 박동선이라는 사실이다. 박동선은 1973년 12월 10일 자신의 조지타운클럽에서 오닐의 환갑잔치를 열었다. 오닐이 1912년 12월 9일생이므로 1973년 12월이 환갑이었다. 이날 생일파티의 초청자는 박동선과 해너, 민셀 등 3명이었지만 비용은 모두 박동선이 지불했다.

 60회 생일이란 동서양을 막론하고 가장 의미가 큰 날이다. 바로 이런 중차대한 생일파티를 박동선이 개최한 것은 오닐-박동선의 친분을 단적으로 보여주는 중대사건이 아닐 수 없다. 이날 참석한 사람은 의원 22명을 포함해 모두 86명에 달했다. 파티 비용은 1인당 23달러로 전체 비용은 1978달러였다고 한다. 이때 박동선은 오닐 의장에게 허리케인램프 한 쌍을 선물했다. 램프의 가격은 263달러 55센트였다. 파티가 열린 날 아침 조지타운클럽의 직원이 인근 가게에서 이 램프를 구입했으며 영수증이 발견됐다.

1974년 오닐 생일파티는 메디슨호텔서 열어줘

 1974년 오닐의 생일파티는 더욱 거창했다. 이번에도 역시 박동선이 파티를 주최했지만 장소는 조지타운클럽이 아니라 워싱턴 DC의 메디슨호텔이었다. 1974년 12월 16일 메디슨호텔은 상하원의원 등 미국을 움직이는 정계 거물들로 가득 찼다. 호텔 사장인 마셜 코윈도 첨석하는 등 모두 140명이 참석했다. 이날 파티 비용은 모두 5597달러였고 박동선의 회사인 태평양개발이 지불한 것으로 드러났다.

이날 박동선은 오닐 총무에게 그의 이니셜을 새긴 골프채를 선물했다. 그러나 하원 윤리위는 300달러 남짓의 이 골프채가 박동선 개인의 선물이 아니라 이날 참석한 의원들이 돈을 모아 산 것이라고 판단했다. 이날은 오닐에게도 최고의 날이었지만 박동선에게도 미 의회 로비의 정점을 찍는 최고의 날이었을 것이다. 당시 오닐은 민주당 총무에 불과했지만 알버트 의장의 힘이 쇠퇴하던 시점이어서 사실상 의장 행세를 하고 있었다.

이 파티 다음날인 1974년 12월 17일 바야 상원의원의 부인은 박동선에게 감사편지를 보냈다. 자신에게 오닐 옆자리라는 최고의 좌석을 배정해줘서 너무나 고맙다는 내용이었다. 아마도 박동선이 바야 상원의원 부부를 오닐의 자리인 헤드테이블에 배정한 모양이었다. 이처럼 박동선은 오닐 환갑잔치 주최자로서 자신이 좌석을 배치할 수 있는 권리를 이용해 자신과 친한 정치인을 오닐 옆에 앉힘으로써 자신의 힘을 과시했고 찬사를 받았던 것이다.

이에 앞서 1974년 봄에는 오닐을 단장으로 한 하원의원단이 한국으로 떠나기 직전 오닐과 방한 의원 일부를 자신의 집으로 초대해 만찬을 하기도 했다. 소규모 파티였다.

이처럼 박동선은 오닐에게 크고 작은 파티를 베풀었지만 파티만으로는 그들의 우의가 설명되지 않는다. 플러스알파가 있었다는 것이 많은 사람들의 추측이다. 그렇지만 하원 윤리위원회는 박동선이 주최한 오닐 생일파티나 생일선물 등은 공개석상에서 주어진 선물인데다 해당 파티가 수많은 언론에 보도된 점 등으로 미뤄서 은밀히 제공되는 뇌물로 볼 수 없다고 결론 냈다. 하원 윤리위원회가 의장에게 면죄부를 준 것이다.

오닐 의장 아들도 한때 박동선 회사서 이사 맡아

오닐뿐 아니라 오닐의 아들도 박동선과 밀접한 관계였음이 드러났다. 오닐의 아들인 토마스 오닐 3세가 1973년 박동선과 함께 맥로린 수산회사의 이사를 맡았던 것이다. 그러나 이 회사는 특별한 수익을 내지 못해 하원 윤리위원회는 이 또한 특별한 의미가 없다고 결론 냈다. 오닐은 자신의 아들이 박동선 회사의 이사를 맡았다는 사실을 몰랐다고 오리발을 내밀었다.

박동선이 매사추세츠 주의 오닐의 집에도 최소한 한 번 이상 방문했다는 사실도 밝혀졌다. 그 집에 방문해서 며칠간 묶었다는 것이다.

그러나 박동선은 청문회에서 오닐에게 단 한 푼도 주지 않았다고 강조했다. 정치헌금을 하지 않았다는 것이다. 이는 박동선의 집에서 압수한 문서와는 상반되는 것이다. 이 문서는 1974년 오닐의 방한과 관련해 오닐이 지지자들에게 줄 정치자금을 요구했으며 어딘가에 자금지원을 부탁하는 대목이 나온다. 오닐에게도 정치자금이 건네졌겠지만 수표가 아니라 캐시로 전달됐을 가능성이 크고 그래서 증거가 남지 않은 것으로 보인다. 그러나 박동선은 이 같은 문서를 전혀 본 적이 없다고 증언했고 하원 윤리위는 문서내용이 실현된 증거가 없다고 결론 냈다.

보고서를 읽어보면 힘의 관계가 훤히 드러난다. 한국까지 쫓아가 박동선의 한국 심문에 옵저버로 참석한 뒤 이를 언론에 낱낱이 중개하며 명성을 날린 카푸토는 하원 청문회에서 박동선에게 오닐과 관련된 날카로운 질문을 던졌다. 반면 오닐을 압박해 박동선을 하원 청문회장에 세운 재위스키는 오닐이 자신의 말을 고분고분 잘 듣고 또 하원이 청문회를 마무리할 때까지 오닐의 힘이 필요했기 때문이었는지 오닐에 관한 질문은 짧게 마쳤다.

조지타운 동창 류재신의 우정과 배신

조지타운대 동창 류재신은 야당 국회의원 아들

박동선의 로비와 그에 대한 법무부와 의회 조사를 언급할 때 빼놓을 수 없는 인물이 바로 류재신이다. 박동선과 류재신은 한때 바늘과 실의 관계였지만 이후 돈 문제로 앙숙이 됐고 결국 류재신이 박동선의 로비를 입증할 문서를 제시함으로써 큰 파문이 일게 된다.

류재신은 1937년 2월 14일생으로 1935년생인 박동선보다 2살 아래다. 류재신도 박동선처럼 조지타운대학 외교학과를 졸업했다. 박동선이 평안도 유지의 아들이었던 것처럼 류재신도 유력한 집안의 아들이었기에 그 시절 미국 유학을 갈 수 있었다. 류재신의 아버지는 광산업을 하던 갑부인 것은 물론 야당 국회의원을 역임했다. 류재신은 1957년 조지타운대학에 입학, 1961년 졸업했다. 박동선보다 후배였지만 박동선이 한국인

학생회활동, 아버지의 사망 등으로 학교를 쉬는 바람에 박동선보다 오히려 1년 일찍 학교를 마쳤다.

류재신은 학교 졸업 뒤 한국으로 귀국해 주한미국대사관에서 근무했다. 약 3개월 동안 근무하며 물품구매 등 총무 일을 담당했었다고 한다. 그 뒤 한국에서 대학원을 마친 뒤 대학에서 강의를 하기도 했고 가업인 광산업에 종사하기도 했다. 그는 자신의 전공을 살려 외교관이 되기를 원했지만 아버지가 야당 국회의원이었기에 불가능했다고 한다. 그는 한국에 있는 동안 사업상 한국을 왕래하던 박동선을 가끔씩 만나 서로의 안부를 묻곤 했다. 당시로서는 고급 레스토랑인 '일정목'에서 박동선에게 3만 원짜리 식사를 샀다고 한다. 3만 원은 미화 70달러로 적지 않은 돈이었다.

그런데 점점 가업인 광산업은 기울었고 류재신은 엎친 데 덮친 격으로 몸까지 아팠다고 한다. 그래서 류재신은 대학동창인 박동선과 운명적으로 엮이게 된다.

류재신은 1969년 10월 미국으로 돌아와 아이오와 주에서 수술을 받으며 6개월간 몸조리를 했다. 그러면서 미국에 정착해 살 길을 찾다가 박동선에게 몸을 의탁한 것이다.

철저한 박동선, 류재신 의회 보내서 트레이닝

류재신이 마침내 워싱턴에 도착한 것은 1970년 11월 3일이었다고 한다. 류재신은 박동선에게 일자리를 부탁했고 박동선은 조지타운대학 외교학과 출신의 류재신이 자신의 사업과 로비에 큰 도움이 될 것으로 판단, 받아들인 것이다.

박동선은 류재신에게 의회에서 경험을 쌓으라고 조언했고 류재신은 자신의 경력을 배려해주는 박동선에게 감사하다고 말했다. 박동선, 류재신 두 사람 모두 조지타운대학 외교학과 출신이라 상하원에 동창들이 많았다. 박동선과 류재신의 친구인 톰슨 의원 보좌관 밥 레베리스에게 도움을 청했고 레베리스는 류재신이 톰슨 하원의원 사무실에서 인턴십을 할 수 있도록 배려했다. 미국 정치는 의회정치이므로 의회가 어떻게 돌아가는지 익히는 것이 중요하고 그런 분위기를 익히는 데는 의원사무실이 안성맞춤이다. 류재신은 레베리스 밑에서 인턴십을 했고 월 400달러를 캐시로 받았다.

나중에 알고 보니 이 돈은 톰슨 의원이 아니라 박동선이 대준 돈이었다. 박동선은 레베리스에게 매달 400달러를 전해주면서 류재신이 기분 상하지 않도록 톰슨 의원이 주는 것처럼 전달해달라고 요구했던 것이다. 사실 의원사무실에는 무료 봉사하겠다는 인재들이 쇄도하므로 유급 인턴은 없다. 오히려 인턴을 마치고 정직원이 돼도 돈을 받지 않고 자원봉사하는 유력 인사들의 자제들이 많은 것이 현실이다.

류재신이 톰슨 하원의원 사무실에서 3개월 반 동안 인턴십을 끝내자 박동선은 류재신을 상원으로 보냈다. 자신과 오랫동안 친분이 있던 몬토야 상원의원에게 부탁해 류재신이 몬토야 사무실에서 일하도록 만든 것이다. 류재신은 몬토야의 공보비서 아래 배치됐으나 공보비서는 류재신에게 전혀 일을 맡기지 않았다. 또 류재신이 무엇을 하든 상관하지 않았다. 어쩌다 복사라도 시킨다면 류재신은 행복했다. 어깨너머로 분위기를 파악하고 눈치로 업무를 배우는 것이 의원사무실의 관행이었던 것이다.

이때도 류재신에게 월 400달러가 지급됐고 그 돈의 출처는 박동선이었다. 몬토야 상원의원 사무실에서도 3개월 반 동안 인턴십을 했다.

류재신 시켜 DJ에게 '쌀 문제 거론 마라' 로비

류재신은 자신이 워싱턴에 도착한 다음날인 1970년 11월 4일 박동선과 함께 상원의원 험프리의 조카인 앤 하워드와 하원의원 해너, 그리고 본스틸 전 주한미군사령관을 만났다고 한다. 그는 워싱턴에 오자마자 미국 상류층 저명인사들을 만나면서 박동선의 영향력을 실감했고 그와 함께 워싱턴을 좌지우지하는 로비스트로 대성할 꿈을 키웠다.

깜짝 놀랄 만한 일은 박동선이 1971년 이미 DJ에게 줄을 대 자신의 쌀 중개권 문제가 한국 국회 차원에서 거론되는 것을 막으려 했다는 것이다. 그리고 실제로 그것을 막아냈다.

류재신의 강점은 그가 야당 국회의원의 아들이라는 점이었다. 1971년 1월 말 박동선은 류재신에게 국회에서 쌀 중개권 문제를 한 번 언급했던 김대중을 만나라고 지시했다. 당시 김대중은 워싱턴을 방문 중이었다. 류재신은 김대중에게 연락해 2월 2일 DJ가 체류 중이던 메이플라워호텔에서 만나기로 약속했다. 그러자 1월 31일 미국 내 중정 책임자인 윤승국 공사로부터 연락이 왔다. 중정은 미국 내 DJ의 행적을 밀착감시하고

> Mr. HARRIS. Would you explain to us briefly what you put in your diary.
> Mr. RYU. I registered some important points and calls and social occasions that I felt need to be remembered.
> Mr. HARRIS. At this time I am going to ask Miss Mullin to show you a copy of committee exhibit 52 and ask if you can identify it.
> Mr. RYU. Yes. This is a photocopy of part of my diary covering February 1 through February 17—February 14.
> Mr. HARRIS. Calling your attention to the entry for February 1 opposite 9 a.m., will you please tell us what that is?
> Mr. RYU. "Mr. Yoon called me and OK'd to see Mr. Kim Dae Jung."
> Mr. HARRIS. Is this the call you have just testified about?
> Mr. RYU. Yes.
> Mr. HARRIS. Calling your attention to the entry for the next day, would you please tell us what it says there, February 2, 1971?
> Mr. RYU. It says, "Visited Kim Dae Jung at Mayflower Hotel between 10 a.m. and 1:30 p.m."
> Mr. HARRIS. Did you in fact meet with Kim Dae Jung at the Mayflower on that date?
> Mr. RYU. Yes.
> Mr. HARRIS. What, if anything, was the nature of your discussion?
> Mr. RYU. Well, as I was instructed by Mr. Park, I tried to convince him not to take the issue to the public if he can.
> Mr. HARRIS. What did Kim Dae Jung tell you?
> Mr. RYU. He said he would consider it.
> Mr. HARRIS. Calling your attention to an entry for February 5, would you please tell us what that says.
> Mr. RYU. It says, "10 a.m., Kim Dae Jung left for Korea 6 p.m., TWA."
> Mr. HARRIS. Did you meet with Kim Dae Jung on February 5?
> Mr. RYU. Yes; I did.
> Mr. HARRIS. What was the occasion of that meeting?
> Mr. RYU. It was just the farewell visit.

1977년 10월 21일 류재신 증언 속기록으로 류재신이 DJ를 만나 박동선의 쌀 중개권 문제를 국회에서 거론하지 말라며 로비를 한 과정을 담고 있다.

있었다. 그의 일거수일투족을 감시하다가 류재신이 김대중과 만난다는 사실을 파악하고는 즉각 류재신에게 DJ와의 면담 여부를 물어본 것이다. 류재신은 깜짝 놀랐지만 2월 2일 그를 만나기로 했다고 사실대로 말했다. 윤승국은 2월 1일 류재신에게 전화해 김대중을 만나도 괜찮다고 통보했다. 류재신도 이때부터 중정요원들을 알게 된 것이다.

류재신은 2월 2일 오전 10시 메이플라워호텔에서 DJ를 만났다고 한다. 류재신은 DJ에게 자신과 박동선의 관계를 설명한 뒤 국회에서 박동선이슈를 거론하지 말아달라고 당부했다. DJ는 류재신이 자신의 일가친척인데다 그의 아버지가 자신과 같은 야당 국회의원으로서 동지관계였던 점을 감안해 류재신의 부탁을 긍정적으로 고려해보겠다고 답했다.

류재신은 나흘 뒤인 2월 5일 오전 10시 김대중을 다시 만나 박동선 문제를 부탁했고 DJ는 그날 오후 6시 TWA편으로 귀국했다고 한다. 이처럼 날짜는 물론 시간까지 밝혀진 것은 하원 청문회가 류재신의 다이어리를 입수했기 때문이다.

당시 국내 언론보도를 살펴보면 김대중은 1월 30일 워싱턴에서 재미동포들을 상대로 강연회를 연 뒤 2월 2일에는 닉슨 대통령 조찬기도회에 참석했고, 2월 3일에는 내셔널 프레스클럽 연설, 2월 4일 에드워드 케네디 의원 면담, 2월 5일 오후 미국을 떠난 것으로 돼 있다.

류재신은 2월 2일 닉슨 대통령 조찬기도회를 마치고 호텔로 돌아온 김대중을 만났던 것이다.

스위스 박종규 계좌서 돈 찾고 뇌물 전달 등 핵심 역할

류재신은 DJ를 막으라는 첫 임무를 무사히 완수한 뒤 박동선을 도와 의회 로비의 조연으로 등장한다.

류재신은 상하원 사무실에서 인턴십을 마치고 1971년 5월 말 박동선의 회사인 태평양개발주식회사 부사장으로 합류한다. 이때부터 1972년 8~9월 박동선과 갈라설 때까지 약 1년 3개월 정도 상하원의원들에게 돈봉투를 전달하는 등 핵심적인 역할을 했다.

당시는 박동선이 쌀 중개권을 회복하려고 절치부심하던 시절이었다. 박동선을 도와 쌀 중개권을 되찾기 위해 동분서주한 것이다.

박동선은 자신의 조지타운대학 외교학과 동창인 류재신을 누구보다도 신뢰했던 것 같다. 당시의 중요한 돈 심부름에 류재신이 빠짐없이 등장하게 된다. 1971년 11월에는 루이지애나 뉴올리언스로 두 번이나 날아가 주지사에 출마한 에드워드 측에 5000달러씩 만 달러를 전달했다.

1972년에는 시카고 오헤어공항에서 루이지애나 쌀 판매업자이자 패스만의 정치자금 관리 역할을 맡았던 고든 도레에게 4만 달러를 전해주기도 했다.

박동선이 1972년 3월 21일 쌀 중개권을 회복한 뒤 4월에 박동선의 지시로 스위스로 날아가기도 했다. 그곳에서 예금인출위임장을 제시하고 박종규가 관리하던 스위스 비밀계좌에서 19만 달러를 볼티모어 소재 에쿼터블트러스트의 박동선 계좌로 송금하는 중책을 수행했다.

또 중정요원들도 자주 만나 이야기를 나눴다. DJ 면담 문제로 윤승국 공사와 안면을 튼 뒤 그와 밀접한 관계를 유지했다. 류재신은 야당 국회의원의 아들이었기에 그 또한 발이 넓었다. 당시 김동조 주미대사가 류재신 어머니의 친구였다는 것이 류재신의 하원 증언이었다. 그래서 1971년 3월 23일 자신의 어머니와 함께 김동조 대사를 방문하기도 했다고 한다.

1971년 4월 12일에는 중정요원으로 주미한국대사관에 근무했던 임규일을 만났고 6월 4일에는 윤승국, 8월 1일에는 역시 중정요원인 최홍태를 만났다고 한다. 당시 박동선은 외교파우치에 자기의 물건을 넣어서 한국으로 보내는 등 자유롭게 접근이 가능했다고 증언했다.

박동선 몰래 20만 달러 빼내려다 발각돼 결별

류재신이 박동선과 갈라서게 된 것은 돈 때문이었다. 류재신은 자신이 태평양개발주식회사의 부사장이므로 박동선이 벌어들이는 돈의 일부분을 자신이 가져야 한다고 생각했던 것 같다. 말이 부사장이지 자신은 사실상 박동선의 파트너이므로 수익을 나눠야 한다는 것이었다.

그러나 박동선의 생각은 달랐다. 류재신은 어디까지나 자신의 회사 직원에 불과했다.

박동선은 류재신이 1972년 4월 결혼하자 자신의 집에서 파티를 열어주기도 하는 등 나름대로 류재신에게 공을 들였다. 그러나 류재신은 박동선이 1972년 3월 말 쌀 중개권을 다시 획득한 뒤 커미션이 들어오기 시작하자 박동선이 한국으로 간 사이 그해 8월 말 박동선이 맡기고 간 아메리칸 시큐리티은행 수표를 자신의 은행에 입금시켜버렸다. 무려 20만 달러짜리 수표였다. 당시 류재신의 월급이 800달러였으니 20만 달러는 그의 20년치 월급이었다.

그렇지만 류재신은 박동선의 수익 절반 정도는 자신의 것으로 생각했다고 한다. 설사 그가 박동선의 파트너라고 하고 그가 입사한 뒤에 박동선이 쌀 중개권을 회복했다고 하지만 객관적으로 볼 때 쌀 중개권을 회복하는 데 류재신이 절반의 공을 세웠다고 말하기는 힘들다. 냉정하게 말한다면 류재신이 돈에 눈이 멀었던 것이다.

류재신은 이 돈 중 8000달러는 1969년 아이오와 주에서 수술받을 때 미납 금액을 납부하는 데 사용했고 또 일부는 자신의 집을 사고 은행

융자를 갚는 데, 또 일부는 국회의원인 자신의 아버지의 암수술 비용으로 썼다고 한다.

1962년 한국에 걸프사가 정유공장을 세우고 확장을 거듭하면서 한국은 1960년대 말 주유종탄 정책으로 전환했다. 기름이 주 연료원이 됐고 석탄은 기름을 보조하는 수단으로 바뀌었다. 이렇게 되면서 전국의 광산들은 하나둘 문을 닫게 됐고 류재신의 가업도 기울었다. 그래서 류재신은 돈이 필요했던 것이다.

류재신은 20만 달러를 은행에서 찾아서 5만 5000달러만 사용했다고 밝혔지만 박동선에게 돌려준 돈은 10만 달러였다고 한다.

분노한 박동선은 류재신이 20만 달러를 훔쳐갔다며 50만 달러 손해배상소송을 제기했다. 그러자 류재신은 놀랍게도 자신도 받을 게 있다며 3만 달러를 달라고 맞소송을 했다. 박동선은 소송을 통해 로비 사실이 밝혀질 것을 우려해 소송을 중단하고 화해했다. 당시 류재신은 박동선에게 10만 달러를 돌려준 상태였다. 박동선은 결국 20만 달러 중 10만 달러만 돌려받은 상태에서 류재신이 다시 3만 달러 소송을 제기하자 3만 달러를 줄 수밖에 없었다. 1만 7000달러는 일시불로 주고 1년간 매달 1000달러씩 1만 2000달러를 지급하기로 한 것이다. 결국 한 달에 800달러 월급을 받던 류재신은 박동선과 1년 3개월 남짓 일하고 13만 달러를 챙겨간 것이다. 박동선은 그만큼 비밀이 많았고 류재신이 그 비밀을 많이 알고 있었기 때문이다.

박동선 집에서 중정평가보고서 훔쳐 의회 제출

류재신이 20만 달러 수표를 인출했음을 알고 박동선이 분개했을 무렵 엄청난 비밀이 류재신에게 넘어가게 됐고, 결국 류재신이 후일 이를 의회에 제출함으로써 박동선의 의회 로비가 중앙정보부와 연계된 것이라는 빼도 박도 못하는 증거가 됐다.

류재신은 1972년 9월 초 이른 아침 박동선의 집으로 찾아갔다. 박동선이 귀국한 것을 알고 바로 그 다음날 아침 박동선을 만나 20만 달러 문제에 대한 담판을 지으려 했던 것이다. 박동선은 한국에 체류하고 아무리 바쁘더라도 하루 이틀에 한 번씩 은행 잔고를 체크하므로 류재신이 20만 달러를 빼내간 것을 금방 알았던 것이다.

류재신이 박동선의 집에 가자 식모가 류재신을 서재로 안내했고 40분 정도 혼자서 박동선을 기다렸다고 한다. 당시 류재신은 박동선의 책상 위에는 박동선의 서류가방이 있었고 이 가방에 'TS 활동평가'라는 서류가 2부 있었다고 한다. 류재신은 망설임 없이 2부 중 1부를 몰래 가져가버렸다.

이날 박동선을 만나 보상을 요구했고 박동선은 어떻게 20만 달러를 인출해갈 수 있냐며 노발대발했다.

류재신은 "나는 당신의 비서가 아니고 파트너이므로 20만 달러를 가져간 것은 파트너로서의 정당한 대가"라고 주장했다. 객관적으로 볼 때 류재신의 주장은 너무 무리한 것이었다.

류재신은 1977년 하원 청문회가 열리자 이 서류를 제출했고 청문회에서 이같이 입수경위를 밝혔다.

류재신은 증언을 통해 중정이 박동선의 활동을 평가한 이 보고서에 자신과 자신의 아내가 박동선의 비서로 기재돼 있다는 사실에 격분했다고 주장했다. 이 보고서 말미에 장비현황이라는 부분에서 박동선의 비서와 그 비서의 부인이 모두 의회 보좌관 출신이라고 언급돼 있었던 것이다. 류재신의 상하원 인턴십이 보좌관을 역임한 것으로 적혀있었고 에드워드 사무실에서 근무했던 류재신 부인의 경력도 기재돼 있었다. 류재신의 부인도 상당한 재원으로 청문회가 열릴 당시에는 미국 연방정부 공무원으로 내무부에 근무했다고 한다. 류재신은 자신을 비서로 표현한 데 격분해 이 서류를 훔쳐 나왔다고 합리화했던 것이다.

류재신은 이 평가보고서를 누가 작성했는지도 증언했다. 스티브 김으로 알려진 김상인이 당시 매년 두 차례씩 미국을 방문해 박동선의 활동을 평가했다고 주장했다. 김상인은 1962년 김종필 당시 중앙정보부장의 방미 때 육군대령 신분으로 김종필의 통역을 맡았던 인물이다. 김상인은 처음 김종필의 사람이었지만 1971년경에는 이후락 당시 중앙정보부장을 위해 박동선에게 적절한 지시를 내리고 감시하는 조종관 역할을 했다.

류재신은 또 1970년 작성된 것으로 보이는 '대미 외교의 방침'이라는 문건도 박동선의 필체로 보인다고 증언했다.

빙산작전 텔렉스 담당 이봉양

이봉양은 '박동선 조종관' 김상인의 처남

류재신이 박동선과 갈라선 뒤 그 자리를 대체한 인물이 이봉양이다. 놀라운 사실은 이봉양이 박동선의 조종관인 김상인의 처남이라는 사실이다.

이봉양은 1938년 2월 17일생으로 박동선보다는 세 살, 류재신보다는 한 살 아래였다. 이봉양은 1960년 가을 한국에서 대학을 졸업한 직후 중앙정보부가 운영하는 인터내셔널 리서치 센터라는 곳에 입사했다. 뉴욕타임스, 워싱턴포스트 등 일간지와 타임지 등을 입수, 한국 관련 외신을 분석하고 일반인에게 배포되는 신문에서 한국에 불리한 외신을 잘라내는 작업을 하는 곳이었다. 1970년대에는 외국 신문이나 잡지를 볼 때 잘려나간 부분을 종종 볼 수 있었다. 바로 그런 작업을 하는 곳에 이봉양이 근무했던 것이다.

이봉양은 이곳에서 1963년까지 근무한 뒤 팬암항공 서울지사에서 1965년까지 2년여 일했다. 그다음 입사한 곳이 박동선의 형 박건석이 운영하는 범양해운이었다. 이봉양은 1967년 박동선을 처음 만났으며 박동선이 한국에서 군대를 안 갔기 때문에 여권발급이 힘들었으나 자신이 그 발급을 도와주면서 인연을 맺게 됐다고 하원 청문회에서 증언했다.

이봉양이 범양해운 인천지사에서 근무하던 중 1973년 1월 박건석이 그를 호출, 미국으로 가서 박동선을 도울 수 있겠느냐고 물었고 이봉양은 미국으로 가겠다고 대답했다. 그래서 이봉양의 미국행이 이뤄진 것이다.

당시 박동선은 서울에서 조지타운클럽을 운영할 계획이었기 때문에 이봉양에게 미국 조지타운클럽의 운영방법 등을 배우게 한 뒤 서울에 조지타운클럽이 생기면 그 운영을 돕도록 할 계획이었다.

이봉양은 1973년 6월 미국에 입국해 조지타운클럽에서 일했으나 1974년 중반 장소와 재정문제로 서울 조지타운클럽이 최종 무산되자 연수도 중단됐다고 한다. 이때 박동선이 이봉양에게 미국에 계속 있든지, 한국에 돌아가든지 둘 중 하나를 택하도록 했고 이봉양은 미국에 계속 있고 싶다고 말했다.

그래서 1975년 4월 태평양개발주식회사로 옮겨가 운송업무를 담당하며 1977년 3월까지 근무했다.

15일만 존속했던 빙산작전서 텔렉스 담당

이봉양도 하원 증언대에 섰으며 15일간 명목상으로만 존재하다 없어진 이름뿐인 빙산작전에 대해서 설명했다. 1975년 8월 박동선이 불러서 박동선 방에 갔더니 주미한국대사관에 근무하던 중정요원 김상근이 박동선과 함께 있었다고 한다. 박동선이 밖에 나가서 대기하라고 해서 방 밖으로 나왔고 다시 불러서 들어갔더니 김상근은 옆문으로 빠져나간 뒤였다고 한다.

그때 박동선이 자신에게 빙산작전 계획서를 줬다고 한다. 빙산작전

계획서 마지막에 미국 내 한국 중정요원들에 대한 암호명이 있었으며 박동선은 다른 직원에게는 절대 말하지 말라고 당부했다. 그리고 박동선은 자신이 말하면 그때그때 한국으로 텔렉스를 보내라고 지시했다고 한다. 이렇게 해서 보름간만 존재했던 명목상의 어설픈 작전 '빙산작전'이 시작됐던 것이다.

박동선이 텔렉스를 보내라고 했지만 이봉양은 텔렉스 보내는 방법을 몰랐다. 그래서 김상근에게 연락했더니 김상근은 깜짝 놀라며 일요일 박동선의 사무실로 오겠다고 말했다. 직원들이 출근하지 않는 일요일 박동선의 사무실로 찾아온 김상근은 이봉양에게 화를 냈다. 박동선에게만 지시한 비밀이 노출됐다고 화를 낸 것이다.

한 가지 재미있는 것은 김한조는 자신이 직접 한국으로 텔렉스를 보냈지만 박동선은 텔렉스를 보내라는 지시를 받고도 비서 역할을 하는 이봉양에게 그 일을 맡겨버린 것이다. 김한조와 박동선이 이처럼 격이 달랐던 것이다.

텔렉스 단 8회 – 패스만 영접 놓고 티격태격

이봉양이 텔렉스를 보낸 곳은 양두원 명의의 텔렉스였다. 김한조가 서울로 보낸 텔렉스와 수신처 번호가 787-28423으로 똑같았다. 이봉양이 처음 보낸 텔렉스는 패스만의 방한에 관한 것이었다. 패스만이 서울을 공식방문하니 중앙정보부에서 공항에 직접 나가 영접하라는 내용이었다. 그러자 양두원 측에서 답신이 왔다. 공식방문이므로 중앙정보부에서 직접 영접할 수 없다는 것이었다. 이봉양이 이 사실을 보고하자 박동선이 격노했다고 한다.

다시 텔렉스를 보냈다. 패스만이 한국에 가는 것은 한국을 돕기 위해서 가는 것이니 당연히 중정이 그를 영접하고 안내해달라고 요구했다. 그러나 중정은 요지부동이었다. 비공식방문이라면 중앙정보부에서 그를 영접하겠지만 공식방문이므로 공항에서 그를 영접하는 등 소란을 피울 수 없다는 것이었다.

후일 밝혀지지만 박동선이 빙산작전과 관련해서 텔렉스를 보낸 것은 딱 8번뿐이었다. 하원 청문회가 RCA에 자료제출명령서를 보내 입수한 영수증에 따르면 1975년 7월부터 9월까지 박동선 사무실에서는 한국의 4개 번호로 텔렉스를 보냈다. 박동선의 한국 사무실로 55회, 그 외 2개 번호로 각 1회 보냈다. 그리고 7월 18일과 8월 6일, 8월 8일 각 1회씩, 8월 21일에 4회, 8월 23일에 1회 등 양두원에게 보낸 텔렉스는 8회에 그쳤다. 그도 그럴 것이 이 작전이 15일간만 진행됐기 때문이다.

아마도 패스만 영접과 관련된 의견충돌이 텔렉스 교신이 중단되고 작전이 흐지부지된 원인이었을지도 모른다. 하지만 8번 만에 텔렉스 교신이 중단된 것은 어찌 보면 한국 정부나 박동선, 모두에게 다행한 일이었다.

박동선이 이봉양을 통해 양두원에게 보낸 또 다른 텔렉스는 세계석유산유국기구 즉 오펙이 가격을 5% 올린다는 정보였다. 박동선 주장에 따르면 그는 사우디아라비아 석유상 야마니와 절친한 사이였다. 그래서 이 정보를 입수할 수 있었던지, 그는 오펙이 가격을 5% 올린다고 하니 한국 정부는 가능한 한 그 이전에 많은 양의 석유를 확보하라고 전문을 보냈던 것이다.

패스만에 돈 전달- 중정 연락 등 중간 역할 수행

박동선은 1974년 포드 부통령이 조지타운클럽을 방문했을 때 이봉양에게 이 사실을 주미한국대사관 중정요원 임규일에게 알리라고 지시했다. 이봉양이 임규일에게 이 사실을 알렸지만 임규일은 믿을 수 없다며 반신반의했다. 그 뒤 박동선이 한국에 갔다 돌아와서는 포드 부통령 방문 사실을 왜 보고하지 않았냐며 크게 화를 냈다고 한다. 이봉양은 임규일이 그 사실을 본부에 알리지 않은 것 같았다고 증언했다.

이봉양도 류재신처럼 돈봉투를 전하기도 했다. 이름이 기억나지 않는 하원의원에게 찾아가 봉투를 전했더니 금시계를 자신에게 줬다고 증언했다. 그렇다면 그 의원은 시계 수집광인 패스만 의원이었을 것이다. 이봉양도 패스만에게 돈봉투 심부름을 했던 것이다.

1976년 9월께 이봉양은 김용환 공사의 전화를 받았다고 한다. 이봉양은 이 통화를 기록한 메모지를 찢어버렸는데 하원 청문회가 이 찢어진 메모지를 복원했다.

메모지에는 "아침에 김용환 공사가 전화해서 한국대사관은 박동선을 알지 못한다고 말했다"라고 기록돼 있었다. 법무부가 박동선에 대한 조사를 시작하자 주미한국대사관이 미리 선을 그은 것이다.

1976년 10월 코리아게이트가 터지고 박동선이 워싱턴을 탈출하면서 박동선의 회사 태평양개발주식회사는 개점휴업 상태였다. 법무부가 조사를 시작했고 1977년에는 상하원이 조사에 나선 만큼 차라리 회사가 없는 편이 나았다. 1977년 태평양개발은 문을 닫았고 이봉양도 떠났다.

이봉양은 1977년 4월 박동선을 마지막 봤다고 주장했는데 당시 박동선이 런던에 머물 때였으므로 런던 등 미국이 아닌 제3국에서 박동선을 만난 것으로 추정된다.

류재신, 이봉양 두 사람 모두 박동선의 가신으로 볼 수 있다. 그러나 처신은 상당히 달랐다. 이봉양은 하원 청문회에서 자신이 비록 일자리를 잃었지만 자신은 결코 박동선을 증오하지 않는다고 밝혔다. 그는 "나는 박동선을 좋아한다"고 말했다.

두 번의 결정적 위기와 박동선의 적들

400달러 카메라 관세 안 내려다 세관 적발

1973년 12월 8일 한국을 출발해 워싱턴으로 오던 박동선이 경유지인 앵커리지세관에서 휴대품 신고 문제로 실랑이를 벌이다 그만 로비 대상 의원을 기록한 문서를 노출시키고 만다. 미국 정부 당국에 사상 처음으로 박동선의 의회 로비 대상자가 구체적으로 적발된 사건이었다.

엄청난 문서가 발견된 사건치고는 그 발단이 참으로 사소한 문제였다.

세금 몇 푼 안 내겠다는 박동선의 욕심이 엄청난 화를 초래했고 그 뒤 한미관계를 최악으로 몰아넣는 원인이 된 것이다.

박동선은 1973년 12월 8일 아침 6시 30분 서울을 출발해 일본을 거쳐 미국으로 들어오는 노스웨스트 006편에 탑승하고 있었다. 박동선은 앵커리지에 도착해 세관을 통과하려다 카메라에 대한 질문을 받자 새 카메라가 아니라 자신이 사용하던 카메라로, 한국으로 여행갈 때 들고 나갔다가 다시 가지고 온 것이라고 둘러댔다. 그러나 세관원은 카메라를 이리 저리 살펴본 뒤 새 카메라임을 직감하고 다시 질문했다. 박동선은 여전히 중고 카메라라고 주장했다. 박동선은 오리발을 내밀면 세관원이 물증이 없어 처리하지 못할 것이라고 판단했다. 그러나 큰 오산이었다. 박동선이 몰랐던 것이 있었다.

앵커리지세관은 여객기가 정착하면 승객들이 입국심사를 받는 동안 관세포탈 적발을 위해 세관원 한 명을 해당 비행기에 탑승시켜 샅샅이 살피고 있었다. 이 같은 수색은 1970년대 모든 여객기에 대해 공통적으로 적용됐다고 한다. 세관원이 박동선이 탔던 여객기에 올랐다. 앞에서부터 한 자리 한 자리 샅샅이 살펴보던 세관원이 박동선이 앉았던 자리에 갔더니 바로 그 자리에 카메라를 산 영수증이 있었다. 박동선이 카메라 영수증을 슬그머니 비행기에 버렸던 것이다. 빼도 박도 못하게 된 것이다.

세관원이 박동선에게 영수증이 발견됐다고 말했다. 이때라도 박동선이 관세를 내겠다고 밝혔다면 문제는 조용히 수습됐을 것이다. 400달러에 대한 관세라고 해봤자 아무리 많아도 100~200달러가 고작이고 설사

400달러, 아니 4000달러를 내더라도 수습을 하고 그 자리를 피했어야 옳았다. 그러나 박동선은 또 버틴 것이다.

부통령 거론하며 큰소리치다 로비 리스트 '들통'

박동선은 세관 조사실로 연행됐다. 세관원은 약이 오를 대로 올랐다. 일단 박동선이 타고 온 비행기의 이륙을 연기하라는 지시를 내린 뒤 박동선을 조사했다. 당시 박동선은 한국 여권을 소지했으며 미국으로 B1비자, 즉 관광비자를 받은 상태였다.

세관원이 하나하나 물었다. 먼저 여행 목적을 묻자 박정희 대통령과 애그뉴 부통령의 회담을 주선하기 위한 여행이라는 답이 돌아왔다. 세관원은 깜짝 놀랐다. 거물일 것이라고 짐작하면서도 결코 물러서지는 않았다. 세관원이 계속 추궁하자 박동선은 수첩을 꺼내 세관원의 배지 번호와 이름을 적었다. 가만 두지 않겠다는 것이었다. 박동선은 하원의원인 해너에게 전화를 걸겠다고 요청하기도 했다. 한국에서 경찰에 잡히면 경찰간부 누구누구를 안다며 되레 큰소리를 치듯 미국에서도 한국식으로 대한 것이다.

세관원은 박동선을 조사실에 남겨둔 채 문밖으로 나온 뒤 귀를 쫑긋 세우고 감시를 게을리 하지 않았다. 잠시 뒤 조사실에서 서류를 찢는 소리가 났다. 즉각 조사실로 뛰어 들어갔더니 박동선이 서류를 갈가리 찢어 자신의 양복 주머니 등에 넣고 있었다. 다급한 나머지 박동선은 종이 일부는 그대로 삼켜버렸다. 세관원이 찢어진 서류를 빼앗아 하나하나 맞춰나갔다. 놀랍게도 미국 상하원의원들의 명단이 나왔고 그 이름 옆에 숫자가 적혀있었다. 숫자는 돈을 의미했을 가능성이 크다. 그러나 이 숫자가 뭐냐고 묻자 박동선은 묵비권을 행사했다.

```
                    HOUSE OF REPRESENTATIVES

    Name              Pty/State    Committee   Contribution        Remarks
    Blackburn, Ben B. (R) Ga
    Blatnik, John A.  (D) Minn
    Bowen, David R.   (D) Miss
    Breaux, John B.   (D) La
    Brown, Garry      (R) Mich
    Burton, Phillip   (D) Calif
    Culver, John C.   (D) Iowa
    Danielson, George E. (D) Calif
    Devine, Samuel L. (R) Ohio
    Downing, Thomas N.(D) Va
  → Hanna, Richard T. (D) Calif
    Hogan, Lawrence J.(R) Md
    Johnson, Albert W.(R) Penn
    McFall, John J.   (D) Calif
```

박동선의 집에서 압수된 로비 리스트로 뇌물 금액으로 의심되는 아라비아 숫자가 기록 돼 있다.

박동선이 타고 온 비행기에는 이륙 연기 지시가 내려졌다. 박동선을 조사하던 세관원은 결국 박동선을 석방했고 서류도 돌려줬다. 이 세관원은 마지못해 박동선을 돌려냈지만 이 일에 대해 눈감아주지 않았다. 그 즉시 이날 일에 대한 상세한 보고서를 작성했다. 한국인 여행자의 가방에서 상하원 명단이 나왔고 그 리스트가 요상하더라 하는 식의 보고서를 만들어 같은 날 오후 상부에 사실 그대로 보고해버린 것이다.

그래서 법무부 등에서 박동선이 로비 대상자 리스트를 만들었다는 사실을 그때 알게 된 것이다. 당시 세관원인 헤즐턴과 그의 동료들은 하원 청문회에도 출석해 그날의 상황을 증언했고 로비 대상자 리스트에 기재된 의원이 누구인지 밝혔다.

닉슨 이름 두 번씩이나 수기로 적혀있어

로비 대상 의원 리스트에는 이름, 출신 주, 당적, 소속 위원회, 기부 등 5가지 항목이 적혀있었다.

이 리스트는 3장 반 정도였으며 더블 스페이스, 즉 한 줄씩 띄우고 한 줄씩 적는 식으로 돼 있었다. 헤즐턴은 닉슨 대통령의 이름이 두 번씩이나 적혀있었다고 증언했다. 닉슨이라는 이름은 타이핑된 것이 아니고 손으로 적은 것이었고 백악관이란 단어도 명기돼 있었다.

닉슨 외에도 수많은 상하원의원 이름들이 있었다. 헤즐턴은 버치 바야, 배리 골드워터, 해너, 패리, 엘렌더, 홀리필드, 제롬 위디, 크랜스턴, 이노우에, 몬토야, 프락스마이어, 매티아스, 허버트 험프리, 시밍턴 등이 리스트에 포함돼 있었다고 주장했다. 이름 옆에 적힌 숫자는 '5'에서 '50'까지였으며 박동선은 이 숫자가 100달러 단위라고 말한다. 그렇다면 500달러에서 5000달러를 적어놓은 것이었다. 이 리스트 원본 외에도 2부의 복사본도 발견됐다.

또 패리 하원의원이 박정희에게 보내는 편지 2통도 폴더 속에서 발견됐다. 이 편지에는 한국이 미국에서 수입할 수 있는 상품 아이템이 언급돼 있었다고 한다.

박동선은 세관원이 자신의 문서를 가져갈 수 없다고 주장했고 세관원은 가져가는 것이 아니라 조사만 하는 것이라고 맞받았다. 세관원이 필사적으로 복사를 하려고 시도했지만 불가능했다.

헤즐턴 외 다른 세관원도 이 리스트의 존재에 대해 증언했으며 홀리필드 의원의 경우 그의 남동생이 앵커리지세관에서 일하고 있었기 때문에 그의 이름만큼은 분명히 기억한다고 밝혔다.

결국 박동선이 죽자사자 빼앗아간 로비 대상 의원 리스트는 3년 뒤 박동선의 집을 압수수색하는 과정에서 발견됐다. 여러 종류의 리스트가 나왔지만 당시 세관에 적발됐던 바로 그 리스트도 그의 집에 보관돼 있었던 것이다.

제임스 호위 자살, 박동선 로비 생명에 '암운'

1975년 4월 10일 박동선의 로비 생명이 사실상 끝장나는 일이 발생했다. 포드 대통령 부인 베티의 비서인 낸시 호위의 남편 제임스 호위가 9밀리미터 구경 권총으로 자신의 머리를 쏴서 목숨을 끊은 것이다. 제임스 호위는 아내 낸시의 도미니칸공화국 부활절 여행이 누군가의 도움으로 성사됐다는 의혹이 일면서 스스로 목숨을 끊은 것이었다.

낸시 호위의 도미니카공화국 부활절 여행이 향응성 뇌물이었다는 사실을 밝혀낸 것도 워싱턴포스트의 맥신 체서였다. 맥신 체서는 수십 년

경력의 사교계 담당 기자로서 그물망 같은 인맥을 자랑했다.

포드 대통령의 부인 베티 포드도 알았고 그녀의 비서인 낸시 호위와도 안면이 있었다. 채서는 베티 포드가 정신적으로 조금 불안정해서 늘 술을 가까이 했고 낸시는 베티가 공식 일정을 끝낸 뒤 늘 함께 지내는 친구 같은 비서였다고 한다. 저녁이면 백악관에서 함께 스카치를 홀짝이며 영부인의 이야기를 들어주고 영부인을 위로해주는 게 낸시의 임무였다. 포드 대통령은 낸시가 자신의 아내와 술을 마시는 횟수가 점점 늘어나자 낸시를 싫어하게 됐다.

이런 상황에서 1974년 12월 포드 부부는 자신들의 콘도미니엄이 있는 콜로라도 주 베일로 크리스마스 스키 휴가를 갔지만 포드는 아내의 친구인 낸시를 데려가지 않았다. 당연히 동행할 줄 알았던 낸시는 크게 실망했고 박동선이 이 순간을 놓치지 않았다. 박동선은 실망한 낸시의 기분전환을 위해 멕시코 여행을 제안했다. 낸시와 낸시의 딸 리제 커트니 호위, 그리고 그녀의 남자친구이자 박동선의 조지타운대학 클래스메이트인 존 브레드마스 등이 박동선과 함께 멕시코로 떠나기로 했다.

이때 낸시는 멕시코 여행에 들떠서 백악관 내 자신의 사무실에서 백악관 전화로 멕시코 대사에게 전화를 걸어 대사관저를 이용할 것이며 성조기를 단 리무진을 대기시키라고 명령하듯 말했다. 영부인 비서의 지위를 악용한 것이었다. 그러나 이 여행은 남편 제임스 호위가 또 다시 교통사고를 냄으로써 결국 취소되고 낸시는 멕시코에 가지 못했다.

멕시코 여행이 문제가 아니었다. 무면허로 사고를 냈으니 수습이 급했던 것이다. 그래서 박동선과 그의 여자친구 탠디 디커슨, 그리고 낸시의 딸 등만 멕시코로 여행을 갔고 당연히 대사관저와 리무진은 이용하지 못했다. 낸시의 실망이 이만저만이 아니었음을 물론이다.

'낸시 휴가' 냄새 맡은 체서, 휴가 비용 추궁

3개월여가 지난 뒤인 1975년 4월 1일 체서는 백악관의 낸시에게 전화를 걸었다가 낸시가 휴가를 떠났다는 말을 듣고 깜짝 놀랐다. 어디로 갔느냐고 물었더니 플로리다 남쪽이라며 정확한 곳은 모른다는 답변이 돌아왔다. 체서는 뭔가 숨기는 게 있다고 직감했다.

영부인의 비서인 것은 물론 절친한 친구인 낸시의 휴가지를 백악관이 모른다는 것이 말이 안 된다고 판단했다. 영부인이 찾을 경우 낸시가 어디로 휴가를 갔는지 모른다고 대답한다는 것은 상상할 수 없기 때문이다. 낸시의 휴가가 뭔가 석연찮은 구석이 있기에 휴가지를 숨긴다고 판단했다.

체서는 플로리다 남부라면 플로리다 아래쪽의 캐러비안 휴양지 중 한 곳일 것이라고 생각했다. 플로리다 아래쪽으로는 바하마, 도미니칸공화국, 버진아일랜드 등 고급 휴양지가 즐비하다. 체서는 당시 박동선이 마피아와 연결됐다고 생각했기에 마피아 전문가인 제프 거스에게 전화를 돌렸다. 캐러비안 휴양지 중 마피아들이 좋아하는 휴양지가 어디인지 물었더니 제프는 조금의 망설임도 없이 도미니칸공화국의 로마나 리조트라고 답했다.

낸시가 지난 연말 크리스마스 멕시코 여행이 무산되자 부활절 연휴를 맞아 도미니칸공화국으로 휴가를 떠났고 체서는 낸시가 어디로 휴가를 갔는지 자신의 인맥을 활용해 재빠르게 추적한 것이다.

체서는 로마나 리조트로 전화를 걸어서 워싱턴포스트라고 신분을 밝힌 뒤 낸시 호위가 투숙했는지 물었다. 체서의 예감은 적중했다. 낸시가 박동선의 여자친구인 탠디 디커슨과 함께 빌라에 투숙 중이라는 것이었다. 낸시를 바꿔달라고 해서 휴가 비용을 누가 낸 것이냐고 단도직입적으로 물었다. 낸시는 크레디트카드로 항공료와 숙박료를 지불했다며 일요일에 워싱턴에 돌아가면 영수증을 보여주겠다고 말했다.

제임스, '낸시 해명 거짓말― 박동선이 돈 냈다' 폭탄선언

체서에게는 일요일도 없었다. 낸시가 일요일에 돌아온 뒤 영수증을 보여준다고 했으므로 일요일 오후 곧바로 낸시의 집으로 쳐들어갔다. 당시 낸시의 남편 제임스는 술을 마시고 있었다고 한다.

낸시는 항공료는 아메리칸익스프레스 카드로 결제했고 숙박료는 탠디에게 빌렸다가 1100달러를 개인수표로 지불했다고 설명했다. 그러나 체서는 미심쩍었다. 연봉 2만 6000달러를 받는 낸시가 늘 월급을 받아봤자 자신과 딸의 옷값밖에 안 된다고 불평했던 사실이 떠올랐다. 그렇다고 남편 제임스가 도와줄 처지도 아니었다. 제임스의 연봉은 1만 8000달러로 낸시보다도 적었다. 낸시 가족은 도미니칸공화국으로 여행갈 형편이 아니었던 것이다.

낸시가 월요일 아메리칸익스프레스 카드 영수증과 탠디에게 준 수표가 결제됐다는 증거를 보여주겠다고 말했고, 체서는 알겠다며 막 집을 나오려던 순간이었다.

그때 제임스가 나섰다. 제임스는 박동선이 여행경비를 지불했다고 소리쳤다. 멕시코 여행을 가려던 때도 박동선이 돈을 냈었는데 결국 자신들이 못 갔기 때문에 비행기표를 환불해 박동선에게 돈을 돌려주려고 했다는 것이다. 그러나 박동선이 돈을 돌려받지 않겠다고 해서 돌려주지 못했다고 설명했다. 박동선은 낸시의 집에 찾아와 "800달러로 성가시게 하지마라. 당신이 가져라"라고 말했다는 것이다. 그리고 도미니칸공화국 항공권도 자신들이 사려했지만 형편이 안 되서 박동선이 구입했으며 탠디에게 1100달러를 줬다는 낸시의 말도 거짓말이라고 털어났다.

놀라운 고백이었다. 낸시는 제임스의 행동에 실망하고는 그를 증오하는 표정을 지었다. 그때 제임스가 낸시에게 또 결정타를 날렸다. 제임스는 "내가 당신을 파멸시켰다. 당신은 더 이상 백악관에서 일하지 못할 것이다. 집에서 살림이나 해라. 아니면 도미니칸공화국에 가서 여행가이드나 하든지"라며 낸시에게 독설을 퍼부어댔다.

경찰 무전기의 비명, '제임스가 자살했다'

낸시는 다음날인 월요일 워싱턴포스트지 1면에 영부인의 비서 낸시가 박동선의 돈으로 도미니칸공화국에 여행을 다녀왔으며 이는 백악관 윤리규정 위반이라고 대서특필했다. 당연히 낸시가 파면되는 선에서 마무리될 것으로 생각했으나 뜻밖에 며칠 뒤 제임스가 자살한 것이다.

아마도 제임스는 자신이 술에 취해 진실을 털어놓음으로써 낸시가 고통스러워하는 모습을 보고 죄책감에 빠져 스스로 목숨을 끊었을 가능성이 크다.

그러나 제임스의 자살 이전에 또 다시 기막힌 일이 일어난다. 기사가 보도된 뒤 제임스의 주치의가 워싱턴포스트로 전화를 걸어왔다. 지금 낸시가 자살할 것 같다며 자신이 낸시를 병원 등 안전한 요양시설에 옮길 때까지 후속 보도를 미뤄달라고 요구했다. 사람의 목숨이 걸린 일이라고 판단, 편집국장 등 간부들에게 전화를 바꿔줬다. 기사가 나가면 죽어버리겠다는 위협이 종종 있었지만 의사가 그런 문제를 제기한 것은 처음이었다.

그 다음날 후속 기사는 보류됐다. 그러나 수요일 오후 뜻밖의 전화를 받는다. 낸시의 이웃에 사는 취재원의 연락이었다. 낸시와 딸이 내일 출근하기 위해서 쇼핑을 하고 미장원에 가는 등 난리법석이라는 것이었다. 자살하려 한다는 주치의의 전화와는 100% 다른 상황이었던 것이다.

체서는 즉시 신문사로 전화해 데스크를 찾았으나 그는 시청 기자실에 나가 있었다. 체서가 시청 기자실에 가서 막 상황을 보고하려던 순간 기자실의 경찰 모니터용 무전기에서 다급한 무전이 흘러나왔다. 제임스가 자살했다는 무전이었다. 제임스는 병원으로 옮겨졌으나 숨졌고 오른쪽 머리를 쐈다는 무전이 계속 흘러나오고 있었다. 데스크는 워싱턴포스트가 생긴 이래 이처럼 기막힌 사건은 처음이라며 놀라움을 감추지 못했다.

체서는 제임스의 시신이 자살 여부를 확인할 수 있는 파라핀 테스트를 할 수 없을 정도로 씻겨 있었다고 말해 아마도 자살 여부를 의심한 것 같기도 하다. 제임스의 자살 뒤 주치의는 다시 전화를 걸어와 자신이 전화한 사실을 공개하면 소송을 하겠다고 위협하기도 했다.

결국 체서의 끈질긴 추적이 영부인 비서의 향응성 뇌물을 밝혀냈던 것이다. 워싱턴포스트의 특종 직후 4월 20일 일요일 워싱턴스타는 박동선과 팁 오닐 하원의장, 그리고 낸시 호위 등 3명의 사진을 대문짝만하게 실으며 로비 의혹을 제기했고 이로써 박동선의 대미 로비는 사실상 종말을 맞은 셈이었다.

'하비브가 총독 행세 – 사사건건 방해했다'

박동선은 자신을 가장 시기했던 사람으로 필립 하비브 주한미국대사를 꼽았다. 박동선은 하비브에 대해 "윤보선 대통령 때 참사관하던 친구가 많이 커서 하늘 높은 줄 모르고 총독 행세를 한다"고 평가했다.

박동선은 CIA 한국 책임자 존 리처드슨으로부터 하비브가 한국 내 모든 미국 공직자들에게 절대로 박동선을 만나지 말고 그와 일하지 말라고 지시했다는 말을 들었다. 박동선은 참다못해 하비브에게 전화해 자신에 대한 비난을 멈추지 않으면 정식으로 소송을 제기하겠다고 선전포고하기도 했다. 하비브는 또 미국 코미디언이자 박동선의 절친한 친구인 조지 제셀에게 "조지타운클럽은 한국 정보부의 프런트", 말하자면 중정의 위장점방이라고 말했고, 조지 제셀은 이 발언을 박동선에게 전해주기도 했다.

화가 난 박동선이 소송을 언급하며 해명을 요청하자 하비브는 한참을 망설이다 정무담당 참사인 리처드 피터스에게 박동선을 만나도록 지시했다고 증언했다. 프레이저 소위원회가 입수한 미 국무부 전문을 살펴보면 1973년 5월 14일 주한미국대사관 내에서 정무담당 참사와 박동선의 면담이 이뤄졌고 같은 날 면담보고서가 작성됐다.

박동선은 이날 자신은 미국에서 공부한 사람으로 한미 양국의 공동이익을 위해서 일하는 비즈니스맨이라고 설명하면서 자신에 대한 의혹을 해명했다. 특히 스스로 중앙정보부 관련 문제를 언급하며 자신은 중정의 에이전트가 아니라고 말했다. 박동선은 하비브 한 사람만이 자신을 안 좋게 볼 뿐이지 다른 미국 관리들은 그렇지 않다고 주장하자 정무담당 참사는 미국 관리들의 공통된 시각이라고 맞받았다. 박동선은 이날 만남이 전날 정일권의 권유가 직접적 계기가 됐고 자신의 형 박건석도 비슷한 의견을 제시했다고 주장했다.

그러나 정무담당 참사가 다음날 아침 정일권을 만나는 자리에서 박동선에게 그 같은 말을 했는지 물었더니 정일권은 전혀 사실이 아니라고 답한 것으로 기록돼 있다. 또 박건석은 범양상선을 운영하며 걸프와 깊은 연관을 맺고 있지만 박동선과 연관되는 것을 피하고 있다고 설명하기도 했다.

하비브 재임 중 6차례 '박동선 문제 많다' 전문

특히 하비브 대사는 자신의 재임기간 동안 한국 내 미국 공무원들에게 박동선 접촉 금지령을 내린 데 이어 공식적으로 1972년 12월 18일부터

1974년 2월 27일까지 모두 6차례에 걸쳐 국무부에 박동선의 위험성을 지적하는 전문을 보낸 것으로 드러났다.

프레이저 소위원회가 입수한 전문에 따르면 하비브는 시종일관 박동선에 대한 부정적인 시각을 견지했다. 박동선은 미 의원단이 방한할 때면 어김없이 공항에 나타나는 것은 물론 공식 일정에 끼이려 한다는 것이었다. 1972년 12월 18일 하비브가 국무부에 보고한 박동선 관련 첫 전문은 박동선이 미국 쌀 수입과 관련, 톤당 2달러의 커미션을 받으며 의원들에게 캐시를 집어주는 등 선물공세를 통해 친한파 의원들을 양성한다는 것이었다.

1973년 6월 27일에는 박동선 접촉 금지령을 계속 유지한다는 등의 설명이었고, 1973년 8월 2일에는 박동선이 금주 초 ㅇㅇㅇ의원과 함께 같은 비행기로 서울에 도착했고 ㅇㅇㅇ의원은 하비브와 조찬을 함께 하며 하비브에게 박동선과의 관계개선을 요구했다고 돼 있다. 하비브가 '열 받을' 말이었다. 1973년 8월 18일에는 박동선이 이 의원에게 커미션을 톤당 3달러로 올릴 수 있도록 도와달라고 요구한 것으로 돼 있다.

1974년 2월 11일 전문은 박동선이 이때 방한한 의원들의 숙박료 등 체류경비 일체를 부담하고 있다고 기록돼 있고, 1974년 2월 27일에도 비슷한 내용의 전문을 보냈다. 하비브는 이들 전문에서 이 보고가 박동선에 대한 기록을 남기기 위한 것이라고 명시하기도 했다. 프레이저 소위원회가 보고한 이들 전문에는 미국 하원의원의 이름 등은 삭제한 채 공개됐다.

또 한가지 흥미로운 것은 하비브가 이들 방한 의원들에게 박동선에 대한 좋지 않은 시각을 이야기하면 의원들은 하비브 등 공식라인을 배제하고 박동선을 한국 측 접촉 주선자로 택한 데 대해 사과를 하기도 했다는 것이다. 하비브가 좋지 않은 보고서를 올릴까 두려워한 행동이었다.

F. LETTER FROM THE U.S. AMBASSADOR, SEOUL, TO DEPARTMENT OF STATE, DATED AUGUST 2, 1973

Seoul, Korea

OFFICIAL-INFORMAL

August 2, 1973

Department of State
Washington, D.C.

Dear

This is a further report on matters relating to Tong Son Park's activities. You will have received my previous letter of June 27, 1973 stating my concerns about his influence-peddling.

Earlier this week, Park returned to Korea on the same plane with   . During a breakfast with me,   asked if I would develop good relations with Tong Son Park. I replied that this was a matter on which I felt very strongly. I would do anything appropriate the Congressmen asked, but in this case I must refuse to have anything to do with Mr. Park, and I would not permit any of my staff to have anything to do with him. I told   that I did not approved of the activities in which Park was engaged and I intended to stay absolutely clear of him. He was not someone I wished to deal with for many reasons which I chose not to go into with the Congressman but which I could assure him were valid.

With best regards,

Sincerely,

1973년 8월 2일 하비브 주한미국대사가 국무부에 타전한 비밀전문으로 하비브대사는 재임기간 중 모두 6차례에 걸쳐 박동선의 문제점을 국무부에 보고했다.

그만큼 의원들 스스로도 박동선과의 밀착행보가 문제점이 많다는 것을 의식하고 있었던 것이다.

오세응 의원도 1977년 10월 5일 국회 본회의 발언을 통해 하비브와 박동선과의 악연을 설명했다.

1974년 4월 오닐 당시 하원 민주당 원내총무가 하원의원 22명을 이끌고 방한했을 때 하비브가 공항에 마중을 나갔다고 한다. 오세응이 봤더니 하비브가 박동선을 발견하고는 정일권 당시 국회의장의 비서실장인 김종하에게 다가가 "박동선이 비행장에서 꺼지지 않으면 내가 집에 가겠소"라고 말했고, 그 뒤 박동선은 사라졌다는 것이다. 오세응은 당시 자신이 한국 국회 측 대표로 공항에 나갔다가 직접 본 사건이라고 말했다. 이처럼 박동선은 하비브에게 눈엣가시였던 것이다.

레너드-김동조 등 한미 공조직 공동의 적

박동선은 레너드 한국과장도 자신의 앙숙이었다고 말했다. 박동선은 레너드와의 관계개선을 위해 1971년 정일권 방미 때 자신이 개최한 파티에 레너드를 초청했고 레너드도 참석했다고 밝혔다. 그러나 레너드는 만찬과 오찬 초청을 받았지만 참석하지 않았다고 엇갈린 진술을 했다.

1973년에는 주한미국대사관에서 정무담당 참사로 근무하던 피터스와 함께 레너드를 만나기도 했지만 거리를 좁힐 수는 없었고 그 뒤로도 안 좋은 소문의 진원지 중 일부는 레너드였다고 밝혔다. 레너드는 프레이저 청문회에 출석해 청와대 내 비밀대책회의가 존재했다고 증언하는 등 박동선의 로비가 박정희와 직접 연관돼 있다는 뉘앙스를 풍기기도 했다.

박동선에게 또 다른 큰 적은 김동조 주미한국대사였다. 박동선은 김동조가 끊임없이 자신을 방해한다고 생각했고 쌀 중개상 자격을 잃게 된 데도 로비 잡음을 우려하는 김동조의 보고가 한몫했다고 생각하고 있었다. 법무부 조사에서 악성소문의 진원지가 김동조라고 답변하기도 했다.

박동선은 김동조가 공개적으로 자신에 대한 반감을 표시한 적은 없었지만 미국 인사들이 자신을 멀리 하도록 공작했다고 증언했다. 박동선은 김동조에 대해 잘 알려진 대사지만 액티브하지 않다고 평가했다. 그러나 김동조가 의원들에게 돈을 줬는지에 대해서는 아는 바 없다고 잘라 말했고 "그렇게 믿고 있느냐"는 유도성 질문에도 "나는 모르며 추측하기도 어렵다"고 답했다. 그러나 김동조를 적으로 생각하느냐는 질문에는 사실상 그렇다며 반감을 숨기지 않았다.

또 박종규를 적으로 간주할 수 있으며 나를 일시적으로 망하게 한 사람이라고 설명했다.

박동선, 하비브, 레너드 등의 증언과 프레이저 소위원회가 입수한 전문 등을 살펴보면 박동선은 주미한국대사들의 시기를 받았을 뿐 아니라 주한미국대사 등 미국 관리들로부터도 견제를 받았음을 알 수 있다. 박동선으로 대표되는 비공식 라인은 한미 양국 외교관 등 공식라인의 공동의 적이었던 것이다.

결정적 증거 5건과 박동선 로비성과

허겁지겁 워싱턴 탈출— 결정적 증거 4건 남겨

워싱턴포스트가 1976년 10월 15일 코리아게이트를 터트린 뒤 10월 24일, 26일, 28일 연달아 후속기사를 보도한데다 10월 25일에는 국세청 직원이 집으로 찾아오자 박동선은 워싱턴 탈출을 결심한다. 박동선이 10월 28일 서둘러 런던으로 떠난 뒤 박동선의 집에서는 대미 로비의 결정적 증거가 발견됐다.

박동선이 자필로 작성한 것과 중정요원이 작성한 것 등 중요한 문서는 모두 4건이었고 중앙정보부가 박동선의 로비활동을 평가한 문서는 엉뚱하게도 박동선의 심복이 의회에 제출함으로써 세상에 모습을 드러냈다. 박동선 집에서 압수된 문서는 ① 8페이지짜리 '대미 외교의 방침', ② 10페이지짜리 '대미 외교', ③ 8페이지짜리 '미 국회의원 사절단 방한', ④ 4페이지짜리 패스만 의원 등에 대한 평가와 선거자금 지원 관련 보고서였다.

'대미 외교의 방침'은 외교 지침서 겸 로비 증거

'대미 외교의 방침'이라는 8페이지짜리 문서는 대미 외교의 방법, 성과, 로비 경비 조달 등을 조목조목 설명한 것으로 한마디로 대미 로비의 지침서로 볼 수 있다. 문서 내용으로 볼 때 1970년 11월 미국 선거 직전에 작성된 것이 확실하다. 그러나 40년이 흘렀지만 미국 정치의 본질과 그에 따른 효과적인 외교방법을 꼭 집어 설명함으로써 아직도 많은 시사점을 던진다. 사실 뒷문 외교, 즉 로비의 비법을 적은 것이지만 그 비법이 꽤나 설득력이 있다.

또한 박동선이 쌀 중개 커미션으로 조지타운클럽을 운영하며 의회를 요리했다는 결정적 단서가 될 내용도 많이 담겨 있었다. 깨알 같이 작은 글씨로 돼 있어 확대하지 않고는 쉽게 읽기 힘들고 비밀문서 도장도 찍혀있다. 박동선은 자신이 이 문서를 작성하지 않았다고 주장했지만 그의 친구이자 한때 그와 함께 일했던 류재신은 박동선의 필체라고 주장했다. 의회가 압수한 박동선의 장부 및 다이어리의 필체와 일치하는 것으로 미뤄 박동선이 작성한 것으로 보는 것이 타당하다.

'대미 외교의 방침'에는 로비방법으로 초청외교를 맨 먼저 언급하고 가장 효과적인 외교라고 주장했다. 현재까지 체험으로 미뤄 초청외교의 성과는 거의 100%이고 앞으로도 같은 성과가 있을 것으로 전망된다면서 최근 초청외교 사례를 들었다.

오하이오 출신 공화당 의원인 윌리엄 민셀 의원이 9월 30일부터 10월 5일까지 방한했으며, 이태소위외 신력자 갤러거 의원이 방한 뒤 미국으로 돌아가 한국을 지원한 사례도 자세히 기록돼 있었다.

초청외교의 대상자로는 상원의 경우 사사건건 한국의 발목을 잡았던 아칸소 주 출신 풀브라이트 민주당 의원, 미시시피 주 출신 스티미 민주당 의원, 캔사스 주 출신 밥 돌 공화당 의원, 노스다코타 주 출신 밀턴

박동선의 집에서 압수된 문건 '대미 외교의 방침'

영 공화당 의원을 꼽았다.

하원에서는 루이지애나 주 출신의 오토 패스만 의원, 역시 루이지애나 주 출신의 에드윈 에드워드 의원 등 민주당 출신 3명과 인디애나 주 출신의 로즈 아데어, 일리노이 주 출신의 루리 오즈 등 3명의 공화당 의원을 우선 초청하자고 제안했다. 하원 초청대상 중 패스만, 에드워드는 두 사람 모두 쌀 수입 중개상 자격과 밀접한 관련이 있는 의원이었다. 언론인 출신으로는 이브닝스타의 잭 카우프만, 실업인으로는 공화당 돈줄인 로버트 그레이를 언급했다.

두 번째 대미 외교 방법으로는 이해관계를 통한 외교로 의원들의 출신 선거구를 돕거나 선거구 내 한국 투자 기업을 도우면 된다고 지적했다.

세 번째로는 정치자금과 선거운동자금 조달을 통한 방법을 제시했다. 선거 때 돕는 것이 평소의 백 배 효과를 낸다며 상하원 친한파 의원들이 도움을 요청하고 있다며 그 이름을 언급했다. 하원에서는 블룸필드, 갤러거, 민셀, 해너 의원 등이, 상원에서는 몬토야, 시밍턴, 모이니, 버드 의원 등 많은 의원들이 손을 내민다는 것이다. 그러니 손을 내밀 때 돕자고 주장했다.

서울에도 언커크 빌딩에 조지타운클럽 계획

네 번째로는 조지타운클럽을 통한 외교를 언급했다. 조지타운클럽이 미국에서 유일한 사교클럽으로서 자연적인 사교장이 됨으로 이곳에 각계 인사를 초청해 좋은 효과를 거둘 수 있다는 것이다. 저명한 국회의원들이

클럽을 무료로 사용하고 조지타운클럽에서 선거자금 모금 파티를 무료로 열어주면 친한 세력을 만들 수 있다고 제안했다. 또 클럽회원들과 친지를 통해 중요한 정보도 얻을 수 있다고 주장했다.

박동선은 이 같은 내용을 자신이 작성한 것이 아니라고 발뺌했지만 이 부분을 보면 누가 작성했는지 짐작이 가는 것이다.

이 보고서 중 눈길을 끄는 것은 박동선이 워싱턴에 이어 서울에도 조지타운클럽을 설립하려는 계획을 세웠다는 것이다. 방한한 인사들을 위한 대화의 광장, 또 한국에 체류 중인 미국 인사들을 위해 조지타운클럽을 서울에 세워 외교센터 구실을 하도록 하자고 제안했다. 이 건과 관련해 지원요망이라며 어딘가에 지원을 요청했다. 시설비용이나 필요자금은 회비로서 충당할 수 있지만 회관으로 사용될 구 언커크빌딩 문제에 대해 적극적 고려와 지원이 필요하다고 밝혔다. 이 빌딩을 7년에서 10년가량 장기임대할 계획이며 현재 임대가격은 1억 8300만 원이지만 협상을 통해 1억 4000만 원까지 내리고자 한다고 적혀있다.

다섯 번째로는 제공 정보를 통한 외교로 취득 정보, 자립력 정보, 제공 정보 등을 언급한 뒤 한국에서 적절한 정보를 제공해줄 것을 요청했다. 그 정보 중 우리에게 유리한 정보를 의원들에게 제공하는 한편 역으로 의원들의 정보를 사전에 알아낸다는 것이다. 한국에 대한 정책수립 이전에 그 정보를 입수하고 사전에 우리 쪽 의견을 알리는 방법이다.

또 하나 중요한 것은 이 문서가 자금조달 방법을 구체적으로 언급하고 있다는 점이다. 1970년을 1차 연도로 규정하고 38만 달러를 사용했다며 1971년 자금조달 계획을 구체적으로 설명했다.

조달청 사업인 미곡 수입 사업을 통해 10만 달러에서 13만 2000달러, 농업진흥공사에서 필요한 불도저를 수입하는 조달청 사업으로 20만 달러에서 30만 달러, 국방부의 M16 무기 수입으로 10만 달러에서 15만 달러, 기타 10만 달러에서 15만 달러라고 적혀있다. 이런 정부의 사업에서 커미션을 뗀다는 것이다. 그래서 1971년 조달자금은 최저 50만 달러에서 최대 78만 달러로 예상했다.

박동선이 불도저 도입에 관여했다는 것은 검찰수사를 통해서도 드러났다. 검찰이 1969년 9월 불도저 부정도입 사건을 수사, 박동선의 회사인 미륭상사의 전무 등을 구속했던 것이다. 그러나 1970년 11월 이 문서가 작성됐음을 감안할 때 박동선은 불도저 부정도입 사건이 문제가 된 뒤에도 계속 불도저 도입에 개입했음을 알 수 있다.

박동선의 놀라운 혜안— '레이 클라인 초청하라'

특히 이 문서에서 눈여겨볼 것은 박동선이 국무부 정보담당차관보 레이 클라인을 초청해야 한다고 건의했다는 사실이다.

박동선은, 레이 클라인은 지난해까지 CIA의 유럽담당 총책임자로 일하는 등 CIA 5인방 중 한 명으로 꼽혔던 사람이라고 설명했다. 또 키신저의 하버드대 동창생으로 키신저가 힘을 써서 국무부 정보담당차관보 자리에 올랐다며 키신저를 생각해서라도 레이 클라인을 우리의 동조자로 만들어야 한다고 주장했다. 박동선은 오는 11월에 레이 클라인을 초청해달라며 시기까지 못 박았다.

레이 클린이 국무부 내에서 어느 정도의 비중이 있고 한국과의 관계에서 어떤 역할을 하는지 몰랐지만, 국무부가 공개한 문서를 보면 그는 1972년 5월 26일 '한미관계 폭발-하비브 대사의 우려들'이라는 1급 비밀문서를 작성, 국무부장관에게 보고한 사람이었다. 이 문서는 박정희와 미국과의 갈등의 씨앗, 베트남전을 둘러싼 갈등, 향후 한미관계의 흐름까지 점칠 수 있는 문서이다. 국무부 내에 동아태차관보 등 한국 문제를 담당하는 고위관리들이 있지만 레이 클린이 하비브의 전문을 받아 이를 분석하고 장관에게 한국 관련 정책의 기조를 제시하는 등 막강한 영향력을 행사한 것이다.

박동선이 레이 클린을 초청해달라고 요구한 것은 1970년 10월 이전이었고 레이 클린이 이 문서를 작성한 것은 1972년 5월 26일이었다. 그렇다면 박동선은 레이 클린이 국무부 내 핵심인물이라는 사실을 일찌감치 간파한 셈이다. 과연 박동선의 주장대로 레이 클린을 초청하고 동조자로 만들었는지는 모르지만 맥을 제대로 짚은 것이다. 박동선의 혜안에 새삼 놀라지 않을 수 없다.

박동선은 또 레이 클린의 비중을 감안, '부장님 명의로 초청장을 발급해주실 것을 건의함'이라고 적었다. 이 대목에서 박동선과 중앙정보부 간의 연계도 드러난 것이다.

'대미 외교'는 증보판 – 중정요원이 베낀 듯

'대미 외교'라는 이 문서는 1970년에 작성된 '대미 외교의 방침'을 인용한 것으로 보인다. 한마디로 증보판이다. 이 문서와 관련해 박동선은 자신이 작성한 문서가 아니라고 주장했다. 본인이 인정할 리가 없는 것이다. 하원 청문회 내용을 살펴보면 박동선의 주장도 일리가 있다. 법무부에서도 이름을 밝히진 않았지만 중정요원을 작성자로 지목했음을 알 수 있다. 보고서 등에 이름이 나오지 않지만 전체 맥락을 보면 미 의회는 이후락의 보좌관이자 박동선의 조종관 역할을 했던 김상인을 이 문서 작성자로 생각하고 있음을 알 수 있다. 아마도 그가 이 보고서를 만들면서 1970년 박동선이 작성한 대미 외교의 방침을 거의 그대로 옮기고 일부만 수정한 것으로 보인다.

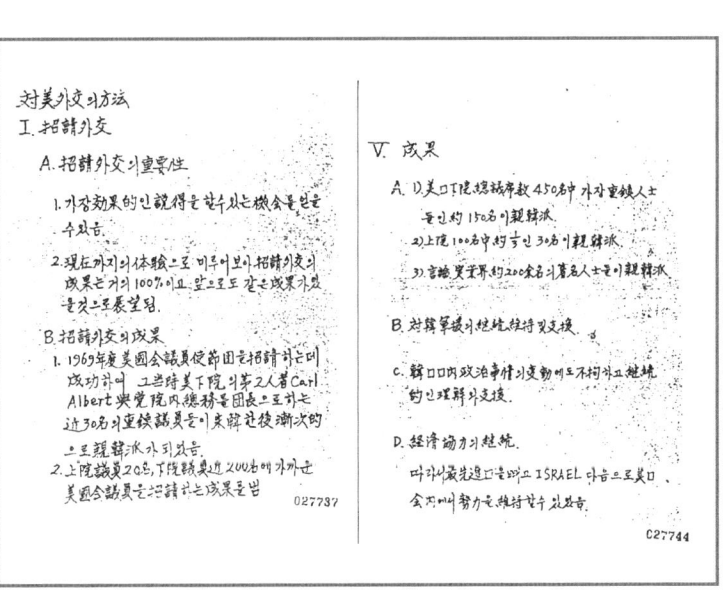

박동선의 집에서 압수된 문건 '대미 외교'로 상하원의원의 3분의 1을 친한파로 만들었다는 내용 등을 담고 있다.

한국 로비 반, 쌀 로비 반 박동선 259

이 문서는 대미 외교의 방법으로 초청외교, 이해관계를 통한 외교, 정치자금과 선거자금 지원을 통한 외교, 조지타운클럽을 통한 외교 등 4가지를 제시했으며 이 중 초청외교가 가장 확실한 방법이라고 밝혔다.

초청외교의 방법 등은 대미 외교의 방침이라는 문서와 거의 비슷했으며 초청 성과를 설명하는 부분은 조금 달랐다. 지난 1969년 미 하원 민주당 원내총무 칼 알버트를 단장으로 하는 약 30명의 의원들이 한국을 다녀간 뒤 점차 친한파가 됐고 현재는 상원의원 20명, 하원의원 약 200명을 한국으로 초청하는 성과를 냈다는 것이다.

초청외교의 대상자도 박동선 문서와 동일했다. 상하원의원, 학계, 재계, 언론계 인사들을 초청하자는 것이다. 상원에서는 맨스필드의 후계자로 알려진 로버트 버드 민주당 원내 부총무, 상원 세출위원회 중진 의원인 조셉 몬토야 의원을 꼽았다. 또 하원에서는 존 맥팔 여당 원내 부총무, 존 로드 공화당 원내 총무와 중진 의원들을 우선 초정해야 한다고 주장했다.

언론계에서는 워싱턴포스트지 주필인 벤 브래들리, 유명 칼럼니스트인 에반스 노박을 추천했다. 실업인으로는 공화당 정치자금 조달자인 로버트 그레이로 박동선 문서 그대로였다. 이 로버트 그레이는 조지타운클럽 14명 이사 중 한 명이다.

의회 내 우호 세력, 이스라엘 다음으로 많다

두 번째 대미 외교의 방법은 이해관계를 통한 외교를 꼽았고, 세 번째

방법으로는 정치자금과 선거운동자금 조달을 통한 외교를 꼽았다. 또 네 번째로는 조지타운클럽을 통한 외교를 언급했다. 저명 국회의원들에게 조지타운클럽에서 무료로 선거자금 모금 파티 등을 열도록 해준다는 것으로 박동선이 작성한 문서의 판박이였다. 아마도 박동선의 '대미 외교의 방침' 작성 직후 곧바로 중앙정보부 요원이 이 문서를 작성한 것으로 보이며 그 시기는 1970년 11월 선거 직전이 유력하다.

현재까지의 성과도 설명했다. 하원의원 450명 중 중진 인사 150명, 상원의원 100명 중 3분의 1이 친한파라고 주장했다. 언론과 실업계에서도 200명이 한국에 우호적이라고 밝혔다. 또 이들 의원들의 지지로 대한 군원 규모가 지속적으로 유지되고 있으며 한국 국내 정치 사정의 변동에도 불구하고 계속적인 이해와 지원을 보내고 있다는 견해를 밝혔다. 결론적으로 선진국을 빼고는 이스라엘 다음으로 한국이 의회 내 우호세력을 많이 확보, 유지하고 있다는 것이다.

마지막 부분에서는 이 같은 대미외교를 수행하는 데 필요한 경비조달 방법을 언급했다. 선진국들은 약 1500만 달러에서 2000만 달러를 쓰고 있고, 이스라엘은 미국 내 막강한 교포들의 힘을 빌어 적극적인 대미외교를 하고 있으나 한국은 100만 달러의 자금으로 미국 국회 내 제2세력을 형성했다고 분석했다.

자금 또한 정부의 직접적 지원이 아니라 부대적인 지원을 통해 얻어진 사업, 즉 대미 미곡 도입으로 충당된 자금이었다고 밝혔다. 그러나 금년부터 미곡 도입 금지로 인해 자금 염출이 안 되므로 다른 방법을 강구해 달라고 건의했다. 이 문서에 언급된 미곡 도입 금지가 정확히 무엇을 의미하는지 알 수 없지만 박동선의 일시 중개권 상실을 언급하는 것으로 추정된다. 1981년 하원의 쌀 청문회에 증거로 제출된 미국 쌀 한국수출 현황을 보면 1970년에 29만 톤, 1971년에도 48만 2000톤의 쌀이 한국으로 수출됐다고 기록돼 있기 때문이다.

이 문서 마지막 부분에 대미 미곡 도입으로 충당된 자금, 즉 쌀 중개 커미션을 통해 대미 외교를 펼쳐왔다고 밝힘으로써 박동선 의회 로비의 결정적 증거가 되고 말았다.

74년 사절단 방한 문서 작성― '각하' 수차례 언급

'미 국회의원 사절단 방한'이라는 8페이지짜리 문서는 이른바 초청외교의 성과를 상세히 설명한 문서다. 필체 등 여러 사항으로 미뤄 박동선이 작성한 문서가 틀림없다.

이 문서에는 1969년 1차 방한은 물론 1971년 2차 방한 성과가 언급됐고 오닐 총무가 1974년 4월 15일 방한한 것으로 미뤄 1974년 초 작성된 것이 확실하다.

박동선은 이 문서에서 누군가에게 오닐 총무 방한 관련 건의사항을 말했고 특히 '박정희 대통령 각하'를 여러 차례 언급했다. 다른 문서가 중정부장을 직접 언급하거나 암시했다면 이 문서는 박정희와 박동선의 관계를 보여준다.

이 문서는 의원사절단 형성의 배경, 방한단의 결과 등을 먼저 설명한 뒤 오닐 총무의 약력과 건의사항을 집중 언급했다. 또 아마니 사우디아라비아 석유상과의 만남, 애그뉴 부통령과의 면담내용 등을 적고 있다.
그 다음 내용은 더욱 충격적이다. 이 문서에는 "당시 중앙정보부장님의 협조하에"라는 말이 나온다. 중정부장이 개입했음을 분명히 한 것이다. 전후문맥을 보면 '당시 중앙정보부장님'으로 언급된 사람은 김형욱이다. 중정부장의 협조를 얻어 미 국회 내 친한파 의원들을 앞장세워 미국회 사상 최초로 사절단을 조작하는 데 성공하고 그 후 사절단을 방한토록 했다고 초청외교의 탄생배경을 설명했다. 박동선이 1968년 10월 김형욱의 도움으로 쌀 수입 중개상으로 선정되자 처음 추진한 사업이 바로 의원사절단 방한 사업이었다. 김형욱도 의원사절단 방한을 박정희에게 자랑스럽게 보고했다고 의회에서 증언한 점으로 미뤄 이 중정부장님은

박동선의 집에서 압수된 문건 '미 국회의원 사절단 방한'으로 '각하께서 유의하실 사항' 등의 표현이 눈에 띈다.

김형욱이 확실한 것이다.

　박동선은 1차로 현 하원의장인 당시 민주당 원내총무 칼 알버트 의원을 단장으로 하는 사절단이 방한했고 2차로 역시 칼 알버트가 하원의장이 된 뒤 사절단을 이끌고 방한했다고 설명했다. 1차 방한은 1969년 3월 2일부터 3월 6일까지, 2차 방한은 1971년 8월 9일부터 13일까지 이뤄졌다.

　박동선은 또 방한했던 국회의원들에게 선거기금을 협조해줬다고 밝혔다. 자금을 지원했다는 것이다. 이때까지만 해도 사실 미국 시민권자가 아닌 외국 국적자라도 정치인들에 대한 자금지원이 합법적이었다. 박동선은 정치자금뿐 아니라 방한한 의원들의 선거구 내에서 생산되는 물품을 구입해주고 선거구 내 회사들의 한국 진출에 협조해줬다고 밝혔다. 그래서 많은 국회의원들을 친한파로 만드는 데 성공했고 결과적으로 군사원조 등에서 한국을 도왔다는 것이다. 박동선 자신이 1970년 작성한 '대미 외교의 방침'대로 로비를 진행했음을 알 수 있다.

차기 하원의장 오닐 방한은 4차례 연기 끝에 성사

　이 문서는 또 유류파동, 미국 내 워터게이트 사건, 그리고 차기 선거운동 등으로 방한이 4번이나 연기되는 우여곡절 끝에 금번 3차 방한을 성사시켰다고 밝혔다.

　이번 방한은 여러 힘든 조건이 존재하는데다 미국 언론이 한국에 대해 부정적 여론을 조성해 더욱 방한을 불가능하게 만들었다고 제반여건을 설명했다. 친한파인 패턴, 드 라 가르자, 해너, 울드 의원 등 최고 친한파 의원들이 알버트 의장을 설득시킴으로써 오닐 총무를 단장으로 하는 방한이 이뤄졌다는 것이다. 박동선이 이 의원들의 공을 높이 사는 듯 '최고' 친한파 의원이라고 명시했다.

박동선은 오닐 단장의 인적 사항이란 별도의 항목을 통해 오닐 단장이 누구인지를 설명했다. 오닐 단장은 현 알버트 의장이 정치세력이 약화되면서 상의장 행세를 하고 있으며 차기 하원의장이 될 인물이라고 밝혔다. 닉슨 대통령 선거운동을 총지휘했고 혁신파의 총수라며 정치적 성향도 언급했다.

또 "TSP의 작용으로 혁신계 총수임에도 불구하고 3선 개헌 때 박 대통령 각하를 지지하는 발언을 의회에서 단행했음"이라고 적었다. TSP는 두말할 필요도 없이 박동선을 말한다. 박동선이 오닐 의원의 박정희 3선 개헌 지지 발언을 이끌어냈다는 것이다.

사실상 이는 놀랄만한 일이었다. 한국에 대해 비판적 관점을 유지해온 민주당의 중진 의원이 3선 개헌 지지 발언을 한 것은 미국 언론을 어리둥절케 할 정도였다. 누가 보더라도 엄청난 일이었다. 박동선이 오닐 발언의 동인이었다면 박동선이 정말 대단한 로비스트임을 인정하지 않을 수 없다. 박동선은 1969년 10일 14일 오닐 의원의 발언이 담긴 의회속기록을 증거로 첨부한다고 밝혔다.

또 1970년대 정일권 국무총리를 방문케 하여 더욱 친한 세력이 되도록 '공작'했다고 적었다.

닉슨 탄핵되면 '오닐 시대' 열린다― 자금 요청

특히 닉슨 대통령이 탄핵돼 대통령직에서 물러나 국회만능시대가 되면 오닐이 미국 정계에서 가장 큰 비중을 차지하는 인물이 될 것이라고 강조했다. 그만큼 오닐은 중요한 인물이라는 것이다. 사실 틀린 말이 아니었다. 우리 편으로 만들 수만 있다면 무슨 수를 써서라도 우리 편으로 만들어야 할 인물이었다.

박동선은 오닐의 비중을 여러 차례 언급한 다음 오닐이 직접 자금지원을 요청했다고 밝혔다. 이 문서에서 이번에 오닐과 함께 방한하는 동료 의원들이 오닐이 원내총무로 추대되는 데 절대적인 영향을 미친 공로자들이라며 오닐이 이들에게 줄 선거자금과 부인들에게 필요한 비용 조달을 요청했다고 주장했다. 이 말이 사실이라면 오닐은 박동선에게 노골적으로 정치자금을 요청한 셈이 된다. 한편으로는 오닐과 박동선이 그 정도의 은밀한 대화를 스스럼없이 나눌 정도로 친밀한 사이라는 반증이다.

박동선은 "이번 기회에 자금을 지원하면 이상적이나 불가능하다면 가까운 장래에 지불해주실 것을 건의함"이라고 명시했다. 또 참고라며 대만은 이번 방문 때 50만 달러를 전달하겠다고 이미 약속했다고 덧붙였다.

또 박동선은 '오닐 의원의 박 대통령 접견시 각하께서 유의하실 사항'을 언급했다. 미 언론계의 반한 여론 조성으로 친한 행동이 점차 힘들게 되므로 이것을 타개하기 위해서는 '박 대통령 각하'를 직접 만나 한국의 현 정치 사정과 장차 정치계획 등에 관해 솔직한 의견을 듣기를 원한다고 밝혔다.

과거 3선 개헌 때 가장 힘들었던 조건에서 혁신파 총수임에도 불구하고 '박 대통령 각하'를 노골적으로 지지해준 것을 참조해서 오닐을 대하라고 조언했다. 오닐에게 최근의 한국 정쟁을 정확히 인식시키는 것이 앞으로 미국이 한국에 계속적으로 협조하는 데 절대적으로 필요하다고 사료된다며 '대통령 각하'께서 3선 개헌 때 오닐이 지지해준 데 대해서 특별히 사의를 표하는 것이 좋을 것으로 '사료됨'이라고 밝혔다.

'야마니 석유상-애그뉴 부통령도 내 인맥'

박동선은 오닐 의장 방한 관련 보고를 한 다음 사우디아라비아 야마니 석유상과의 면담 사실을 설명했다. 야마니는 1974년 석유파동 당시 한국 국민들에게는 미국 대통령 이름만큼이나 깊이 각인된 인물이다. 사우디아라비아 석유상의 이름을 묻는 문제가 학교시험에 출제될 정도였다.

야마니 관련 보고는 그야말로 사통팔달 박동선의 막강한 인맥을 잘 보여준다. 특히 대통령 각하가 허락을 받아 사우디아라비아에 석유자금 지원을 해달라는 정부 의사를 전달하겠다고 적기도 했다.

박동선은 야마니와의 인연부터 설명했다. 야마니 석유상과 'TSP'는 석유파동 이전부터 친한 친구 사이로 작년 10월 1일 그를 방문했다고 밝혔다. 1974년 이 문서가 작성됐으니 1973년 10월 1일로 추정된다. 이때 야마니 석유상이 박동선이 파이잘 사우디아라비아 국왕을 2시간이나 접견할 수 있도록 주선했다고 밝혔다. 또 지난주 유엔을 방문한 야마니 석유상과 뉴욕에서 다시 만났다고 덧붙였다.

박동선은 애그뉴 부통령을 만났으며 그가 방한을 희망했다는 사실도 기록했다. 애그뉴 부통령도 박동선과 알고 지냈던 것이다. 상하원 청문회 보고서를 살펴보면 이처럼 박동선이 인연을 맺은 대통령, 부통령이 한둘이 아니라는 사실을 각종 증거들을 통해 알 수 있다. 박동선이 실제 그런 인맥을 갖고 있었음이 모두 입증된 것이다.

박동선은 애그뉴 부통령과 오래 전부터 친분이 있었고 부통령 취임 후에도 계속 접촉해왔다고 밝히고, 특히 3월 30일 애그뉴 전 부통령의 요청으로 '본인'이 점심을 함께 했다고 밝혔다. 여기서 '본인'이라고 표현함으로써 이 문서 작성자가 박동선임을 알 수 있는 명백한 증거가 된다.

박동선은 애그뉴가 자신을 만난 자리에서 금년 5월 말 이후 파이잘 국왕의 특별초청으로 사우디아라비아를 방문할 예정이며 그 뒤 귀국하는 길에 한국을 방문하겠다는 의사를 표명했다고 적었다.

박동선은 이날 만남에서 'TSP'의 권유로 자기가 대통령 각하를 존경하기 때문에 방한 때 미 행정부의 대한정책에 대해 솔직히 의견교환을 하겠다고 말했음을 밝혔다.

'중정부장님, 패스만에게 준 돈 보전해주세요' 요구

또 하나의 문서는 패스만 의원과 갤러거 의원 등 두 거물급 의원 등에 대한 보고와 함께 선거자금 지원 등을 요구하고 있다. 작성 시기는 1970년 말 또는 1971년 초이며 작성자는 박동선임이 확실시된다.

특히 이 문서에는 박동선이 자신의 로비 지출비용을 명시하고 이 중 일부 비용을 지출해달라고 명시했다. 박동선이 '중정부장님'이란 표현을 쓰며 비용 보전을 요구했음이 명백히 드러난 것으로 중앙정보부와 박동선의 연관성, 박동선의 의원 매수 혹은 돈봉투 전달 사실이 입증된 문서다.

'의원동향보고서'라고 이름붙일 수 있는 이 문서는 첫 번째로 한국에 반감을 가지고 대표적인 반한 의원으로 활동하고 있는 오토 패스만 의원에 대해 언급하고 있다. 패스만 의원이 반한 의원에서 친한 의원으로 돌아서게 된 계기 등도 자세히 설명하고 있다.

박동선의 집에서 압수된 문건 '의원동향 및 자금요청 보고서'로 패스만, 갤러거 하원의원에 대한 지원을 건의하고 있다.

패스만은 하원 세출위원회의 외국원조소위원장으로 군사원조와 민간원조에 대한 실권을 휘두르던 사람이다. 박동선은 패스만이 대외원조 프로그램이 1946년 생긴 이래 계속 대외원조를 반대하고, 특히 한국 원조 예산을 항상 삭감해오던 당사자이라고 지적했다. 그러나 1968년 한국이 미국산 쌀을 수입해준다는 이유로 한국을 돕게 됐다고 밝혔다. 그 자신이 쌀 산지인 루이지애나 주 출신으로 쌀 판매가 지역구 최대 현안이었다. 한국이 이 쌀의 판로를 열어주자 친한파가 됐다는 것이다.

패스만은 1970년 미 행정부가 제시한 4억 달러가 넘는 군사원조예산을 단 1달러도 삭감하지 않겠다고 약속했으며 앞으로 한국 문제가 하원에 상정될 때마다 갤러거, 민셀, 해너 등 친한파 의원들과 협조해서 한국의 최대이익을 위해서 적극 돕겠다고 다짐했다고 보고서는 적고 있다.

박동선은 이 문서에서 4가지 건의사항을 적고 있다. 첫째, 패스만이 닉슨 대통령과 레어드 국방장관의 '박 대통령 각하'에게 보내는 메시지를 지참하고 내한하는 동안 지출한 3만 달러를 지불해달라고 요구했다.

둘째, 5개년 계획으로 추진되는 장비 현대화를 위한 예산이 올해 처음 상정되므로 가능한 한 많은 국회의원의 표가 필요하다며 한국에서 꼭 쌀을 사달라고 건의했다.

셋째, 앞으로 미국 국회에서 한국을 위한 원내 활동을 할 때 필요한 비용은 수시로 지출해달라고 했다.

넷째, 10만 달러를 한국에다 맡길 터이니 한국 금리와 같은 이율로 받아줄 수 있는 길을 만들어달라고 적었다.

'갤러거 청문회에 20만 달러 지원해주세요'

박동선이 문서에 언급한 다른 한 사람의 거물은 갤러거 의원이었다. 하원 외교위 아태소위원회 위원장이다. 갤러거 또한 한국의 목줄을 쥐고 있는 사람이나 다름없었다.

박동선은 해너의 도움으로 쌀 수입 중개상 자격을 얻었으나 패스만의 반감으로 중개상 자격을 빼앗겼다가 갤러거의 주선으로 패스만과 동맹을 맺음으로써 승승장구하게 된다. 이 문서를 작성할 때 박동선은 갤러거와는 친밀했지만 패스만과 극도의 긴장관계에 있을 때였다.

그런 박동선이 이 문서에 패스만, 갤러거 두 사람을 동시에 거론한 것이다. 사실 두 사람은 한국 입장에서 볼 때는 군사원조를 얻는 데 꼭 필요한 사람들이었다. 동시에 박동선으로서도 쌀 수입 중개상권을 위해 반드시 구워삶아야 할 사람들이었다.

이 문서는 갤러거 의원이 대한민국과 '박 대통령 각하'를 직접 돕기 위해 시밍턴 청취회 같은 것을 하원에서 열기로 계획했으며 1971년 3월 중순경에 열릴 예정이라고 밝혔다. 청취회는 요즘 말로 하면 청문회다. 박동선은 이 청문회를 일단 비공개로 개최한 뒤 한국과 '대통령 각하'를 돕는 결과가 되면 1971년 4월 중순 그 내용을 공개할 것이라고 밝혔다.

참으로 용의주도한 것이다. 청문회에서 한국에 비우호적인 발언이 나올 가능성을 배제할 수 없으므로 그 같은 사실이 외부로 알려지지 않게끔 일단 비공개로 개최한다는 것이다. 그리고 청문회가 긍정적으로 작용했음을 확인한 뒤 그 내용을 공개한다는 복안이다.

이 문서에는 청문회에 저명한 교수, 언론인, 정치인들을 초청할 예정이므로 20만 달러가 소요된다고 적혀있다. 또 "소요 비용 20만 달러 중 1971년 1월 중순 이전에 우선 10만 달러를 지출해주시고 잔액 10만 달러는 1971년 2월 말까지 지원해주실 것"이라고 기재돼 있다.

'5만 달러는 중정이 내니 10만 달러 지출해달라'

이 문서 세 번째 부분은 선거자금이란 제목을 달고 있으며 바로 여기에서 누구에게 돈을 지원해달라고 요청했는지 일부는 드러나지만 일부는 여전히 의문이다.

이 문서는 친한파 국회의원들의 요청에 의해 그들이 요구한 총액의 3분의 1에 해당하는 15만 3000달러를 지출했다고 밝히고 있다. 이 중 5만 달러는 '중정'에서 지출키로 결정했으므로 잔액 10만 3000달러를 지출해줄 방안을 마련해달라고 요구했다. 일부는 중앙정보부에서 지출하기로 했다며 일부는 다른 곳에 요구하고 있다. 10만 3000달러는 중정이 아닌 누구에게 요구한 것인지 의문이 일지 않을 수 없다.

또 미국 국회의원들을 위해 지출한 경비 약 10만 달러는 '저'의 개인 부담으로 처리하겠다고 돼 있다. 이 비용에는 조지타운클럽에서 선거자금 모금 파티 비용이 포함돼 있다고 덧붙였다. 이 문서에서 말하는 '저'는 조지타운클럽을 운영하는 박동선인 것이다.

네 번째는 미국 국회를 위하여 사용하는 비용의 조달방법을 언급하고 있다. 현재까지 경험으로 연간 소요비용으로 최소한 50만 달러가 필요하다고 지적했다. 조달방법은 정부에서 직접 지원하는 것은 외면한다고 돼 있다. 될 수 있는 한 정부의 뒷받침을 받아서 이뤄지는 사업의 이익으로 자금을 충족할 수 있게 협조해달라고 요청했다. 만일을 생각해서 정부 자금으로 로비해서는 안 되며, 생돈을 들일 수는 없으니 정부가 추진하는 각종 사업에서 커미션을 떼자는 것이다.

놀랄 노자 'M16 소총-F5 전투기 에이전트도 달라'

이 문서는 정부가 뒷받침하는 사업은 국가적으로 볼 때 정치적, 군사적 중대성을 갖고 있거나 경제적으로 큰 영향을 미칠 수 있는 사업이라며 한국에서 외국인이 대행하고 있거나 아예 대행, 즉 에이전트가 없는 사업을 우선적으로 선택하자고 제안했다.

박동선은 이 같은 사업으로 미곡, F5 전투기, M16 소총 등을 꼽았다. 쌀 수입 문제에 대해 지난 11월 패스만 의원이 방한해 박 대통령을 예방했을 때 미국산 쌀을 한국에서 사준다면 하원 내에서 78표는 물론 그 이상의 친한파 찬성표를 얻을 수 있을 것이라고 설득했다. 그래서 금년에 40만 톤 이상을 사주도록 간곡히 요청했던 바 이미 농림부장관에게 지시됐음이 확인됐다고 밝혔다. 쌀 중개 커미션은 문제가 없다는 것이다.

이 문서에 따르면 박동선이 쌀은 물론 F5 전투기, M16 소총 등 굵직한 이권에는 모두 눈독을 들였음을 알 수 있다. F5 전투기 도입에서도 커미션이 15만 달러가 생길 수 있다고 주장했다. 특히 자신과 이 전투기 생산회사인 노드롭과의 인연을 강조하며 자신을 에이전트로 지정해달라고 구체적으로 요구했다.

이 문서는 현재 이 전투기가 미국 노드롭에서 제작 중이며 이미 TSP가 노드롭에 많이 협조해오고 있으므로 좋은 관계를 맺고 있다고 밝혔다. "가까운 장래에 정부 고위층에서 M16과 마찬가지로 노드롭에 미륭물산을 그들의 중개상으로 역할을 하도록 조정하여 주시기 바람"이라고 적혀있다. 또 미륭물산 부분에 '대표 박동선'이라고 명시했다.

이 부분을 보면 깜짝 놀라게 된다. 박동선이 이미 정부의 도움으로 M16의 중개상이 됐거나 또는 중개상이 되도록 정부 고위층이 이미 움직였음을 알 수 있다. 거기다 더해 전투기 에이전트로 지정해달라고 요구한 것이다.

M16과 관련해서는 5만 달러의 커미션을 예상한다며 구체적인 요구를 전했다. 국방장관과 군수차관보로 하여금 콜트회사에 미륭상사를 중개상으로 지정하도록 협조해달라고 돼 있다. 이 부분에도 미륭상사 대표이사는 박동선으로 명시돼 있다.

중정, 72년 9월 박동선 로비활동 평가서 작성

박동선이 믿고 믿었던 조지타운대학 외교학과 동창 류재신은 깜짝 놀랄 만한 문서를 의회에 제출했다. 제목만 봐도 깜짝 놀랄 수밖에 없다.

'TS 활동성과 분석 및 평가'라는 제목 아래 '72년 9월 30일'이라는 작성 날짜가 적혀있다. TS는 박동선을 지칭하는 영문표기다. 1972년 9월 30일자로 박동선의 로비활동을 평가한 보고서인 것이다. 이 보고서는 이른바 차트 글씨체로 작성돼 있었다. 박동선이 중앙정보부의 조종을 받는 대미 로비스트임을 입증하는 명백한 증거였다.

이 문서는 목차, 임무, 상황, 활동수단, 활동성과, 자금조달, 자금사용 내역, 분석, 평가 순으로 돼 있다.

임무는 미 의회가 계속 삭감하고 있는 한국에 대한 군사원조를 만회하기 위한 대미활동으로 명시돼 있다. 상황을 보면 월남전이 장기화되면서 미국 국내 문제가 급증하고 반전파가 득세한다는 것이다. 또 이로 인해 대외 부담, 즉 대외원조 삭감 압력이 거세지고 있다고 분석했다.

류재신이 박동선의 집에서 입수해 의회에 제출한 문건 'TS 활동성과 분석 및 평가'로 6개월간 대과없이 임무를 수행했으므로 계속 활용해야 한다는 내용을 담고 있다.

특히 1971년 10월 29일에는 미 대외원조 25년 사상 가장 큰 파동으로 불리는 일이 발생했다. 상원에서 대외원조를 전면 중단하는 안이 가결된 것이다.

한국도 예외일 수 없어서 1972회계연도 한국에 대한 미국의 무상 군사원조는 예년보다 5배나 많은 40%가 삭감됐다. 행정부에서는 2억 3940만 달러를 한국에 무상 원조하겠다고 밝혔지만 의회는 1억 4000만 달러만 승인했다. 무려 1억 달러가 삭감된 것이다. 1973회계연도는 1억 달러 이상 삭감이 예상됐다.

그뿐 아니다. 군사원조분의 25%를 현지통화, 즉 원화로 예치하자는 풀브라이트 상원의원의 주장이 힘을 얻고 있었다. 또 가급적 무상 군사원조는 차관으로 대체하고 주한미군을 계속 철수하는 것은 물론 한국군의 병력마저 감축하라고 압력을 가할 태세였다. 이 보고서는 국가안보상 치명적 타격이 예상된다고 지적했다.

이 같은 상황 속에서 한국에 유리한 여론을 조성, 한 푼이라도 많은 원조를 받기 위해 박동선이 로비에 나섰다는 것이다.

박동선의 활동수단은 첫째 조지타운클럽을 활용하는 것이라고 밝혔다. 이 클럽을 통해서 미 의원들의 정치자금 모금운동을 펼치고 유력 인사를 대접하며 방미한 국내 유력 인사를 미국 고위층에 소개시켰다는 것이다.

둘째로는 한국 문제에 영향력이 있는 인물에게 정치자금을 제공했다고 명시했다. 상원의원 11명 하원의원 30명 등 의회에 41명, 행정부에 2명 등 모두 43명에게 돈을 줬다는 것이다.

셋째로는 방한하는 유력 인사를 영접했다고 한다. 유력 인사를 수시

접촉해서 방한토록 조종했다고 명시돼 있다.

25% 예치안 부결- 레어드 장관 5회 면담 등 성과

이 같은 활동을 통해 군사원조에 대한 25% 원화 예치안을 부결시키는 성과를 거뒀다고 밝혔다. 200억 원에 상당하는 돈을 사실상 절감하게 됐다는 것이다. 1972년 7월 28일 엘렌더, 몬토야, 밀러 상원의원 등을 동원해 40대 22로 풀브라이트 상원의원의 25% 원화 예치안을 꺾었고 하원에서는 10% 예치안도 부결됐다고 성과를 설명했다.

한국에 대한 군사원조 삭감액 회복을 위해 1972년 5월 2일부터 5일까지 미 하원 외교위가 청문회를 개최토록 유도했다고 지적했다. 특히 박동선은 레어드 국방장관을 다섯 번이나 만나 약 1억 달러의 추가원조를 해주겠다는 확약을 받았다고 보고돼 있다. 4월 15일, 19일, 27일 그리고 6월 5일과 8월 11일 레어드를 만났다는 것이다.

그래서 레어드는 닉슨 대통령에게 한국에 대한 군사원조 필요성을 언급했고 8월 11일 기자회견을 통해 한국군에 대한 지원을 늘린다고 발표하게 됐다고 설명했다. 또 레어드를 만난 덕분에 미국으로부터 팬텀기 6대와 A4기를 지원받게 됐다고 한다.

또 패스만 의원도 접촉해 지난 9월 7일 패스만이 닉슨 대통령에게 한국에 대한 원조에 대한 지지를 전하고 그 필요성을 역설했다고 적혀 있다.

특히 1973회계연도에 한국에 지원되는 무상 군사원조는 한 푼의 삭감도 없이 행정부의 원래 계획대로 집행되도록 추진하고 있다고 설명했다. 상하원 유력 인사 중 친한파 기반을 확보했고 상하 양원협의회를 통해 원조 축소를 막는다는 것이다. 하원에서는 원내총무단과 외국원조소위원회 실력자들을 동원해 1973회계연도분 삭감을 최소한으로 고정시켰다고 주장했다.

1972년 이때의 로비자금 조달 내역도 적혀있다. 1972년 3월 이전에 도입된 1차분 20만 톤에 따른 커미션 21만 3600달러, 8월 말까지 도입된 2차분 30만 톤에 대한 커미션 60만 달러 등 1972년 9월 30일 현재 쌀 중개 커미션은 81만 3600달러였다. 여기다 박동선이 은행에서 20만 달러를 빌려 101만 3600달러의 자금을 조달했다는 것이다.

대과 없어 조종관 감독 하에 박동선 계속 활용

분석 부분은 박동선 개인에 대한 자질 분석과 함께 평가, 즉 앞으로 어떻게 할 것인가를 담고 있다. 결론은 '임무수행에 대과가 없으므로 조종관 감독 하에 계속 활용'이었다. 앞으로도 박동선을 계속 활용한다는 것이다.

박동선은 미국에서 고등학교를 졸업하고 조지타운대학 외교학과를 졸업했으며 정부 요인과 광범위한 접촉을 갖고 있다고 분석했다. 시간활용이 자유롭고 화술이 뛰어나며 호인상으로 미 상류사회에서 인기가 있으며 정치인 등의 심리를 잘 파악함으로써 대상 인물을 잘 조종한다고 밝혔다.

그 다음 문구는 의미심장하다. 'D. J'와 경합관계로 재력과 성의를 집중해 실력을 발휘할 각오라는 것이다. 여기서 등장하는 DJ는 상하원 전체 보고서를 검토한 결과 김동조 주미한국대사를 지칭하는 것으로 보는 것이 타당하다. 의회 로비를 둘러싸고 박동선과 김동조가 경쟁하고 있다는 것이다.

박동선이 가진 장비로는 조지타운클럽 운용, 고급저택, 운전기사가 딸린 캐딜락, 비서가 있고, 비서 부인이 국회의원 보좌관 출신이라고 적혀있다. 중정보고서에는 박동선이 동원 가능한 자원들, 즉 비서들까지도 장비라는 표현을 사용, 정리돼 있었다. 여기서 비서란 박동선의 조지타운대학 동창인 류재신을 일컫는 것이며 류재신이 자신을 비서로 칭한 이 부분을 보면서 격분했고 후일 이 문서를 의회에 제출했다는 것이 류재신 자신의 설명이었다. 또 텔렉스를 갖추고 있으며 국내에도 각계각층의 유지들과 친구관계라고 지적했다. 국내 소유 4개 회사의 뒷받침도 받고 있으며 일주일에 10여 회 각종 파티를 주최하거나 참석하면서 실력자들과 친분을 유지하고 있다고 평가했다.

또 조종관이 지난 6개월간 면접이나 전화 서신 등으로 수십 회 접촉해 제반사항을 확인하고 지침을 하달했으나 조종관 권한 이상의 지원을 요구하기도 했다고 설명했다.

마지막은 평가였다. 기왕 수입되는 미곡을 통해 그 생산 주 출신 의원들에게 생색을 발휘하며 최대한 활용하고 있다고 지적했다. 사업착수 6개월이라는 단시일 내에 한국에 대한 군사원조에 영향력 있는 미 의회 상하원 유력 인사, 행정부 고위층, 백악관 스태프까지 망라해 조직 속에

끌어들임으로써 대과 없이 임무를 수행했다고 평가된다고 밝혔다. 결론은 "감독 하에 계속 활용이 필요시 됨"이었다.

조종관을 통한 활용이라는 단어는 중앙정보부 등 정보기관에서 사용하는 용어로 이 문서는 박동선이 중앙정보부의 지시와 조종을 받는 대미 로비스트임을 완벽하게 입증했다.

한국뿐 아니라 세계적 로비스트

커미션 총액 920만 달러— 버뮤다 계좌로 주로 받아

박동선이 쌀 중개상으로 일하며 1969년부터 1976년까지 받은 커미션은 920만 4800여 달러로 집계됐다. 이 기간 중 쌀 중개권을 상실했던 1972년에는 쌀 수출회사로부터 단 한 푼의 커미션도 받지 못했다. 그러나 사실 1971년 커미션 중 일부인 19만 달러를 박종규 측으로부터 돌려받았으므로 이 금액을 합치면 940만 달러를 벌어들인 셈이다.

박동선이 커미션을 받은 업체는 캘리포니아쌀재배자협회와 코넬미곡설탕회사 2곳이었다.

박동선은 쌀 중개인으로 활동한 첫 해인 1969년에는 23만 1800여 달러를 벌어들인 이래 그 다음 해인 1970년에는 전 해의 약 두 배인 40만 200여 달러를 벌었다. 그러나 쌀 중개권을 일시 상실하면서 1971년에는

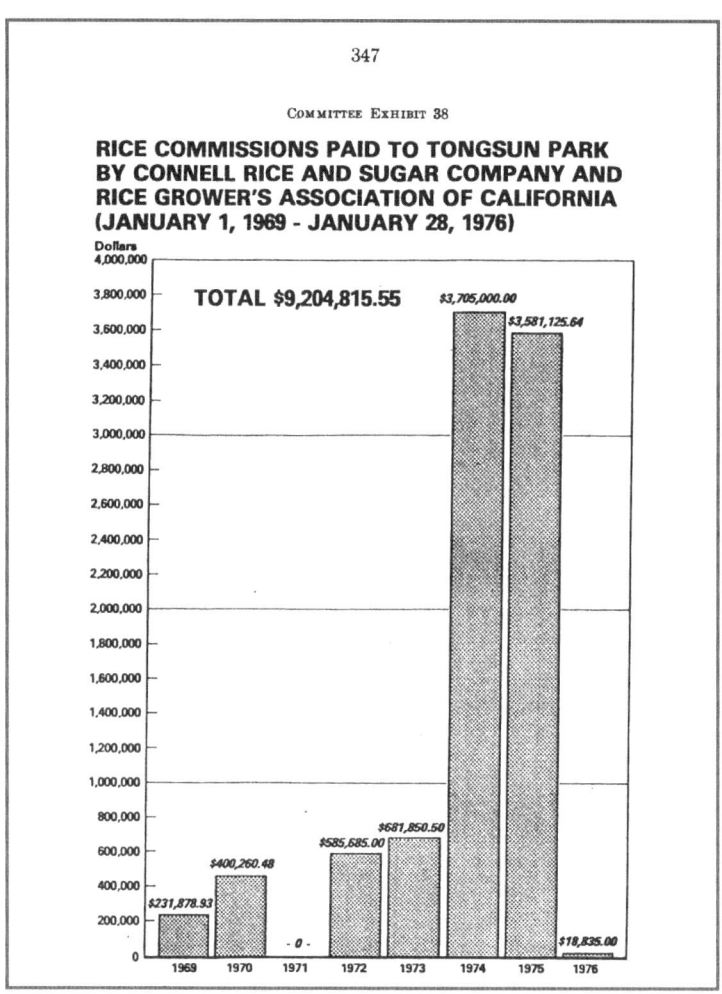

박동선 쌀 중개 커미션 연도별 내역

이들 회사로부터 받은 돈이 없었다.

1972년에는 58만 5600여 달러, 1973년에는 68만 1000여 달러 등에 머물다 1974년에는 가장 많은 370만 5000달러로 역대 최대 수입을 올렸다. 그 다음 해인 1975년에는 358만 1000여 달러를 기록, 이 2년 동안 벌어들인 돈만 730만 달러에 달했다. 1975년 판매분 중 일부에 대한 커미션은 1976년 1월 지급됐으며 1만 8800여 달러였다.

이 액수는 캘리포니아쌀재배자협회와 코넬미곡설탕회사가 하원 윤리위에 제출한 은행송금증서를 기준으로 집계한 액수다.

박동선이 이들 두 회사로부터 커미션을 입금 받은 계좌는 무려 10개에 달했다. 캘리포니아쌀재배자협회에서 이름이 밝혀지지 않은 은행의 박동선 계좌로 1만 6000여 달러, 에쿼터블트러스트의 한국개발기금 계좌로 10만 5800여 달러, 에쿼터블트러스트의 박동선 계좌로 10만 5400여 달러 등 3개 계좌를 통해 약 22만 6000달러를 받은 것으로 집계됐다.

또 코넬미곡설탕회사로부터 에쿼터블트러스트의 한국개발기금 계좌, 에쿼터블트러스트의 박동선 계좌, 리그스내셔널뱅크의 박동선 계좌, 리그스내셔널뱅크의 태평양개발 계좌, 아메리칸시큐리티의 대한농산 계좌로 커미션을 송금받았다.

특히 버뮤다 은행에 박동선이 개설한 4개의 계좌로 커미션이 집중됐다. 박동선이 버뮤다 은행에 개설한 계좌는 대한농산, 파이브스타네비게이션, 스리스타네비게이션, 바우스프리트 등 4개였다. 파이브스타네비게이션, 스리스타네비게이션 등은 박동선이 쌀 수송을 위해 설립한 용선회사다. 쌀을 판 김에 쌀 수송까지 했던 것이다.

이 중 가장 많은 커미션이 송금된 계좌는 버뮤다 은행의 스리스타네비게이션으로 564만여 달러가 입금됐다. 그 다음 아메리칸시큐리티의 대한농산 계좌와 버뮤다 은행의 바우스프리트로 각각 86만여 달러와 88만여 달러가 송금됐다.

커미션 톤당 0.5달러에서 2달러 등으로 급증

한국 정부가 1972년 PL480 지원 자금으로 미국 쌀 27만 3000톤을 구매해 박동선은 대한농산 명의로 58만 5000달러를 커미션을 받았고, 1973년에도 PL480 지원 자금으로 30만 4000톤을 구매하고 68만 1000달러의 커미션을 받았다는 것이 박동선의 진술이다. 즉, 미국 정부가 지원해준 PL480로 쌀을 사면서 자신이 받은 커미션은 140만 달러가 채 안 됐다는 것이다.

박동선은 5~6년간 커미션으로 900만 달러 이상을 받았지만 한국 정부가 현금으로 구매한 것이 전체의 80~85%에 이른다고 주장했다. PL480 등 미국 원조자금으로 구입한 쌀에 대한 커미션은 자신이 받은 전체 커미션의 20%가 채 안 된다는 것이다. 그래서 미국 원조자금으로 커미션을 받고 의회 로비를 했다는 주장은 잘못된 것이라고 강조했다.

박동선은 또 현금 구매는 1973년 15만 5000톤으로 커미션은 60만 7000달러, 1974년 12만 톤으로 커미션은 337만 5000달러, 1974년에는 21만 톤으로 커미션은 300만 6000달러였다고 밝혔다. 이 같은 현금 구매 현황은 쌀 수입업자들이 실제 지불했다는 커미션에 조금 못 미친다.

박동선이 쌀 1톤당 커미션이 얼마인지 밝힌 적은 없다. 그러나 쌀 수입량과 커미션을 비교하면 쌀 1톤당 커미션은 해가 갈수록 크게 늘어났음을 알 수 있다.

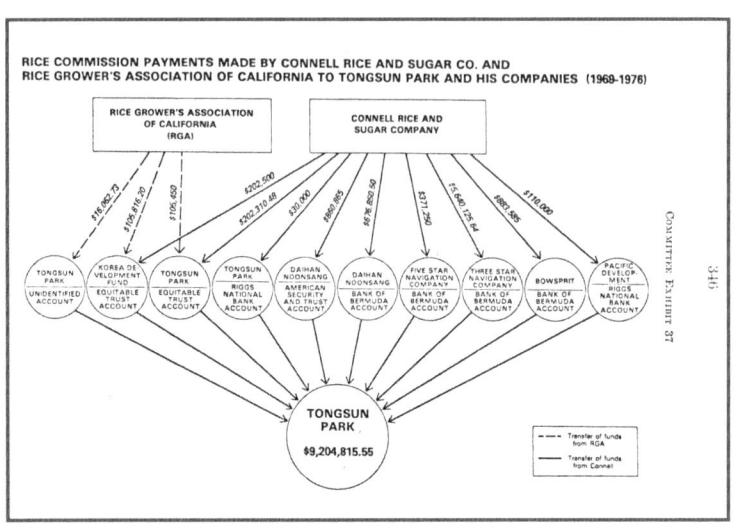

박동선 쌀 중개 커미션 계좌별 내역

    1969년 커미션은 1톤당 0.5달러라고 캘리포니아쌀재배자협회가 커미션 지급 수표에 명시했다.

    그러나 박동선이 밝힌 PL480에 따른 쌀 수입량과 커미션을 보면 1972년 쌀 1톤당 커미션은 2.15달러 정도, 1973년 커미션은 2.25달러 정도였다. 쌀 1톤당 커미션이 1969년보다 4배나 늘어난 것이다. 1973년 주한미국대사관이 국무부에 보낸 전문에 따르면 박동선이 커미션을 톤당 2달러에서 3달러로 올려달라고 요구했다는 대목도 엿보인다.

    특히 한국 정부가 현금으로 쌀을 샀을 때 그 커미션은 PL480 자금을 활용해 쌀을 살 때보다 무려 7배에서 14배 정도나 많았다는 의혹도 제기된다.

    박동선이 밝힌 현금 구매에 따른 쌀 수입량과 커미션을 추산하면 1973

년 쌀 1톤당 커미션은 4달러 정도로 증가했다가 1974년에는 28달러, 1975년에는 14달러였음을 알 수 있다. 이는 어디까지나 박동선이 청문회에서 자신의 장부를 보며 증언한 쌀 수입량과 커미션을 바탕으로 한 것이지만 커미션이 너무 커서 쉽게 이해가 되지 않는 대목이다. 그러나 1974년과 1975년 커미션이 얼마인지 공식발표된 적은 없다.

'920만 달러 중 경비로 쓴 돈이 820만 달러'

박동선은 1978년 3월 23일 상원 청문회에 출석해 증언하면서 흥미로운 문서 1장을 제출했다. 1969년부터 1975년까지 자신의 지출한 경비를 항목별로 조목조목 설명한 문서였다. 박동선은 자신이 7년 동안 쌀 중개인으로 일하고 커미션으로 920만여 달러를 받았지만 제반경비로 지출한 돈이 820만여 달러로 자신의 수입은 100만 달러 정도였다는 것이다.

물론 실제로는 일본해운 브로커 피 등 쌀 커미션 외에 벌어들인 돈이 1000만 달러였으므로 전체 수입은 1900만 달러에 달하고 자신의 주장대로 경비 800만 달러를 빼면 자기 주머니에 들어간 돈이 1100만 달러에 달하지만 쌀 중개 커미션만 놓고 보면 100만 달러만 챙겼다고 주장하는 셈이다.

경비내역에 따르면 자신의 1년 연봉이 12만 달러, 미쿡 직원들의 인건비가 1년에 16만 달러였으므로 7년간 196만 달러, 거의 200만 달러가 인건비였다고 주장했다. 또 사무실 임대비용이 연간 3만 달러에 달하는 등 사무실 유지비용이 1년에 6만 달러로 전체 42만 달러, 연간 텔렉스

비용이 3만 6000달러, 국제전화 비용이 2만 4000달러로 통신비용도 연간 6만 달러, 7년간 42만 달러를 쓴 것으로 돼 있다.

특히 여행경비는 1년에 거의 16만 달러에 달했다고 밝혔다. 항공료가 2만 4000달러, 숙박비가 3만 6000달러, 식대가 1만 2000달러, 접대비가 8만 4000달러 정도로 이 비용이 7년간 110만 달러였고, 연간 법률자문과 회계처리 비용으로 4만 8000달러, 컨설팅 피로 연간 3만 달러가 지출됐다고 한다.

또 농무부가 자신을 쌀 중개인으로 인정하지 않았기 때문에 대한농산 명의를 빌리면서 커미션의 10%를 지불했으며 이 비용이 12만 6000달러였다고 밝혔다. 숭의학원에 기부한 돈이 100만 달러, 기타 기부가 32만 달러였고 부동산 구입비가 48만 달러였다.

한 가지 특이한 것은 한국에 대한 선지급금이 185만 달러라고 기록했다. 이 선지급금은 무엇을 말하는지 아리송하다. 그래서 이 돈을 모두 더하면 821만 4000달러라는 것이다.

가장 큰 항목은 인건비 200만 달러, 여행비 110만 달러, 한국 선지급금 185만 달러, 숭의학원 100만 달러 등이다. 예상 외로 대한농산에 지급한 명의 사용비는 13만 달러가 채 되지 않았다. 박동선이 대한농산에 지급해야 하는 10%의 커미션을 아끼기 위해서 코넬미곡설탕회사의 사장 글로버 코넬과 친밀한 관계가 된 뒤에는 농무부의 감시를 피해 커미션을 다른 계좌로 입금 받았기 때문에 대한농산 지급금액이 크지 않았던 것이다. 1972년 이후 박동선이 받은 커미션이 약 850만 달러였기 때문에 그 기간 동안 계속 대한농산 계좌로 커미션을 받았다면 85만 달러는

```
The following is estimated expenses representing from
years 1969-1975:

ITEM                                        ANNUAL AVERAGE      TOTAL

1. Wages                                    $280,000            $1,960,000
     Salaries of personnel (MIKYUNG)         160,000
     Salaries of TONGSUN PARK                120,000

2. Office                                    60,000               420,000
     Rent, M                                  30,000
     Maintenance                               6,000
     Equipment                                12,000
     Overhead                                 12,000

3. Communication                             60,000               420,000
     Telex & Cables                           36,000
     International Telephone Calls            24,000

4. Travel                                   156,000             1,092,000
     Airfare                                  24,000
     Hotels                                   36,000
     Meals                                    12,000
     Entertainment                            84,000

5. Professional Service                      48,000               336,000
     Legal                                    24,000
     Accounting                               24,000

6. Consultant Fee                            30,000               210,000
     PIK                                      15,000
     Others                                   15,000

7. Withholding by Daihan Nongsan
     10% of commissions and fees                                  126,000

8. Cash advances
     Korean Nationals                                           1,850,000

9. Contribution
     Sung Eui Educational Foundation                            1,000,000
     Other charities                                              120,000

10. Real Estate
     House on Woodland Drive                                      480,000
                                            GRAND TOTAL        $8,214,000
```

1978년 3월 23일 박동선이 상원 윤리위원회에 제출한 경비내역으로 제반 비용으로 820만 달러가 소요됐다는 내용을 담고 있다.

떼줘야 됐는데 다른 계좌로 송금 받음으로써 약 70만 달러 이상의 손실을 줄인 것이다.

일본해운 3백만 달러 등 쌀 빼고도 1천만 달러 챙겨

박동선은 쌀 중개상으로 활동하면서 1969년부터 1975년까지 벌어들인 돈이 무려 920만 달러였다. 그러나 이 기간 동안 박동선은 쌀 중개 외에도 브로커 활동을 통해 1000만 달러를 벌어들였다고 밝혔다.

박동선은 상원 윤리위에 출석, 1969년부터 1976년까지 자신이 벌어들인 전체 수입은 모두 1900여만 달러라고 증언했다. 박동선은 일본해운, 즉 재팬라인과 버마오일탱커사와의 분쟁에서 일본해운 측 대리인으로 활동해 300만 달러를 벌었다.

박동선은 버마오일탱커사가 일본해운에 무려 1억 8500만 달러의 손해배상소송을 제기했으나 자신이 중재에 나서 3분의 1에도 못 미치는 5600만 달러를 배상하는 것으로 마무리됐다고 주장했다. 그래서 1975년 일본해운으로부터 커미션 300만 달러를 일시불로 받았다는 것이다. 박동선은 1억 8500만 달러에 대비해 300만 달러는 3%도 안 되는 커미션이라고 했다.

특히 일본해운으로부터 300만 달러를 받은 1975년은 박동선이 쌀 중개를 통해서도 358만 달러를 벌어들인 해이다. 이 한 해만 650만 달러 이상을 벌어들임으로써 박동선은 그야말로 돈벼락을 맞은 것이다.

박동선이 야마니 사우디아라비아 석유상 등과의 인연을 바탕으로 유류회사를 설립한 것은 물론 로비스트로 활동하면서 세계 석유업계에서는 꽤 알려진 인물이었다. 그래서 두 회사 간의 유조선 분쟁도 해결했던 것이다.

박동선은 이 당시 애그뉴 전 부통령, 존 힐리 의원 등과 일본해운 마쓰나가 회장의 오찬을 주선하기도 했다. 공교롭게도 마쓰나가는 하원의원 이름과 똑같아서 상원 청문회에서 애그뉴 전 부통령과 마쓰나가 의원의 만남을 주선한 것이 아니냐는 질문을 받기도 했다.

일본해운처럼 박동선이 대리인을 맡은 회사가 하나 둘이 아니었다. 김포공항 진입도로 확장공사 등 국내 공사는 물론 걸프사와도 긴밀한 관계를 유지해 자신의 형이 운영하는 범양상선이 석유수송을 맡도록 했다. 그 자신도 쌀을 수송하는 선박사업에 뛰어들기도 했다. 또 비록 수주에 실패하기는 했지만 고리원자력발전소 건설과 관련해 제너럴일렉트릭의 에이전트를 맡았었다고 청문회에서 스스로 밝히기도 했다.

군용 무전기 도입 등과 관련해 이시스템사의 대리인이었고 M16 소총 수입, F5 전투기 수입 등과 관련해 미륭물산 또는 미륭상사가 대리인을 맡았거나 정부 당국에 대리인 지정을 요구하기도 했다. 한국에 진출하려는 외국 기업이나 한국이 외국에서 주요 물자를 수입할 경우 박동선이 적극적으로 개입했다.

박동선은 자신의 미국 인맥을 이용해 한국뿐 아니라 외국 에이전트를 맡기도 했다. 일본해운이 그랬고 사우디아라비아 등 중동 산유국과 연계해 사업을 벌이기도 했다.

양두원에게만 53만 달러 자의반 타의반 전달

박동선은 상하원의원들은 물론 자신과 관련이 있는 한국인 관료들에게도 돈을 지원했다. 자발적으로 자신이 돈을 주기도 했지만 강요에 의해서 빼앗기기도 했다.

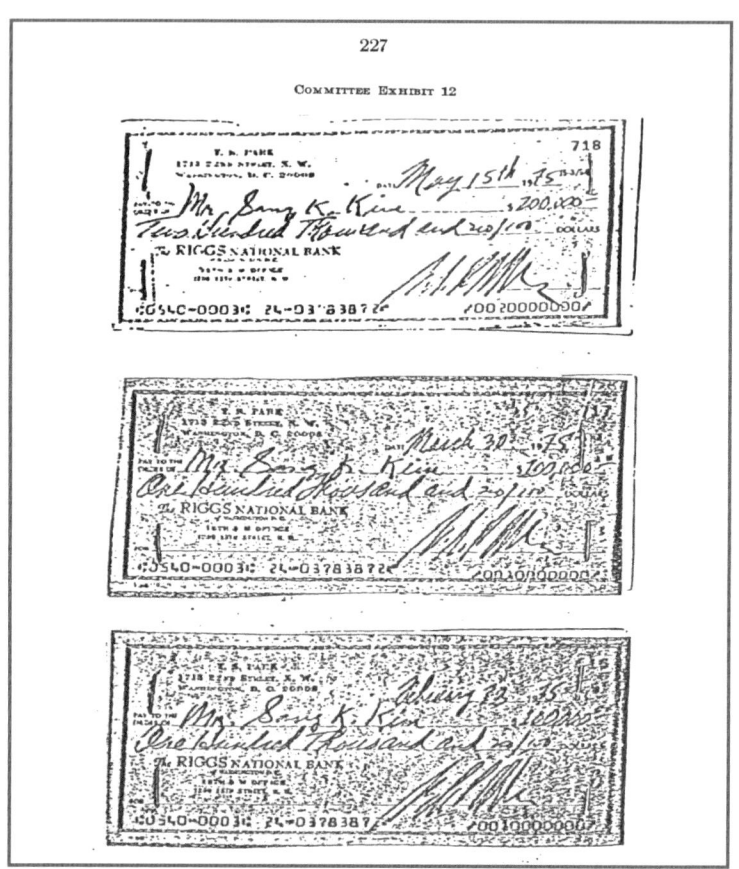

박동선이 양두원에게 지급한 전체 40만 달러의 수표 3매

주미공사와 중앙정보부 차장 등을 역임한 양두원이 박동선에게서 돈을 뜯어간 대표적 인물이다. 박동선이 자의든 타의든 양두원에게 준 돈은 53만 달러가 넘는다.

박동선은 1974년 8월 양두원에게 10만 달러 수표를 전했고 이 돈 중 일부는 김한조에게, 일부는 한광년에게 전달됐다. 그 뒤에도 20만 달러,

10만 달러, 10만 달러 등 모두 3장의 수표를 수취인 공란으로 해서 양두원에게 전했다고 한다. 양두원이 자신에게 50만 달러를 빌려달라고 해서 10만 달러 정도를 주고 무마하려 했다고 한다.

그러나 양두원은 50만 달러를 다 채워달라고 요구했고 박동선은 그의 요구를 들어주지 않으면 사업에 차질이 있을 것을 우려해 수표 3장을 한꺼번에 전했고 다만 수표 지급일자는 자신의 자금사정에 맞춰 시기를 달리했다.

박동선은 양두원이 이 돈으로 퇴직에 대비한 사업을 하려고 하는 것 같았다고 증언했다. 양두원은 주미공사로 근무할 때도 자신을 찾아와 김상근과 함께 3명이 동업해서 이란에서 양탄자를 수입해서 팔아보자고 제의하기도 했다고 한다.

양두원과는 차용증서를 쓰고 당시 한국의 시중 금리 18~20%보다 낮은 16%의 이자를 받기로 했다고 주장했지만 어쨌든 박동선이 돌려받은 돈은 없었다. 이 50만 달러는 캐시가 아니라 수표로 전해짐으로써 박동선의 장부는 물론 은행 서류에서도 그 흔적이 고스란히 남았다.

50만 달러 외에도 박동선의 장부에는 그에게 적지 않은 돈이 전해졌음을 기록돼 있다. '1월 8일 이 공사 4000달러 리그스은행', '1월 23일 이 공사 5000달러 리그스뱅크' 등으로 메모돼 있다. 양두원이 이상호린 가명으로 주미공사로 근무할 때 지급한 것이어서 '이 공사'로 기재됐던 것이다. 박동선은 양두원에게 50만 달러 외에 약 3만 달러 정도를 준 것 같다고 진술했다. 그렇다면 양두원 한 사람에게 간 돈이 53만 달러에 달하는 것이다.

통일교 산하단체가 김운용에게 지급한 300달러짜리 수표 3매로 수표 서명자는 통일교의 2인자 박보희이다.

프레이저보고서는 박동선이 중앙정보부에 170만 달러에서 200만 달러를 가져갔고 김형욱에게도 50만 달러를 전달한 것으로 알려졌다고 기록했다. 프레이저보고서는 이 부분은 한국 관료들로부터 들은 내용이라며 증거는 없다고 밝혔다.

김형욱이 박동선이 쌀 중개권을 따는 데 결정적 역할을 했지만 그 이후 곧바로 실각했으므로 김형욱에게 큰돈을 준 것 같지는 않다. 박동선은 김형욱보다는 오히려 양두원등 새로운 실세들에게 줄을 댔던 것이다.

박동선은 양유찬 전 주미대사에게도 2500달러 이상, 주미한국대사관에 근무하던 중정요원 임규일에게 5~6회에 걸쳐 수백 달러, 많게는 수천 달러씩 모두 6000달러, 자신의 조종관이던 김상인에게 1만 달러, 5000달러 등을 수시로 전달한 것으로 밝혀졌다.

그뿐만이 아니다. 박종규의 보좌관을 역임했던 전 IOC위원 김운용은 통일교 관련 인물인 박보희에게서 300달러씩 3차례 수표를 받았다. 박보희는 통일교가 설립한 한국문화자유재단을 통해 국무총리 보좌관 박승복, 한국은행 부총재 이면석 등에게도 돈을 준 것으로 드러났다. 이처럼 많은 공직자들이 박동선, 통일교 등에서 돈을 받았던 것이다.

미국 부통령 사위될 뻔 – 박동선의 여인 앤도 증언

박동선에게 조지타운클럽을 제의했던 앨 고어 부통령의 사촌 루이제 고어는 메릴랜드 주 의원이 됐고 1974년 주지사 선거에 출마하기도 했다. 그녀의 여동생 메리 고어는 닉슨 대통령 시절 검찰총장을 지낸 존 미첼의 정부였다. 키신저와 함께 FBI 정보메모를 봤던 바로 그 사람이 미첼인데 박동선은 그의 여자친구를 알았던 것이다. 1974년 12월 거물 정치인 밥 돌 상원의원과 결혼한 엘리자베스 한포드는 박동선이 1968년부터 알던 여인이었다. 이처럼 박동선의 여성인맥도 대단했지만 압권은 앤 하워드였다.

박동선은 결혼은 하지 않았지만 미국 부통령의 사위가 될 뻔했다. 상하원 유력 인사 등 명사들과 교류가 많았던 그는 그들의 자녀들이나 친척들과도 자연스럽게 사귀게 됐다.

앤 하워드는 박동선의 여인 중 대표적인 인물이다. 1971년과 1972년 박동선과 함께 일했던 류재신도 그때 박동선이 앤 하워드와 열애 중이었다고 하원 청문회에서 증언했다. 앤 하워드는 1965년부터 1969년까지 미국 부통령을 지낸 허버트 험프리의 조카이다. 그녀의 부모가 이혼하자 삼촌인 험프리가 앤 하워드와 윌리엄 하워드 남매를 자기 집에 데려다 친자식처럼 키운 것이다. 험프리의 친딸이나 다름없는 앤 하워드와 박동선이 사랑에 빠졌던 것이다.

박동선은 앤 하워드의 고교동창인 체노 여사의 딸의 소개로 고등학교 졸업반 시절인 1967년 무렵 그녀를 알게 됐다고 한다. 그 뒤 이들은 사랑에 빠졌고 박동선은 1971년부터 1974년까지 4년 동안 가능한 한 그녀를 만날 수 있는 만큼 많이 만났다고 시인했다.

그러나 박동선은 앤 하워드를 만나기 전부터 그녀의 어머니, 그리고 그녀의 삼촌인 험프리와도 친밀한 관계였다. 박동선은 앤 하워드의 어머니이며 험프리의 여동생인 프랜스 하워드를 먼저 알게 됐고 그녀를 통해 험프리를 소개받았다고 한다. 험프리를 12번 정도 만났고 6번은 독대를 했다고 한다. 상원의원일 때는 상원의원 사무실을 두 번 찾아갔고 조지타운클럽 명예회원인 험프리도 클럽을 자주 방문했다는 것이다. 그녀의 가족 모두를 알면서 자연스럽게 그녀와 가까워진 것이다.

특히 그는 사실상 가족의 일원으로 대우받기도 했다. 박동선은 1972년

6월 24일 험프리의 조카이자 앤 하워드의 오빠인 윌리엄 하워드의 결혼식에도 초대를 받았다. 앤이 가족행사에 그녀의 남자친구 자격으로 박동선을 데려갔다고 한다. 윌리엄의 결혼식은 험프리가 참석한 가운데 미네소타에서 열렸고 피로연을 마친 뒤 험프리 집에서 열린 가족모임에도 박동선이 함께 했다.

박동선의 여인은 1978년 3월 22일 상원 윤리위 청문회에 불려나오게 된다. 당시 앤 하워드는 1973년부터 하원 교통위원회에서 근무 중이었다. 그녀는 워싱턴의 사립학교인 홀튼 암스의 졸업반 시절 클래스메이트였던 클레어 체노의 딸 신시아를 통해서 박동선을 알게 됐다고 증언했다. 박동선의 주장과 일치하는 것이었다. 그녀는 박동선과 데이트를 하는 연인 사이였음도 인정했다. 조지타운클럽의 단체 파티뿐 아니라 둘만의 데이트를 즐겼다고 밝혔고 박동선의 집에도 가고 1970년 여름에는 박동선과 함께 한국을 방문했다고 털어났다. 박동선이 1971년부터 데이트를 즐겼다고 했는데 1970년 여름 이미 함께 한국을 방문했었던 것이다.

앤 하워드가 이날 증언대에 선 것은 박동선과의 연인 사이임을 밝히기 위한 것이 아니었다. 1968년과 1972년 삼촌 험프리가 대통령 후보 경선에 나섰을 때 박동선으로부터 선거자금을 지원받았는지 여부를 확인하기 위한 증인 자격이었다.

특히 1972년 험프리가 캘리포니아에서 세몰이를 할 때 박동선이 앤의 캘리포니아 행 항공편과 체류경비를 부담했는지가 쟁점이었다. 앤은 모든 비용은 자신의 돈과 선거캠프의 자금이었다고 주장했다. 그녀는 박동선으로부터 어떠한 형태의 경제적 지원도 받지 않았다고 밝혔다. 상원 윤리위도 동료 의원의 조카를 혹독하게 추궁하지는 않았다. 그저 20~30분 간단하게 질의응답을 주고받는 것으로 끝났다.

또 다른 여인들— 탠디 디커슨, 바바라 손힐

박동선은 앤 하워드와 데이트를 즐기면서 바바라 손힐 이라는 여성과도 만났다고 한다. 류재신은 하원 청문회에서 자신이 박동선과 일했던 1972년부터 1973년 사이 박동선이 바바라 손힐과 데이트 중이었다고 밝혔다. 류재신은 박동선이 바바라 손힐, 앤 하워드 두 사람과 데이트를 했다고 증언했다. 류재신 자신도 박동선과 함께 이들 두 여인을 만나 식사를 함께 하기도 하고 조지타운클럽 파티에서도 만났다고 밝혔다.

1974년 말부터 박동선에게 또 다른 여인이 나타난다. 한국 신문에도 박동선과의 다정한 모습이 보도됐던 미모의 이혼녀 탠디 디커슨이다. 탠디 디커슨은 포드 대통령의 부인 베티 포드 여사의 비서 낸시 호위와도 친밀했다.

박동선은 자신의 여자친구 탠디 디커슨과 함께 낸시 호위의 가족들과 1974년 12월 크리스마스 때 멕시코 여행을 계획했었고 1975년 4월에는 실제로 낸시 호위 가족과 함께 도미니칸공화국으로 부활절 휴가를 떠나기도 했다. 박동선이 도미니칸공화국 여행 당시 탠디 디커슨을 통해 낸시 호위 가족의 여행경비를 부담했다는 사실이 밝혀졌다. 탠디 디커슨은 적어도 1974년 말부터는 박동선의 여인이었던 것이다.

박동선은 결혼하지 않았지만 상원의원 밀러는 언젠가 박동선이 자신의 사무실에 찾아와 약혼했으며 곧 결혼할 것이라고 말했다는 사실을 증언했다. 밀러가 그 시기를 기억하지 못해 박동선이 과연 누구와 결혼하려 했는지 유추할 수 없지만 한때 한 여인과는 결혼 성사 단계까지 갔었던 것으로 보인다.

키신저는 '박동선 호텔방' 잡는 사람— FBI 국장도 만나

박동선은 미국의 외교정책의 밑그림을 그리며 전 세계를 주물렀던 헨리 키신저와도 안면이 있으며 후버 FBI 국장과도 점심을 같이 했던 것으로 드러났다.

박동선은 헨리 키신저를 아느냐는 질문에 그저 사교모임에서 한두 번 인사를 나눈 사이라고 밝혔다. 그래서 얼굴만 알뿐 그와 일대일로 만난 사실을 없다고 주장했다.

그러나 미 국무부의 외교전문을 검토한 결과 키신저는 1974년 3월 20일 카이로, 아부다비, 쿠웨이트 등지의 미국대사관에 전문을 보내서 박동선이 베이루트에서 하원의원 방문단에 합류하니 각 대사관은 박동선을 위해 하원의원 방문단 바로 옆방이나 바로 옆방이 없으면 가능한 한 가까운 방을 예약하라고 지시한 것으로 확인됐다.

키신저는 1974년 3월 22일에도 이들 대사관과 대만, 홍콩, 방콕, 말레이시아, 사우디아라비아 등에 전문을 보내서 하원의원 방문단의 도착시간 등을 전달했고 그리스대사관에는 해너 의원 옆방에 박동선의 룸을 잡으라고 지시했다.

```
Declassified/Released US Department of State

                                          Message T

LIMITED OFFICIAL USE

PAGE 01  STATE  056032

13
ORIGIN H-03

INFO  OCT-01  NEA-05  ISO-00  SS-07  NSC-06  AID-01  RSC-01  /024 R

DRAFTED BY H:EBURKE:SAL
APPROVED BY H:ELKRIZEK
NEA/EGY:NANDERSON (PHONE)
--------------------  030321
R 202221Z MAR 74
FM SECSTATE WASHDC
TO AMEMBASSY ABU DHABI
AMEMBASSY BEIRUT
AMEMBASSY CAIRO
AMEMBASSY JIDDA
AMEMBASSY KUWAIT


LIMITED OFFICIAL USE STATE 056032

E.O. 11652: N/A
TAGS:    OREP
SUBJECT:  CODEL HANNA

1. MR. TONGSUN PARK, PERSONAL FRIEND, WILL JOIN CODEL IN
BEIRUT FOR TRAVEL TO ADDRESSEE POSTS. REQUEST EACH POST
EXCEPT CAIRO RESERVE ONE ADDITIONAL SINGLE ROOM LOCATED
NEXT TO OR NEAR ROOM RESERVED FOR CODEL.


2. FOR CAIRO:

(A) CODEL REQUESTS APPOINTMENT WITH DR. A. NAZMY ABDEL
HAMID, ADVISOR EGYPTIAN INTERNATIONAL BANK FOR FOREIGN
TRADE AND DEVELOPMENT.

(B) MR. PARK REQUESTS A SUITE ON THE RIVER SIDE OF THE
HILTON.  KISSINGER


LIMITED OFFICIAL USE
```

1974년 3월 20일 키신저 국무부장관이 주이집트미국대사관 등에 타전한 전문으로 의원대표단 숙소에 박동선의 방도 마련하라는 지시를 담고 있다.

 천하의 키신저가 하원의원들 때문에 박동선의 방을 잡기 위해 분주했던 것이다. 어쩌면 이때 키신저는 심사가 단단히 뒤틀렸을지도 모른다.

 박동선은 또 에드가 후버 FBI 국장과도 점심식사를 같이 했다고 시인했다. 박동선은 존 루니 의원사무실에 갔다가 우연히 후버 국장을 만났다고 말했다. 그러나 점심식사를 같이 했다는 점으로 미뤄 우연히 만났다는 것은 설득력이 없다. FBI 국장이 사전약속도 없이 자신의 식사에 처음 만난 사람을 동석시킬 만큼 한가한 사람이 아니기 때문이다. 박동선은 후버가 악수를 한 뒤 그냥 미소만 짓고 말이 없었다고 설명했다. 설사 후버는 박동선과 만날 의사가 없었는지 모르나 적어도 루니는 후버의 점심식사 시간에 맞춰 박동선을 불렀을 것으로 보인다.

아버지 부시도 알았다― CIA 박동선 파일 사라져

아버지와 아들 모두 대통령을 지낸 미국 최대 명문가문이 바로 부시가문이다. 아버지 부시는 1989년부터 1993년까지 제41대 미국 대통령으로 재직했다. 아버지 부시는 1976년부터 1977년까지 약 1년간 CIA 국장을 지내기도 했다. 이때는 바로 한국의 대미 로비 의혹, 즉 코리아게이트에 대한 본격적인 수사가 시작됐던 시점이다.

CIA에도 박동선 관련 파일이 상당했다. 주한미국대사관 등으로부터 박동선이 문제가 있다는 보고가 많았으며 박동선이 의원들과 중동 등 여러 나라들을 많이 방문했으므로 이와 관련해서도 보고가 적지 않았을 것으로 보인다.

미국 내 문제는 FBI가 담당하지만 해외 문제는 CIA가 담당하므로 CIA도 박동선의 파일을 유지, 관리했던 것은 당연한 일이다. 바로 이 박동선 관련 CIA 파일이 사라져 당시 부시 CIA 국장이 혼비백산했다고 한다.

부시가 박동선을 알고 있었기에 때문에 더욱 놀랐다는 것이다. CIA가 즉각 조사한 결과 박동선과 친밀한 관계에 있던 CIA 요원이 그 파일을 없애버린 것으로 알려졌다.

그러나 다른 이유도 있었을 것으로 보인다. 그것은 청와대 도청문제이다. FBI가 CIA로부터 정보를 이첩받아 박동선의 대미 로비에 청와대가 연관돼 있다는 정보메모를 키신저 등에 전한 것은 잘 알려진 일이며 이는 도청 등 민감한 정보소스를 통해 입수된 것이었다. 그러므로 박동선 관련 CIA 파일에는 도청과 관련된 정보가 포함돼 있었을 것으로 보인다. 이것이 박동선 관련 CIA 파일 분실 소동의 원인 중 하나였을 것이다.

'과장됐지만 로비 실재' — 80년대도 여진

'박동선 로비 실현, 34명에게 금품 제공은 사실' 결론

박동선은 1976년 10월 28일 런던으로 탈출했다가 1977년 8월 18일 병환 중인 어머니를 돌본다며 귀국했다. 한미 양국은 박동선의 신병인도를 둘러싼 줄다리기 끝에 1977년 12월 31일, 한국에서 공동심문을 한 뒤 면책을 전제로 미국에서 증언하기로 합의했다. 박동선은 1978년 1월 13일부터 2월 1일까지 17일간 심문을 받았고, 1978년 2월 26일 16개월 만에 워싱턴을 다시 찾았다. 박동선은 이틀 뒤인 2월 28일부터 하원 윤리위원회에서 비공개증언을 했고, 4월부터는 상원 윤리위원회에서 공개증언을 한 것은 물론 법정에서도 증언했다.

하원 윤리위는 종합보고서를 통해 박동선이 전현직 의원들에게 뇌물 등 금품을 제공했으며 로비가 이루어졌다는 결론을 내리고 박동선에게서 돈을 받은 하원의원은 모두 34명이라고 밝혔다.

그중 2명은 돈을 돌려보내거나 수표를 현금화하지 않았으므로 32명이 정확한 숫자이다. 초기 115명에 이를 것이라는 언론보도는 심각하게 과장된 것이라는 것이다.

코리아게이트를 첫 보도한 워싱턴포스트는 20명 선이라고 언급했지만 그 뒤 뉴욕타임스는 115명의 의원이 관련됐다고 보도했다. 하지만 뉴욕타임스 보도는 너무나 지나친 부풀리기였던 것이다.

박동선의 가장 중요한 로비 대상은 해너, 갤러거, 패스만, 에드워드, 민셀 등 5명이었다. 이들에게는 수만 달러에서 수십만 달러가 전달됐다.

또 하원 윤리위가 조사를 통해 1978년 7월 13일 제재를 가한 의원은 모두 4명이었다. 에드워드 로이발은 정치자금을 받고도 신고를 하지 않은 혐의로, 존 맥팔은 선물을 받은 혐의로, 찰스 윌슨은 박동선으로부터 결혼선물로 캐시 1000달러를 받고도 받지 않았다고 위증을 한 혐의로, 에드워드 패턴은 자신의 선거대책위원회가 박동선으로부터 두 차례 기부를 받은 혐의로 각각 제재를 받았다.

박동선으로부터 뇌물이나 선물을 받았지만 제재를 받지 않은 현역 의원은 9명이었다. 존 브래드마스, 엘리지오 드 라 가르자, 토마스 폴리, 존 머피, 멜빈 프라이스, 프랭크 톰슨, 모리스 우덜, 토마스 오닐 주니어,

불룸필드 등이다.

존 브래드마스는 박동선이 조지타운대학에 다닐 때부터 알았던 멘토 같은 인물이었다. 박동선도 자술서에서 미국 정치인 중 존 브래드마스를 가장 먼저 알았다고 밝혔다.

토마스 오닐 주니어는 하원 민주당 원내총무를 거쳐 하원의장까지 지낸 거물 정치인이다. 원내총무일 때 두 차례 조지타운클럽에서 파티를 제공받았지만 하원 윤리위는 범의가 없다고 단정 지었다. 오닐은 이 청문회가 진행되고 보고서가 작성될 무렵 하원의장이었기 때문에 하원 윤리위도 그에 대해서는 예우를 다하는 모습이었다. 실제 현금 뇌물을 없었는지, 아니면 알고도 덮었는지 모르지만 제재를 받지 않았다.

하원 윤리위는 박동선의 정치헌금은 모두 수표로 이뤄져서 추적이 가능했다고 밝히고 의원들이 헌금의 대가로 영향력을 행사했음을 인정할 수 있는 증거가 없고 박동선이 한국의 에이전트였음을 의원들이 알았다는 증거도 없다고 밝혔다. 더구나 1975년 1월 1일 이전에는 외국인의 선거자금 기부가 불법이 아니었다며 이들 의원을 제재하지 않은 이유를 설명했다.

블룸필드 의원 단 한 명만 1천 달러 수표 돌려보내

한 가지 특이한 것은 단 한 사람의 의원만이 박동선의 정치헌금을 정중하게 거절했다는 사실이다. 그의 이름은 윌리엄 블룸필드이다. 블룸필드는 미시건 출신 공화당 하원의원으로 박동선으로부터 1000달러의 수표를 받았으나 1970년 11월 13일 성의만 감사히 받겠다는 편지와 함께 수표를 돌려보낸 것으로 확인됐다.

바로 이 블룸필드는 프레이저가 1974~1975년 한국 인권 관련 청문회를 열자 중인 채택이 편파적이라며 자신이 직접 나서서 한국의 실정을 설명하는 8페이지 문서를 제출할 정도로 한국을 물심양면으로 도운 장본인이기도 하다.

또 박동선에게 돈이나 선물을 받았으나 전직 의원들이므로 처벌할 수 없는 인물이 16명이었으며 이 중 1명은 수표를 현금화시키지 않았으므로 정확히는 15명으로 볼 수 있다.

닉 갈라피아나키스는 1972년 박동선에게 1만 달러를 받았고 존 래릭은 1974년 1000달러를 받았다는 것이 하원 윤리위 조사결과다. 알버트 존슨도 1974년 1000달러를, 존 루니는 1972년과 1974년 각각 2000달러를 받은 것으로 드러났으나 하원 윤리위 조사 때 이미 사망한 뒤였다. 도널드 루켄스도 1968년과 1970년 박동선으로부터 각각 500달러를 받았다.

이 중 300달러에서 1000달러를 받았던 사람도 11명이었다. 콜 맥마틴은 1000달러, 로스 애더러, 윌리엄 에이어스, 세이모어 할페른, 로렌스 호건, 토마스 클레페, 스파크 마쓰나가, 체스트 미즈 등은 각각 500달러를 받았으며 로버트 리벨스는 300달러, 넬슨 그로스는 100달러를 받은 것으로 드러났다. 또 피터 프레링후이센은 박동선으로부터 500달러 수표를 받았으나 이 수표를 은행에 입금시키거나 현금화하지 않은 것으로 확인됐다. 수표를 받았지만 그 수표를 사용하지 않은 것이었다.

이처럼 박동선은 전현직 의원 34명에게 돈을 전달했고 2명은 이를 돌려주거나 현금화하지 않은 것으로 밝혀졌다.

박동선-양두원, 통일교 소유 은행 지분 보유

디플로매트내셔널뱅크는 박동선과 통일교가 전체 주식의 64%를 정도를 소유한 은행이었고 양두원 또한 1975년 9월 박동선에게 뜯어낸 50만 달러 중 5만 달러로 최제영을 통해 디플로매트내셔널뱅크의 주식을 매입하기도 했다. 최제영은 양두원의 지시로 은행주식을 매입한 것이 아니라고 증언했으나 이 은행 설립을 맡았던 찰스 김은 1976년 1월 서울에서 양두원과 은행에 대해서 의논을 했다고 털어놨다.

이 은행은 1975년 12월 15일 워싱턴에 설립된 은행으로 찰스 김이 은행설립위원장을 맡았다. 찰스 김은 은행 자본금을 200만 달러로 잡고 1975년 여름 박보희의 주선으로 뉴욕 주 업스테이트 테리타운의 문선명 자택을 방문해 은행 설립에 참여해줄 것을 요청했다. 이때 워싱턴의 태권도 사범인 이준도 동행했다.

1975년 9월 박보희가 7만 5000달러어치의 주식을 구입하는 것을 시작으로 통일교는 신도들의 명의를 빌려 128만 달러어치의 주식을 구입했다. 은행 예상 자본금은 200만 달러였지만 실제로는 224만여 달러가 초기 자본금이었고 통일교는 53%의 주식을 매입한 셈이다.

박동선 또한 이 시기에 자신의 회사 수석부사장인 스펜서 로빈스 등 3명 명의로 25만 달러, 11%의 주식을 매입했다. 말하자면 은행 주식을 차명 소유한 셈이었다. 박동선은 이 은행 주식을 계속 매입해 은행을

NAME	NATION	DATE	AMOUNT	SHARES
NAME DELETED #1	Korea	9/08/75	$ 80,000	3,200
NAME DELETED #2	Korea	9/08/75	$ 78,000	3,120
NAME DELETED #3	Korea	9/08/75	$ 75,000	3,000
			$233,000	9,320
NAME DELETED #4	Japan	9/09/75	$ 70,000	2,800
NAME DELETED #5	Japan	9/10/75	$ 70,000	2,800
NAME DELETED #6	Japan	9/11/75	$ 75,000	3,000
NAME DELETED #7	Japan	9/11/75	$ 35,000	1,400
			$110,000	4,400
NAME DELETED #8	Korea	9/12/75	$ 50,000	2,000
NAME DELETED #9	Japan	9/17/75	$ 70,000	2,800
NAME DELETED #10	America	9/17/75	$ 10,000	400
			$ 80,000	3,200
NAME DELETED #11	Germany	9/19/75	$ 25,000	1,000
NAME DELETED #12	Germany	9/22/75	$ 25,000	1,000
NAME DELETED #13	Korea	10/03/75	$ 75,000	3,000
GRAND TOTAL			$738,000	29,520

디플로매트내셔널뱅크의 지분 현황

인수할 계획이었으며 인수 시기는 1981년 내지 1982년으로 잡았다고 증언했다. 그러나 절대 한국 정부와 관련된 은행이라고는 생각지 않았다고 밝혔다.

통일교는 박정희를 위해서 미국 내에서 친한 데모를 서슴지 않는 것은 물론 여러 단체를 설립해 한국 정부를 위한 로비를 벌인 사실이 드러났다. 육영수 여사 시해사건 한 달 뒤인 1974년 9월 14일에는 김용환의 지시로 주미일본대사관 앞에서 시위를 하려고 달려가다 철수지시가 내려 급히 돌아온 적도 있었다.

말하자면 대미 로비의 주축인 박동선, 통일교가 관련된 은행이 디플로매트내셔널뱅크이며 미국은 이 은행 역시 대미 로비를 위한 자금세탁용으로 설립된 은행이 아닌지 의심했다.

잭 앤더슨, '로비 전위대' 디플로매트뱅크 이사장

더욱 놀라운 것은 바로 이 은행의 이사장이 세계적인 칼럼니스트 잭 앤더슨이었다는 사실이다. 특히 한국에 대한 독설로 유명한 칼럼니스트로 박동선 대미 로비 의혹을 날카롭게 비판하는 칼럼으로 주목받던 사람이다.

단순한 칼럼이 아니라 언론에 보도된 적이 없는 박동선과 미 의원들의 로비 의혹을 새롭게 밝혀낸 사람이었다. 그런 그가 한국 중앙정보부와 연계 의혹이 있고 대미 로비의 선봉에 섰던 박동선과 통일교가 사실상 주인인 은행의 이사장을 맡았다는 것은 충격적인 일이었다.

워싱턴포스트는 1976년 11월 14일 디플로매트내셔널뱅크는 박동선이 차명으로 주식을 대거 구입하는 등 박동선과 통일교가 이 은행의 주인이며 잭 앤더슨이 이 은행의 이사장을 맡고 있다고 폭로했다.

이 보도 뒤 잭 앤더슨은 이 같은 사실을 시인하고 보도 1주일 만인 1976년 11월 21일 이사장직을 사임했다. 잭 앤더슨은 자신의 태권도 사범인 이준을 통해 이 은행 이사장직을 맡게 됐다고 설명했다. 이준 또한 대미 로비스트로 거론된 인물이다.

과연 잭 앤더슨이 아무것도 모르고 얼떨결에 이 은행 이사장직을 맡았다는 말이 사실일까? 아마도 잭 앤더슨은 겉으로는 한국을 비난하는 칼럼을 쓰면서 뒤로는 이권을 챙겼을 가능성이 크다.

잭 앤더스 의혹은 여기서 그치지 않았다. 알고 봤더니 잭 앤더슨은 그의 부인을 통해 워싱턴 지역에 '엠프리스'라는 식당을 운영하는 것으로 밝혀졌다. 놀랍게도 이 식당은 한 한국인 변호사가 투자한 곳이었다.

또 잭 앤더슨이 프랭크 시나트라가 마피아에 관련돼 있다는 후배 기자의 기사를 킬(kill)시키기도 했었는데 알고 보니 잭 앤더슨과 프랭크 시나트라가 네바다에 회사를 세우고 동업을 하는 파트너 관계였다는 것이다.

이뿐만이 아니다. 잭 앤더슨은 세계 최대의 해양오염 사고로 거론되는 엑슨사의 유조선 발데스호가 알래스카에서 좌초됐을 때도 검은 마수를 드러낸 것으로 밝혀졌다. 잭 앤더슨은 발데스호 사고에 대한 다큐멘터리를 만든다며 엑슨사에서 1만 달러를 받은 것으로 드러나기도 하는 등 깨끗하지 못한 사람이었다.

박동선의 동업자 코넬, 80년대에도 사사건건 시비

코리아게이트는 1978년 상하원이 일제히 보고서를 작성하고 일부 의원에 대한 제재를 가하면서 사실상 마무리됐다. 하지만 1982년 뜻하지 않게도 코리아게이트의 망령이 되살아났다.

박동선에게 쌀 중개 커미션을 지불했고 박동선을 통해 패스만을 만나 절친한 관계로 발전했던 코넬미곡설탕회사 글로버 코넬 사장이 1980년 대에도 한국에 대한 쌀 수출을 독점하기 위해 엄청난 횡포를 부렸던 것이다.

1980년 한국이 사상 최대의 흉작을 맞았다. 쌀 작황은 1968년 이래 최악이었다. 4000만 섬 생산을 예상했지만 실제 수확은 60%인 2400만 섬에 불과했다. 난리가 난 것이다. 전두환 정권은 11개국을 상대로 이리 뛰고 저리 뛰면서 쌀 확보에 나섰다. 1980년은 전두환 집권 첫 해이기 때문에 흉년이 들게 되면 '나라님이 부덕해서 망조가 들었다'고 생각하기 십상이었다. 그렇다면 안 그래도 뒤숭숭한 민심은 걷잡을 수 없이 흉흉해 질 수밖에 없다.

때문에 처음에 1100만 섬, 약 157만 톤을 들여오려다 아예 넉넉하게 1700만 섬, 260만 톤을 수입하기로 결정했다. 쌀은 정권의 기반을 뿌리째 뒤흔들 정도로 한국 국민들에게는 중요한 위치를 점했기에 만일의 경우에 대비해 충분한 양을 확보하기로 한 것이다.

한국이 입찰을 거쳐 퍼미사 등으로부터 캘리포니아 쌀을 도입하기로 하자 그동안 한국에 대한 쌀 수출을 독점했던 글로버 코넬이 가만있지 않았다. 옛날 못된 버릇을 버리지 못한 것이다.

코넬도 10만 톤을 수출하게 됐지만 사실상 퍼미사가 미국산 쌀 대부분을 수출하게 됐다. 코넬은 장기를 발휘해 캘리포니아산 쌀을 입도선매함으로써 퍼미사가 2차분 수출물량을 선적하지 못하게 만들었다. 그 다음 캘리포니아쌀재배자협회를 앞세워 퍼미사가 독점금지법 등을 위반했다며 손해배상소송을 제기했다.

캘리포니아쌀재배자협회, 코넬미곡설탕회사 등 어디서 많이 들어본 이름들이다. 박동선이 이들을 통해 한국에 쌀을 수출하고 커미션을 받음으로써 코리아게이트 때 박동선만큼이나 자주 언론에 오르내리던 회사들인 것이다. 코리아게이트는 마무리됐건만 그 주인공들이 한국을 우습게 보고 난리를 친 것이다.

코넬의 횡포는 과도한 물량 확보, 선적 방해, 소송에 그치지 않았다. 한국 정부관계자들이 쌀 수출과 관련해 600만 달러의 뇌물을 받았다는 소문이 있다면서 이른바 '600만 달러 사나이' 의혹을 퍼뜨렸다. 물론 전혀 근거가 없는 중상모략이었다.

코넬은 의회에서도 문제를 만들었다. 글로버 코넬은 1969년에서 1975년까지 한국에 쌀을 수출할 때도 캘리포니아와 루이지애나 등의 쌀을 미리 매입해 한국에다 팔면서 쌀 생산업자는 물론 쌀 산지의 상하원의원들과 밀접한 관계를 맺어왔다. 하원의원들을 움직여 한국의 쌀 수입 및 무기 구매와 관련한 미국 수출입은행의 신용대출을 막겠다고 공언했다.

하원 어업소위원회를 움직여 한국의 북양지역 어업 자체를 막으려 하기도 했다. 다행히 알래스카 주 의원들의 반대로 무산되자 코넬은 한국으로의 무기 수출에 따른 6000만 달러의 추가 차관을 막아버리겠다고 나서기도 했다. 그야말로 거대 미국 회사의 횡포이자 미국의 망신이었다.

놀랍게도 코넬은 국무부 한국 담당자에게도 협박에 가까운 압력을 행사했다. 1982년 2월 19일 국무부 동아태차관보를 찾아가 한국이 자신들을 배제하고 다른 회사로부터 쌀을 사간다면 계속 시끄러울 것이라고 엄포를 놓았다. 그러나 이 같은 사실은 동아태차관보가 코넬사의 잘못을

```
EMBASSY OF THE REPUBLIC OF KOREA
       WASHINGTON, D.C.

                              January 8, 1981

The Honorable
Dale E. Hathaway
Under Secretary
Department of Agriculture
Washington, D.C.

Dear Mr. Hathaway:

    With regard to the import of rice from abroad to meet
Korea's shortage of supply during the 1981 rice year, I
appreciate the U.S. Government's action which allowed Japan
to export up to one million tons of Japanese rice to Korea
as an exception to the U.S.-Japan Bilateral Agreement.

    In this connection, I am pleased to inform you of the
intention of the Korean Government to import more U.S. rice
as follows:

    - The Korean Government will purchase 200,000 tons of
U.S. southern medium rice from 1980 crop such as Mars, Brazos,
Saturn and Notai, for a reasonable price in the near future.

    - In addition to the 644,000 tons of California rice
purchased, the Korean Government is prepared to proceed with
the purchase of additional California rice produced in 1980,
which may be available at a reasonable price.

    - The Korean Government also intends to purchase 500,000
tons of Calrose rice of California produced in 1981.

    Having thus informed you of the Korean Government's
intention with respect to rice importation, I ask you now
to extend any futher assistance which may be necessary to
facilitate the importation of one million tons of rice from
Japan to Korea.

    With best regards,

                              Sincerely,

                              Yong-Shik Kim
                              Ambassador
```

1981년 1월 8일 김용식 주미한국대사가 농무부에 보낸 쌀 도입 관련 공문으로 1982년 하원 쌀 청문회 회의록에 첨부돼 있다.

시정하겠다며 하원 청문회에서 이를 용감하게 폭로함으로써 세상에 알려졌다.

그림에도 불구하고 코넬의 횡포는 시정되지 않았고 하원은 1982년과

1983년 두 차례에 걸쳐 청문회까지 열면서 한국의 쌀 수입 문제를 따졌다. 한국 조달청과 주미한국대사가 미 하원에 일일이 해명서를 제출해야만 했다. 한국 국회도 1982년 외미도입진상조사위원회를 구성하는 해프닝을 빚기도 했다.

코넬은 1982년 국무부에 대한 협박이 폭로됐음에도 불구하고 1983년에도 목소리를 낮추지 않았다. 월스트리트저널이 '미곡 마피아의 횡포'라는 기사를 통해 코넬사의 부도덕성을 규탄했다. 오죽했으면 미국 언론이 미국 회사를 나무랐을까. 코리아게이트의 어두운 그림자였다.

박정희 대미 로비 X파일
(상) 도청·로비 편

초판 1쇄 발행 2012년 9월 15일
초판 1쇄 발행 2012년 9월 20일

지은이·안치용

펴낸곳·타커스
발행인·양문형
등록번호·제313-2008-63호
주소·서울시 마포구 성산1동 253-1번지 성산빌딩 4층
전화·02-3142-2887   팩스·02-3142-4006
이메일·yhtak@clema.co.kr

ⓒ 안치용 2012

ISBN 978-89-968578-6-0 (04340)
       978-89-968578-5-3 (세트)

• 값은 뒤표지에 표기되어 있습니다.
• 제본이나 인쇄가 잘못된 책은 바뀌드립니다.